중국 남부 해적의 역사, 1807~1810

편역자

김경아 金敬娥, Kim Kyung-a

부산대학교 대학원에서 문학석사 학위를, 중국사회과학원(中國社會科學院) 고대문학연구소에서 문학박사 학위를 취득했다. 부경대학교 인문사회과학연구소 HK연구교수를 거쳐, 현재 부산대학교 인문학연구소 연구교수로 재직 중이다. 연구 논문으로는 「19세기 남중국해 해적과 관군의 전투 기록 ─袁永綸의『靖海氛記』를 중심으로」(2021), 「중국의 여해적 鄭─嫂와 해상권력의 구축」(2022)이 있고, 역서로는 『청제국의 몰락과 서양상인』(공역, 2022) 등이 있다.

김진순 金鎭順, Kim Jin-soon

국민대학교 영어영문학과를 졸업하고 홍익대학교 미술사학과에서 석사학위를, 중국사회과학원 고고연구소에서 중국 고분미술에 관한 연구로 미술고고학 박사학위를 취득했다. 현재 문화재청에 문화재감정위원으로 재직 중이며, 동아대학교 고고미술사학과 겸임교수로도 활동하고 있다. 역서로 『중국미술사』(2020)가 있다.

중국 남부 해적의 역사, 1807~1810

초판인쇄 2024년 5월 15일 **초판발행** 2024년 5월 25일
역자 칼 프리드리히 노이만 **편역자** 김경아 · 김진순
펴낸이 박성모 **펴낸곳** 소명출판 **출판등록** 제13-522호
주소 서울시 서초구 사임당로 14길 15, 서광빌딩 2층
전화 02-585-7840 **팩스** 02-585-7848
전자우편 somyungbooks@daum.net **홈페이지** www.somyong.co.kr

값 28,000원
ⓒ 김경아 · 김진순, 2024
ISBN 979-11-5905-758-8 93910

이 책은 2017년 대한민국 교육부와 한국연구재단의 지원을 받아 수행된 연구임(NRF-2017S1A6A3A01079869)

부경대학교 인문사회과학연구소
해역인문학 자료총서 / 07 /

중국 남부
해적의 역사,
1807~1810

칼 프리드리히 노이만 역
김경아 · 김진순 편역

History of the Pirates who Infested
the China sea, from 1807 to 1810

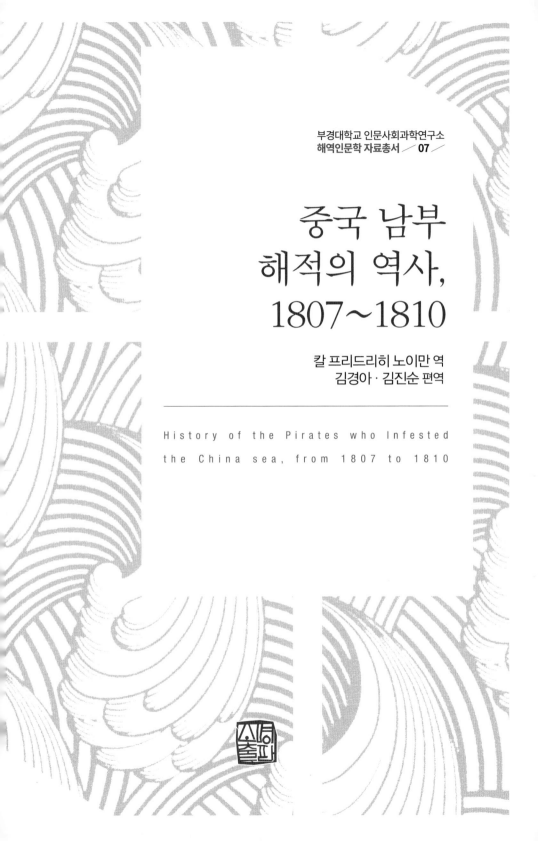

발간사

　부경대학교 인문사회과학연구소와 해양인문학연구소는 해양수산 인재 양성과 연구 중심인 대학의 오랜 전통을 기반으로 연구 역량을 키워왔습니다. 대학이 위치한 부산이 가진 해양도시 인프라를 바탕으로 바다에 삶의 근거를 둔 해역민들의 삶과 그들이 엮어내는 사회의 역동성에 대한 연구를 꾸준히 해 왔습니다.

　오랫동안 인간은 육지를 근거지로 살아온 탓에 바다의 중요성에 대해 간과한 부분이 없지 않습니다. 육지를 중심으로 연근해에서의 어업활동과 교역이 이루어지다가 원양을 가로질러 항해하게 되면서 바다는 비로소 연구의 대상이 되었습니다. 그래서 현재까지 바다에 대한 연구는 주로 조선, 해운, 항만과 같은 과학기술이나 해양산업 분야의 몫이었습니다. 하지만 수 세기 전부터 인간이 육지만큼이나 빈번히 바다를 건너 이동하게 되면서 바다는 육상의 실크로드처럼 지구적 규모의 '바닷길 네트워크'를 형성하게 되었습니다. 이 바닷길 네트워크인 해상실크로드를 따라 사람, 물자뿐만 아니라 사상, 종교, 정보, 동식물, 심지어 바이러스까지 교환되게 되었습니다.

　바다와 인간의 관계를 인문학적으로 접근하여 성과를 내는 학문은 아직 완성 단계는 아니지만, 근대 이후 바다의 강력한 적이 바로 우리 인간인 지금, '바다 인문학'을 수립해야 할 시점이라고 생각합니다. 바다 인문학은 '해양문화'를 탐구하는 차원을 포함하면서도 현실적인 인문학적 문제에서 출발해야 합니다.

　한반도 주변의 바다를 둘러싼 동북아 국제관계에서부터 국가, 사회,

개인 일상의 각 층위에서 심화되고 있는 갈등과 모순들이 우후죽순처럼 생겨나고 있습니다. 근대 이후 본격화된 바닷길 네트워크는 이질적 성격의 인간 집단과 문화의 접촉, 갈등, 교섭의 길이 되었고, 동양과 서양, 내셔널과 트랜스내셔널, 중앙과 지방의 대립 등이 해역海域 세계를 중심으로 발생하는 장이 되었기 때문입니다. 해역 내에서 각 집단이 자국의 이익을 위해 교류하면서 생성하는 사회문화의 양상과 변용을 해역의 역사라 할 수 있으며, 그 과정의 축적이 현재의 모습으로 축적되어 가고 있습니다.

따라서 해역의 관점에서 동북아를 고찰한다는 것은 동북아 현상의 역사적 과정을 규명하고, 접촉과 교섭의 경험을 발굴, 분석하여 갈등의 해결 방식을 모색하여, 향후 우리가 나아가야 할 방향을 제시해주는 방법이 우선 될 것입니다. 물론 이것은 해양 문화의 특징을 '개방성, 외향성, 교류성, 공존성 등'으로 보고 이를 인문학적 자산으로 확장하고자 하는 근본적인 과제를 수행하는 일이기도 합니다.

부경대 인문한국플러스사업단은 바다로 둘러싸인 육역陸域들의 느슨한 이음을 해역으로 상정하고, 황해와 동해, 동중국해가 모여 태평양과 이어지는 지점을 중심으로 동북아해역의 역사적 형성 과정과 그 의의를 모색하는 "동북아해역과 인문네트워크의 역동성 연구"를 수행하고 있습니다. 이를 통해 우리는 첫째, 육역의 개별 국가 단위로 논의되어 온 세계를 해역이라는 관점에서 다르게 사유하고 구상할 수 있는 학문적 방법과 둘째, 동북아 현상의 역사적 맥락과 그 과정에서 축적된 경험을 발판으로 현재의 문제를 해결하고 향후의 방향성을 제시하는 실천적 논의를 도출하고자 합니다. 이를 바탕으로 본 사업단은 해역과 육역의 결절 지점이며 동시에 동북아지역 자치 갈등의 현장이기도 한 바다를 연구의 대상으로 삼아 현재의 갈등과 대립을 해소하는 방안을 강구하고, 한 걸음 더 나아가 바다와 인간의 관계를 새롭게 규정하는 '해역인문학'을 정립하기 위해 노력하고 있습니다.

부경대학교 인문한국플러스사업단이 추구하는 '해역인문학'은 새로운 학문을 창안하는 일이기 때문에 보이지 않는 길을 더듬어 가며 새로운 길을 만들어 가고 있습니다. 2018년부터 간행된 '해역인문학' 총서 시리즈는 이와 관련된 연구 성과를 집약해서 보여주고 있으며, 또 이 총서의 권수가 늘어가면서 '해역인문학'의 모습을 조금씩 드러내고 있습니다. 향후 지속적으로 출판할 '해역인문학총서'가 인문학의 발전에 기여할 수 있는 노둣돌이 되기를 희망하면서 독자들의 많은 격려와 질정을 기대합니다.

부경대 인문한국플러스사업단 단장 김창경

차례

일러두기

1. 이 책은 1830년 중국 광저우에서 출간된 중문 『정해분기(靖海氛記)』의 영역본 *History of the Pirates who Infested the China sea from 1807 to 1810*을 번역하고 해설을 덧붙인 것이다. 따라서 서문과 각주에 언급된 역자는 중문 『정해분기』를 영어로 옮긴 칼 프리드리히 노이만을 지칭한다. 한국어로 번역한 이는 편역자로 표기하고, 편역자가 덧붙인 주석은 [역주]로 구분해 표기했다. 그 외 주석은 노이만의 것이다.
2. 문장의 가독성을 높이기 위해 문장의 의미에 따라 문단을 띄어쓰기 했다.
3. 노이만의 영역본에는 중국의 인명, 지명, 서명 등이 모두 영어로만 표기되어 있다. 독자의 이해와 향후 관련 연구자들에게 도움을 주기 위해 중문본과 교감해 고증할 수 있는 부분은 모두 한자를 병기했다. 다만, 노이만이 쓴 서문이나 주석 내용 중 일부 고증할 수 없는 부분은 영어 표기 그대로 두었다.
4. 지명은 표준 중국어 발음으로 표기했다. 서양에 알려진 중국 지명이나 일부 명사의 경우 광둥어 발음이 반영된 경우가 많다. 독자의 혼란을 막기 위해 광둥식 발음으로 표기된 지명이나 기타 명사는 표준 중국어 발음에 따라 표기하는 것을 원칙으로 삼았다. 그리고 한자와 영어를 위첨자로 병기했다.
5. 인명과 서명(書名)은 한자음으로 표기하고, 한자를 위첨자로 병기했다. 서명에 포함된 지명은 중국어 발음이 아니라, 한자음으로 표기했다.
   예)『광둥통지廣東通志』
6. 영어로 바꾼 중국 서명은 현대식 표기에 맞지 않아도 그대로 표기했다.
7. 한자는 번체자를 원칙으로 표기했다.
8. 노이만은 중국의 관직명을 서양의 체계에 부합하도록 번역했다. 정확한 의미를 전달하고 이 책이 연구자들에게 도움이 되기를 바라는 마음으로 중문본과의 교감을 통해 중국의 관직명과 해당 인물의 중국 이름을 찾아 기입했다. 예를 들어 노이만이 'general', 'admiral', 'Master of the stables' 등으로 번역한 관직명은 원문을 찾아 '都司', '水師提督', '大司馬' 등으로 교감해 번역했다.
9. 이 영역본의 독자는 유럽인이었다. 따라서 이 책은 대부분 영어로만 표기되어 있다. 부득이 한자가 필요한 경우, 노이만은 알파벳 음가 옆에 모리슨이 편찬한 영중사전*의 번호를 표기해 독자들이 찾아볼 수 있도록 했다. 예를 들면 다음과 같다.
   예) [노이만 영역본] Lung lae(M.7492, 6866)

---

* 모리슨 영중사전의 서지정보는 다음과 같다. *A Dictionary of the Chinese Language, in Three Parts* Part II vol. I., Macao : East India Company's Press, 1819.

번역 과정에서 모리슨의 영중사전 번호가 적혀 있는 글자는 직접 사전을 찾아 확인 후, 해당 한자를 기입했다. 예를 들면 다음과 같다.

예) [편역자 번역본] 용뢰(龍賴, Lung lae)(M.7492, 6866)

10. 한자의 음가를 알파벳으로 표기한 글자 중 잘못되거나, 표기 방식이 통일되지 않은 단어들이 종종 발견된다. 이 부분은 교감하지 않고 영문본 그대로 두었다.

예) 두자우(杜滔, Too shin), 다왕자우(大王滔, Ta wang yin)

11. 노이만은 번역과정에서 불확실하거나 추정되는 내용은 괄호 안에 내용을 쓰고 '?(물음표)'를 표기하였다. 이 부분도 그대로 두었다.

12. 노이만은 이 책을 번역할 때 참고할 사전이 통관절차 때문에 세관에 묶여 있어 불명확한 부분을 제대로 확인할 수 없었다고 밝힌 바 있다. 그래서인지 이 책을 원영륜의 중문본과 대조했을 때 종종 오역이 발견된다. 그중 심각한 오역은 [역주]에서 원문과 대조해 설명을 덧붙였고, 대체적인 의미를 파악할 수 있는 오역은 지적하지 않았다.

13. 노이만은 이 책의 제목을 서문과 각주에 *Pacification of the Pirates*, *History of the Pacification of the Pirates*, *The History of the Chinese Pirates* 등 상이하게 표기했다. 번역문에는 제목을 모두 『정해분기靖海氛記. *Pacification of the Pirates*』라고 표기하되, 영어는 원문 그대로 위첨자로 병기했다.

예) 『정해분기靖海氛記. *Pacification of the Pirates*』, 『정해분기靖海氛記. *History of the Pacification of the Pirates*』, 『정해분기靖海氛記. *History of the Chinese Pirates*』

14. 이 책을 번역하면서 불명확한 부분은 『정해분기(靖海氛記)』, 『해국문견록(海國聞見錄)』, 『영만지(嶺蠻志)』, 『해국사설(海國四說)』, 『주차문견록(舟車聞見錄)』 등을 참고했다.

역자 서문

정복자는 성공한 도적이라고 말할 수 있지만, 도적은 실패한 정복자일 뿐이다. 명나라의 시조도 몽고족에 대항한 반란에 실패했다면 역사는 그를 도적이라고 불렀을 것이다. 지난 200년간, 만주족의 지배에 저항하며 봉기를 일으켰던 수많은 도적 떼의 수장 가운데 단 한 명이라도 이 이민족 정부를 전복시킨 사람이 있었다면, '중세 제국'의 사관들은 그를 새 왕조의 저명하고 걸출한 시조로 칭했을 것이다.

도적이나 해적들은 보통 인간 사회의 규율에 무지하다. 그들은 권력이 일반적인 이익을 위해 대중으로부터 파생되며, 권력이 남용되면 모든 대응 수단이 정당화된다는 것을 알지 못한다. 하지만 그럼에도 불구하고 도적이나 해적들은 권력을 손에 쥐고 휘두르려는 욕구를 강렬하게 느꼈다. 노동의 대가는 쉽게 손아귀에서 빠져나가고 정의는 돈에 팔려나가며, 탐욕스럽고 사치스러운 독재자로부터 안전한 것은 아무것도 없었다. 일반적으로 사람들은 인간사회의 철학적 원칙에 따라 명확한 생각 없이 반대하고 또 그에 따라 행동한다. 도적과 해적은 동양의 봉건 전제 국가에서 사실상 저항 세력이며, 이들의 역사는 전제군주의 역사보다 훨씬 더 흥미롭다.[1] 아시아 국가들 사이에 존재하는 역사적 동질성

---

1   중국은 먼 고대부터 중세의 봉건시대에 이르기까지 도적과 해적에 관한 오랜, 그리고 특별한 역사를 지니고 있다. 이들에 대한 역사는 지방사의 한 부분을 차지한다. 『영만지(嶺蠻志, *The Memoirs concerning the South of the Meihling Mountain*)』(『살만교의문답(薩滿教義問答, *Catechism of the Shahmans*)』 p.44 참조)의 마지막 세 권(권 58·59·60)에 『정분(靖氛, Tsing fun)』(M.10987 M.2651)에 관한 내용이 있다. 이 책은 주(周, the dynasty Chow) 무왕(武王, Woo wang) 초기부터의 도적의 역사가 담겨 있다. 『영만지』는 과거 시대의 문헌 기록을 발췌·수록한 것으로, 마지막 세 권은 『월대기(粵大記, Yuĕ ta ke, *The Great History of Yuĕ*)』, 『오국구서(五國舊書, Woo kwŏ koo sse, *The Old Transactions of the Five Realms*)』,

때문에, 아시아의 특정 국가에 대한 대중 역사서를 쓰려는 역사가들은 종종 큰 어려움을 겪는다.

유럽과 중국 간의 무역사는 중국해, 즉 남중국해에 자주 출몰하는 해적 두목들의 역사와 긴밀하게 연결되어 있다. 중세 봉건 시기에 유럽인들이 처음 중국에 나타났을 때 이들은 해적으로만 알려져 있었다. 1521년 중국과 통상 무역을 시도했던 포르투갈인 시몽 드 안드라다Simon de Andrada는 상인들에게 폭력을 가하고 청의 젊은이를 노예로 사들였다. 그리고 '대서양Great Western Ocean' 유럽의 중국식 이름에서 온 문명화된 외국인들은 자신들의 무역 경쟁자들을 해적이나 무법자란 이름으로 매도해버렸다.

오늘날 유럽인과 미국인이 청나라에서 누리고 있는 지위는 바로 포르투갈인이 만주족을 도와 외국인의 지배에 굴복하지 않는 애국자, 즉 해적을 소탕하는 일에 참여했기 때문에 가능했다. 청나라 조정은 외국인에게 유일하게 허가된 거주지또는 큰 감옥인 마카오를 포르투갈의 전유지로 인정하지 않았다. 네덜란드인은 마카오에 머무르는 것이 허용되지 않자 청나라 조정에 불만을 표시했다. 그러자 청나라middle empire는 "마카오는 중국과 무역하는 모든 외국인의 거주지이므로" 포르투갈인을 포함해 홀란Holan 즉 네덜란드인의 거주도 허락했다. 이와 관련된 칙령은 현재 마카오에 있는 한 네덜란드 공장의 서류 보관소에 보관된 것으로 알려져 있다.

중국 제국의 역사에 있어서 가장 흥미로운 사실 가운데 하나는, 이 단

『양성구초(羊城舊抄, Yang ching koo chaou, *The Old Records of Yang ching*)』 그리고 『국사이신전(國史貳臣傳, Kwŏ she yĭh shin chuen, *The Official Robber History*)』 등에서 발췌했다.

일한 나라의 전부 또는 일부를 정복했던 다양한 이민족들이 결국에는 자신들이 지배한 민족의 독특한 문명에 정복당했다는 점이다. 거란족Kitans, 몽골족Moguls, 만주족Manchow은 시간이 흐르면서, 마치 동고트족Ostro-goths, 서고트족Visigoths, 롬바르드족Longobards이 로마인이 된 것처럼 중국인이 되어버렸다. 황제 치하의 중국 문명과 로마 문명은 정복자들이 좋아할 만한 전제주의 체제를 지니고 있었기 때문에 정복자들에게 매력적이었다. 타타르족Tatars으로 더 잘 알려진 이 인종은 게르만 국가와 부족들이 겪었던 격렬한 자유의 불꽃을 경험하지 못했다. 그 결과 가한들Khakhans[2]은 피지배민들을 노예로 만들기 위한 어떠한 외교적 정책도 필요하지 않았다. 그러나 이들 몽고족이나 만주족은 한족처럼 거대한 국가에 유용하게 작동하는 전제 정부를 수립하지는 못했다.

전제주의와 민주주의의 양극단은 모두 중간 권력이나 지위의 개입을 허용하지 않는다. 군주는 하늘을 대신한 섭정자이다. 군주는 옳고 그름을 결정하는 유일한 기준이며, 이 세상에서 지켜야 할 규칙은 물론 다음 세상과 관련된 믿음마저도 모두 주관한다. 예수회 신부들이 처음 중국에 도착했을 때, 자신들의 정치적 감성에 완벽하게 부합하는 통치 체제를 보고 기뻐했을 것이라는 점은 쉽게 상상할 수 있다. 그들은 이 세속의 낙원을 개조하기 위해 사람의 힘으로 할 수 있는 모든 것을 시도했다. 예수회 신부들은 천문학자, 시계 제작공, 화가, 음악가, 장인으로 변신했다.[3] 그들은 비문을 위조하고[4] 기적을 날조했으며 공자를 성인으로

---

2   [역주] 투르크 몽골계 종족이 군주를 가리키는 칭호이다.
3   우리는 17세기 중엽 중국 땅을 점령하지 않은 러시아 예수회 선교사들에게 많은 빛을 지고 있다. *Burney's Voyages of Discovery to the North-East Passage*, p.55, Muller 구절 참조. 만주족은 페르비스트(Verbiest, 南懷仁) 신부가 제작한 대포(tlie cannon)로 중국의 애국자(해적을 일

추대하는 단계까지 이르렀다. 교묘한 방식이기는 하지만 예수회 선교사들이 중국 관습을 존중해준 탓에, 이들은 결국 신앙적으로 더 독실하고 덜 타산적인 경쟁자들과의 논쟁 속으로 휩쓸려갈 수밖에 없었다. 또한 예수회 선교사들의 이러한 교묘한 방식에도 불구하고 중국인들은 결국 로마 가톨릭 신자가 된다는 것이 중국인이기를 포기하고 대서양의 이방인 군주에게 복종한다는 의미임을 깨달았다. 톨랜드Toland는 이교도 군주인 라오기리우스Laogirius시대에 종교적 박해가 없었던 나라는 중국과 아일랜드뿐이었다고 단언했다.[5]

현재 시점에서 이 찬사는 아일랜드만 해당하는 이야기일 것이다. 지금 중국 땅에서 천주교는 거의 소멸 직전이다. 중국에서 천주교도는 대역죄인으로 간주된다. 현재 광둥지역에 있는 유일한 로마 가톨릭 신부는 상인으로 신분을 위장해 숨어 살고 있다. 17세기 포교 활동이 자유롭고 성

컬음)들을 죽였다(Le Comte, *Nouvelles Observations sur la Chine*).

4 유명한 중국학 학자가 시안부(西安府, Se ngan foo)의 비문에 대한 진위를 옹호한 논문이 있다. 푸젠(福建, Fuh keen)에서 발견된 수많은 십자가와 "바닷속의 바위틈에서 요리되어도 여전히 살아있었던 것들(Escrevices de Mer, qui estans encore en vie, lors mesme qu'elles estoient cuites)"에 대한 또 다른 변론을 기대할 수 있을까? 예수회 선교사 미셸 보임(Michel Boym)의 중국에 관한 보고서를 참조할 것. 이 보고서는 테베노(Theveno)의 『다양한 여행에 관한 이야기(*Relations de divers Voyage*)』 2권, pp.6~14 수록.

5 Toland, *History of the Druids*, p.51. "그러므로 나는 이 정의를, 비록 나의 조국은 아닐지라도 아일랜드에 구현할 것입니다. 다시 말하면 중국을 제외하고는 어느 곳에서도 유례가 없었던 이 (종교에 대한) 관용의 원칙, 이 공평한 자유가 아일랜드에 더 큰 영광이 될 것을 주장합니다." 예수회 신부 쿠플레(Couplet)는 공자를 가장 많이 비방했다. 『중국철학가 공자(*Sinarum Philosophus*)』는 루이 14세가 낭트칙령을 폐지한 직후인 1687년에 출판되었다. 루이 14세는 가장 근면한 국민을 박해한 바 있다. 쿠플레 신부는 그의 저서 *Epistola Dedicatoria ad Ludovicum magnum*에서 대담하게도 중국 사상가 공자가 위대한 왕의 신앙심을 보면 매우 기뻐할 것이라고 단언했다. 원문의 내용은 다음과 같다.
"당신을 어떤 찬사로 표현할까요? 그 최악의 적인, 과거의 믿음과 번영한 왕국의 적인 이단, 그들이 밟혀 부서지고 삶을 인도할 것으로 여겼던 명령들이 폐지되던 때. 신전들은 파괴되고, 이름은 잊혀졌으며, 수천 명의 영혼이 과거의 잘못된 길에서 진리로, 파멸에서 구원으로, 너무나 달콤하게, 너무나 강렬하게, 너무나 행복하게 인도되었지요."

공적이던 시기, 로마 가톨릭 선교사들은 중국이 유럽의 그 어떤 나라보다 고상하고 그 어떤 정부보다 문명화되었다고 소개했다. 이 잘못된 찬사로 인해 유럽인들은 과거 중국에 대해 좋은 인식을 지니게 되었다.

'부富를 얻기 위해' 중국으로 건너온 상인이나 탐험가들은 중국 정부와 중국인이 예수회 신부들이 묘사한 것과 상당히 다르다는 것을 발견했다. 그들은 흔히 만다린이라고 불리는 조정의 관리들이 외국인, 그중 특히 외국 상인과의 교류를 체면 깎이는 행위로 간주한다는 사실을 깨닫게 됐다. 또한 대개의 경우, 뇌물을 받기 이전과 받은 이후의 법 해석이 상당히 다르다는 사실도 알게 됐다. 유럽인들은 자신들의 문명이나 상술에 대한 자부심이 굉장히 높았기 때문에, 다른 세계의 사람들을 모두 야만인이라고 여겨왔다. 그러나 그들은 중국인들이 훨씬 더 높은 자부심을 가졌고, 이재에 더 밝다는 사실을 깨달았으며, 이에 놀라움과 실망감을 감추지 못했다.[6] 착각에 빠져 있던 상인들은 이 같은 사실에 매우 분노했다. 그들은 유럽의 자국민들에게 중국인들이 세상에서 가장 신뢰할 수 없는 무례한 사람들이자 괴상한 야만족에 불과하고, 이들은 어떤 식으로든 벌을 받아야 마땅하며, 그 방법은 매우 간단하단 사실을 보여주었다. 앤슨 제독Commodore Anson은 단 한 척의 빛바랜 60포 함선만으로도 중국 정부의 권력에 대항할 수 있었다.

『정해분기靖海氛記, The History of the Pirates』의 역자인 나는 중국의 통치 체제가 아시아의 여러 국가들, 즉 알렉산드로스의 추종자들, 로마의 집정관들 그리고 비잔티움의 귀족들이 세운 군주국들이나 중세시대에 동방

---

6 『토린의 오스벡의 여정을 좇은 탐험기(*Toreen's Voyage behind Osbeck*)』 II, p.239(영어판).

각지를 통치했던 그리스도교의 왕과 귀족들에 의해 설립된 수많은 군주국까지 모두 통틀어 단연코 최고라고 확신한다. 중국 정부의 원칙은 덕과 정의이다. 그러나 이 원칙은 중국 관리의 탐욕과 악행에 의해 크게 타락했다. 비록 중국의 관습이 좋다고 말할 수는 없지만, 대부분의 중국법은 훌륭하고 합리적이다. 그러나 불행히도 이러한 중국 관리들의 악행은 대개 천자天子에게 보고되지 않았다. 황제는 자신의 정의가 가장 천한 백성에 이르기까지 골고루 베풀어지도록 관심을 기울였다. 그러나 오직 천자 한 사람이 거대한 제국을 통치하는 상황에서 천자 휘하의 관리가 저지르는 포악하거나 부도덕한 악행을 그 누가 감히 나서서 고발할 수 있겠는가? 중국인들은 영리하면서도 빈틈없는 부류들이다. 아마 다른 어느 곳보다도 이 '화려한 제국flowery empire' 안에서 거짓과 기만이 보편적으로 발견됐을 것이다. 그러나 이러한 상황에도 불구하고 중국의 관리들은 국가의 신분 체계 안에서 상당히 높은 지위를 차지하고, 대다수의 백성도 정부에 상당히 만족하고 있는 듯하다. 관리들은 주인이 바뀌기 바랄지는 모르겠지만, 정부 시스템이 완전히 바뀌기를 원하지는 않을 것이다.

중국 제국에는 만주족의 지배에 저항하는 강력한 집단이 오랫동안 존재해왔고, 지금도 존재한다. 고산지대 부족들은 여전히 중국 땅에서 대청大淸, Tay tsing 왕조와는 상관없는 삶을 영위하고 있다. 몇 년 전 광둥에 있던 한 묘족苗族, Meao tsze은 자신들이 명인明人, Ming Jin 즉 만주족에게 정복당하기 이전의 중국 국호였던 명의 백성이라고 자랑스럽게 말했었다. 청의 지배에 불만을 품은 무리는 모두 삼합회라 불리는 단체로 결속했다. 그들은 이미 승하한 명나라 황제의 유지를 받드는 힘없는 정부하에서 타타르족Tatars을 물리칠 것을 목표로 삼았지만, 반란군은 바다와 육지 그 어디에서도 목적을 달성하지 못했다.[7]

유럽인들은 중국이 당세當世의 왕조와 관련한 기록의 출간을 법으로 금지하고 있다고 오해하고 있다. 일반적으로 관료나 황실의 사관이 쓴 역사서는 출간되지 않는다. 하지만 그렇다고 해서 일반인들의 역사 기록을 금지하는 법령이 있는 것은 아니다. 다만 이 일반인 저술가들은 권력자들에게 불쾌감을 줄 수 있는 내용을 언급하지 않도록 각별한 주의를 기울였다. 그리고 중국에는 인간의 사고를 통제할 만한 공식 재판소가 없었다. 즉 유럽 대륙 대부분 지역에 설치되어 있는, 검열이라고 불리는 성격의 사법제도가 없다는 말이다. 중국에서는 공포심 하나만으로도 중세 제국시대에 부상하던 자유주의자들의 기세를 누르기에 충분했다.

따라서 『정역기』나 『정해분기』의 저자들이 중국에서 도적이나 해적들을 현 왕조의 강력한 적으로 묘사하는 것은 불가능했을 것이다. 이 저자들 중 그 누구도 정부가 해적들을 진압하기에 역부족이어서, 큰 보상을 조건으로 투항을 권유할 수밖에 없었다고 서술하지는 않을 것이다. 이러한 사실들은 중국사에 결코 공개적으로 드러나지 않는다. 일반적으로 정부의 관리들은 세상에서 가장 뛰어난 사람들로 묘사된다. 그들은 설령 전투에서 달아났더라도, 이는 승산 없는 전투여서 어쩔 수 없었다고 말한다. 또 어쩔 수 없이 죄인을 사면하게 되더라도, 이를 하늘을 대

---

7   [역주] 여기서 타타르족은 만주족을 가리킨다. 청 왕조는 소수의 만주족 지배계층이 다수인 한족을 다스렸다. 일부 한족들은 청 왕조를 인정하지 않고, 멸망한 명 왕조를 정통으로 삼아 '반청복명(反淸復明, 청을 무너뜨리고 명을 다시 세우자)'을 구호로 왕조의 전복을 시도하기도 했다.

신해 덕을 행한 것으로 표현한다. 그러나 사관들의 진실성과 중국정부가 말하는 하늘의 덕天德은 거짓에 가깝다. 왜냐하면 광둥의 사형집행인 한 명이 1년에 참수한 해적이 무려 천 명에 이른다는 기록이 있기 때문이다.[8]

『정해분기』의 저자는 영선瀛仙, Jang sëen, 혹은 ying sëen이라 불리는 원영륜袁永綸, Yuen yung lun이다.[9] 그는 광둥에서 남쪽으로 8리 떨어진 순더順德, Shun tih라는 시 혹은 읍 출신이다. 이 책에는 수많은 고유명사와 인명, 지명이 등장하고, 그리고 정일鄭一, Ching yïh의 부하의 별명과 도적들의 은어가 많이 사용된 탓에 번역에 큰 어려움을 겪었다. 이 책은 1830년 11월 광둥에서 출판되었는데, 지방 사투리와 약자를 자주 사용한 탓에 대서양 출신인 내가 번역하기에 다소 까다로웠다. 이는 순더 출신의 저자에게는 너무나도 당연한 일이기에, 이로 인해 번역이 너무 힘들었다고 불평하지는 않겠다. 그러나 광둥의 숙사塾師, Head of schoolmaster[10]들은 원영륜이 역사서를 그다지 신중하지 못한 태도로 기술했다고 혐오스러워 할 수도 있다. 타국과 비교해 중국의 숙사들은 막대한 영향력을 가지고 있었고, 그들은 글을 가볍게 취급하는 것을 좋아하지 않기 때문이다.

특히 이들은 혁신이나 개혁에 강력히 반대하는 부류이다. 중국의 학자들은 세상의 이치를 다 알고 있다고 자신한다. 그들은 글만 가지고도 모든 사람을 만족시킬 수 있을 것이다. 이 학식 높은 신사들은 자신들의

---

8 *The Canton Register* No.20, 1829.

9 영선(Jang sëen)은 저자의 자(字, Tsze) 또는 칭호이다. 번역문 가장자리에 보이는 숫자는 중국어 인쇄본의 페이지를 나타낸다.
[역주] 노이만의 영역본에는 원영륜이 쓴 원서의 페이지 수(짝수 쪽은 왼편, 홀수 쪽은 오른편)가 표시되어 있다.

10 [역주] 숙사는 청대의 글방 선생을 부르는 명칭이다.

철학적·문학적 문제에 너무 몰두한 나머지, 주변의 다른 제국이나 국가에 관심을 가질 시간도, 주의를 기울일 가치도 없다고 생각한다. 중국의 최신 출간물에 보이는, 중국인들이 잘 알고 있어야 할 국가들에 대한 빈약하고도 어리석기 짝이 없는 지식을 보면, 작금의 중국 문학을 지극히 낮게 평가할 수밖에 없다.

마단림馬端臨, Matuanlin[11]의 위대한 작품에 보이는 이방인 국가에 대한 설명은 얼마나 뛰어난가! 중국인이 대서양의 국가에 대해 이해하고 서술한 내용을 유럽의 독자가 본다면 아마도 매우 흥미를 느낄 것이다. 따라서 역자는 작년에 광둥에서 출간된 유럽 국가 관련 책 가운데 일부 내용을 발췌해 보겠다.

『영만지嶺蠻志, the Memoirs concerning the South of the Meiling Mountains』권 57에는 남방 이민족또는 외국인의 역사가 포함되어 있다. 여기에는 단가족蜑家族, Tanka, 광둥과 광시의 또 다른 야만족, 시암족Siamese, 태국, 이슬람교도 Mahometans, 프랑스인, 독일인, 영국인, 포르투갈인, 오스트리아인, 프로이센인, 미국인이 언급되어 있다. 이 책은 전 광둥총독 완원阮元, Yuen이 출간했다. 완원은 현존하는 중국의 대표적인 문학가 가운데 한 사람으로 알려져 있다. 이 책은 완원 선생이 주해를 단『광동통지廣東通志, the volu -nous history of the province Kwang tung』[12]에서 주로 발췌했다.[13]

---

11 [역주] 마단림(馬端臨)은 남송 말 원초의 유학자로『문헌통고(文獻通考)』를 편찬했다.
12 [역주] 이 책은 광둥성의 사적, 기후, 풍속, 인물, 예술문화 등을 정리해 기록한 지방지이다. 명 가정 14년(1535)부터 시작해 총 8차례 찬수되었다. 완원이 주도한 것은 제7차 찬수로 청 가경 23년(1818)에 시작해 도광 2년(1822)에 완성했다. 총 334권이다.
13 [역주]『광동통지(廣東通志)』권 57이 바로『영만지(嶺蠻志)』이다.

회회回回, Hwy hwy14의 종교, 이슬람교

이 종교는 서역Se yu의 Chen ching^{Tséamba, 또는 Zeamp} 너머 남쪽에 거주하는 다양한 이민족들이 신봉하고 있다. 이슬람교도의 교리는 메디나 왕국에서부터 시작되었다. 그들은 천국이 만물의 기원이라고 말한다. 그들은 어떠한 신상神像도 제작하지 않는다. 그들의 나라는 천축인도과 가깝지만, 그들의 관습은 불교와 다르다. 그들은 살생을 하지만, 살생한 것들을 함부로 먹지 않는다. 그들은 돼지고기의 식용을 금지하는데, 이것은 회교도 교리의 본질이다. 당대唐代에 창건된 광둥의 성자묘聖者廟, temple of the compassionate saint 근처에는 회교도의 이국적인 범탑梵塔, fan ta이 있다. 이 탑은 나선형으로 높이가 약 163큐빗15에 달한다. 회교도들은 기도를 드리기 위해 매일 이곳을 방문한다.

역자는 모리슨 박사의 도움으로 광둥에 있는 수많은 무슬림 성직자들과 교류하는 기쁨을 누렸다. 그의 말에 의하면 광둥의 모스크청진사에 있는 한 비석의 비문에 당 정원 3년, 즉 서기 787년에 메카 선지자가 중국으로 이슬람교를 전래했다는 내용이 적혀있다고 한다.16 『영만지嶺蠻志, the Memoirs concerning the South of the Meiling Mountains』 등 다른 저서의 편찬자들은 호邦, Ho(M.4051)의 역사서에서 필요한 내용을 발췌했다. 그들은 아

---

14 [역주] 회회(回回)는 회족을 지칭하는데, 이는 회흘(回紇, 위구르)의 어음이 전화한 것이다. 우리나라도 고려에 이주한 색목인(이슬람인)을 '회회아비'라 일컬었다.
15 광둥에서 1큐빗은 14.625인치이다. 모리슨 영중사전 'Weights' 참조.
16 이 진술을 통해 쿠플레가 다음과 같이 말한 것이 틀림없음을 알 수 있다(『중국철학가 공자(Sinarum Philosophus)』, 서문, p.60). "약 700년 전(쿠플레는 1683년으로 기록) 이슬람교도들은 그들의 그릇된 신앙과 함께 중국에 들어왔다."
   [역주] Philippe Couplet(1623~1693)는 벨기에 예수회 선교사로, 중국 이름은 상응리(相應理)이다. 중국으로 건너가 『대학(大學)』, 『논어(論語)』를 라틴어로 번역했고, 천주교 교리 해설을 목적으로 한 『사말진론(四末眞論)』을 썼다.

랍인들이 타쉬^{Ta she}라고 부른 마단림에 대해 전혀 알지 못했던 것으로 보인다. 역자가 번역한『바흐람 연대기^{the Chronicle of Vahram}』76쪽의 주석들을 참조하라. 당시 역자는 광둥에 있었는데, 그곳에 베이징을 출발해 메카로 가던 한 순례자가 도착했다.

불란서佛蘭西, Fa lan se, 프랑스와 프랑스인

불란서는 Fo lang se弗郞西라고 부르고, 지금은 주로 Fo lang ke佛郞機라고 부른다. 이들은 처음에는 불교를 채택했지만, 이후에는 천주교를 받아들였다. 그들은 루손Leu song, 呂宋, 스페인?에 모여 살며, 지금은 홍마오紅毛, Hung maou, 즉 붉은 머리 사람네덜란드인 그리고 영국인Ying keih le들과 맹렬히 싸우고 있다. 그러나 현재 불란서는 다소 열세에 처해있다. 이 외국인들 즉 야만인들夷人, e jin은 하얀 모자와 검은 양털 모자를 쓴다. 그들은 인사를 나눌 때, 서로 모자를 벗는다. 복식이나 음식 그리고 음주에 있어서 그들은 대루손Great Leu song, 스페인 및 소루손Small Leu song, 마닐라과 유사한 풍습을 지니고 있다.

위 내용은「황청직공도皇淸職貢圖, Hwang tsing chih kung too」, 즉 청왕조의 공물 기록부에서 발췌한 것이다『영만지(嶺蠻志)』pp.10~11. 추쉬, tsew(M.10869), 거鴎, keu (M.6036), 루손Leu song을 위와 같이 번역해도 되는지 확신할 수 없다.[17] 어쨌든 내용에 따르면 프랑스인들은 루손에 모여 산다고 한다.『강희자전』에 따르면, 추쉬, tsew는 취聚, tseu(M.10826)를 대신할 수 있다고

---

17   [역주]『황청직공도(皇淸職貢圖)』권 9에는 "鴎居呂宋"이라고 되어 있고, 노이만은 이를 "루손에 모여 산다"라고 번역했지만 확신하지 못하고 있다. 그리고 원문의 '居'를 모리슨 사전의 넘버로 표기하면서 鴎(keu) (M.6036)로 오기했다.

했다. 그런데 루손Leu song이 정말 스페인을 의미하는 것일까? 일반적으로 루손혹은Luzon은 필리핀을 가리키는 말이고, 이 명칭은 마닐라가 위치한 섬에서 유래했다. 스페인대루손과 구별해 소루손이라고 부른다. 그렇다면 과연 '대'자가 빠진 루손을 스페인이라고 여길 수 있을까? 중국인들은 마테오 리치를 통해 이미 스페인의 고유 명칭을 알고 있었고, 스페인을 서반아西班牙, she pan ya라고 명기했다. 네덜란드인, 영국인, 독일인은 머리색이 붉은 갈색을 띠기 때문에 이들을 홍마오紅毛, Hung maou라고 불렀다. 게르만 혈통의 사람들에게서 발견되는 이 특별한 머리 색은 고대 로마 작가들도 자주 언급했다. 예를 들면 타키투스의 게르마니아 제4장에서 쥬베날Jubenal은 다음과 같이 말했다.

게르만인의 푸른 눈동자를 보고 누가 놀라지 않을까요?
구름처럼 뿔을 휘감고 있는 젖은 황금빛 머리카락을?

현재로서는 중국어로 쓴 포르투갈이나 네덜란드에 대한 설명을 번역하는 일이 쉽지 않다. 중국인들이 파울루스 마테오 리치利瑪竇, Le ma paou에게 들은 유럽구라파, Gow lo pa에 대한 정보가 서양西洋, Se yang 또는 포르투갈 장에 인용되어 있을 수 있다. 중국인들은 유럽의 대학들이 4개의 학부로 나뉜 것을 알고 있었고, 완원 선생은 불교 의식과 로마 가톨릭교회 의식 사이에 상당한 유사성이 있다는 것을 파악하고 있었다.

역자는 『정해분기』에서 자주 인용되는 『영만지嶺蠻志』 권 57을 번역할 예정이다. 이에 덧붙여 다른 저서들, 특히 『해국문견록海國聞見錄, Hae kwŏ hëen këen läh, 대양에 둘러싸인 제국의 전기』의 내용을 방대하게 인용하고자 한다.

아주 흥미로운 내용을 담고 있는 이 작은 책은 두 부분으로 나뉘어 있다. 한 부분은 글로 구성되어 있고 또 다른 한 부분은 지도가 수록되어 있다. 본문은 중국 해안에 대한 묘사를 포함해 8개의 장으로 구성되어 있고, 동쪽, 남동쪽, 남쪽 국가에 대한 대형 지도가 첨부되어 있다. 지도 뒤에는 일반적으로 포르투갈과 유럽에 대한 지지地誌가 덧붙여진다. 영국에 관한 다음의 글이 있다.

영국英圭黎, Ying keih le 왕국 또는 영국

영국 왕국은 흘란네덜란드의 속령국 또는 속국[18]이다. 이들은 옷차림과 식습관 그리고 음주 습관이 서로 동일하다. 이 왕국은 꽤 부유하다. 남자들은 옷을 많이 껴입고 와인을 즐겨 마신다. 여성들은 결혼 전에 날씬해 보이기 위해 허리를 졸라매고 머리카락은 어깨 위로 곱슬곱슬하게 늘어뜨린다. 그들은 짧은 겉옷과 페티코트를 입지만 외출할 때에는 더 기다란 옷을 입는다. 그들은 금과 천으로 만들어진 상자에서 코담배를 꺼낸다.

이 인용문은 『해국문견록海國聞見錄, Hae kwŏ hëen këen lăh』에서 발췌한 것이다.

---

18 이 말이 너무 터무니없어서 역자는 속(屬, shüh)(M.8384) 자가 등장하는 페이지를 모두 대조해봐야 한다고 생각했다. 속(屬, shüh)은 원래 '가까운', '결합하는'의 뜻을 지닌다. 모리슨 박사에 의하면 속국(屬國, Shüh kwŏ)은 큰 국가에 부속해있거나 종속되어있는 작은 국가라고 한다. '속국(tributary states)'의 '속(屬)'자는 『영만지』권 57에서도 동일한 의미로 자주 사용된다.
말라카(Malacca) 반도(『영만지』권 57, p.15r.)에 대해서는 다음과 같은 말로 시작한다. "말라카(Mwan lă kea)는 남해에 있으며 원래는 Sëen, 즉 시암(Siam)의 속국이었다. 그러나 지휘권을 지닌 장군이 반란을 일으켜 또 다른 왕국을 건립했다." 몇 년 전 시암족이 게다(Guedah)의 술탄에 맞서 벌인 전쟁에서 그들은 시암의 왕이 정통성을 지닌 말라카반도의 합법적인 통치자이고, 술탄은 자신의 군주에 대항하는 반역자일 뿐이라고 단언했다. 따라서 중국인 저자의 말은 시암 사람들의 주장을 방증하고 있다.

영국英圭黎, Ying keih le은 세 개의 섬으로 이루어진 왕국이다. 이 나라는 린인흠因, Lin yin,[19] 황기黃旗, Hwang ke, 덴마크, 네덜란드荷蘭 그리고 불란서佛蘭西, Fo lang se 이렇게 네 개의 왕국들 사이에 위치해 있다. 대서양유럽은 천주교를 믿는다. 우선 스페인是班呀, She pan ya, 포르투갈葡萄牙, Poo keăh ya, 황기 등의 국가가 그렇다. 너무 많은 나라가 천주교를 믿기 때문에 일일이 지명하기 힘들다. 영국Ying keih le은 은, 모직물,[20] 낙타모직물, 베이지Peih ke[21] 즉 '긴 치수long ells'라고 부르는 영국 직물,[22] 유리, 그리고 이와 유사한 물건들을 생산하는 왕국이다.

위 인용문은『해국문견록海國聞見錄』권 1, p.34과 p.35에서 발췌한 것인데 유감스럽게도『영만지嶺蠻志』에는 그 의미가 통하지 않을 정도로 상당히 축약되었다.

『해국문견록』의 저자는 다음과 같이 언급하고 있다.

영국英圭黎, Ying keih le은 세 개의 섬으로 이루어져 있다. 그리고 린인흠因, Lin yin, 황기黃旗, 홀란, 불란서Fo lang se 네 왕국의 서쪽과 북쪽은 바다에 접해있다. 린인의 동쪽으로 뻗어있는 바다는 러시아Go lo sse를 에워싸고, 러시아에서 동쪽으로 훨씬 더 멀리 가면 서밀리西密里, Se me le, 시베리아?가 있다. 북쪽 바다를

---

19 『서해총도(Se hae tsung too, *the General Map of the Western Sea*)』에는 스웨덴 대신 린인 (Lin yin)이 사용되었다. 나는 왜 이 명칭이 사용되었는지 알 수 없다. 린인(Lin yin)은 아마도 *Rugen*섬을 의미하는 것일지도 모른다.

20 일반적으로 천을 가리키는 'to lo ne'라는 단어는 인도어에서 유래한 것으로 보인다. 이 용어는 확실히 중국어는 아니다. 중국어 고유명사는 융(絨, *jung*)이다.

21 Peih ke(畢幾)는 여러 가지 단어로 표현되었다. 모리슨 사전의 畢(Peih)(M.8509)를 참조하라.

22 [역주] Peih ke는 모리슨 사전에 畢幾, 嗶嘰 등의 단어로 번역되었다. Peih ke는 원래 프랑스어 beige에서 유래했고, 영어로는 서지(Serge)라고 부른다. 고대 그리스어 serikos에서 유래한 것으로 '실크'란 뜻이다.

통해서는 항해할 수 없다. 바다는 해빙되지 않아 늘 얼어 있기에 얼어붙은 바다로 불린다. 린인 남쪽에는 오烏, Woo와 귀鬼, Kwei, 까마귀와 귀신의 다양한 제국들이 있으며 그들은 모두 대서양의 홍모紅毛족이 다스린다. 서쪽과 북쪽에는 다양한 이름을 가진 야만인들이 거주한다. (…중략…) 그러나 한마디로 그들은 수도베이징, Pekin에 살고 있는 러시아인Go lo sse과 유사하다. 심목고비는 간혹 중국인과 비슷하기도 하다. 그들은 건장한 신체와 영리한 두뇌를 가지고 있다. 그들의 생산품은 훌륭하고 튼튼하며 그들의 관심은 화포를 만드는 데 집중되어 있다. 그들은 천문학과 지리학을 연구하고 일반적으로 결혼하지 않는다. 모든 왕국은 고유의 언어를 가지고 있고 모자를 벗으면서 서로 인사를 한다. 그들은 천주께 예배를 드린다" 등등p.30과 동일

내가 가지고 있는 『해국문견록』 판본은 1794년 저장성浙江省, Che Keang province에서 인쇄한 것이다.

외국과 관련된 글이나 명나라의 역사서에 영국은 Yen go le로 표기되어 있고, 『해국문견록』에는 Ying ke機(M.5272) le梨(M.6950)라고 표기되었다. 그러나 지금의 지도에는 항상 Ying keih萁(M.5018) le利(M.6947)라고 표기된다. 단어를 음역할 경우 종종 다른 문자를 사용해 표기하기도 한다. 이 왕국은 구라파Gow lo pa, 유로파, Europa의 서쪽에 위치하고 원래 홀란네덜란드의 속국이었다. 그러나 시간이 흐르면서 홀란보다 더 부유해지고 강해지면서 반란을 일으켰다. 그 결과 이 왕국들은 서로 적이 되었다. 영국Ying keih le이 언제 키노Kea no, 캐나다라 불리는 북아메리카O mŏ le kea를 장악했는지는 모른다. 대영제국Great Ying keih le은 구라파유럽에 있는 왕국이다.[23] 옹정雍正, Yung ching 12년

1735[24] 영국인들은 무역을 위해 처음으로 광둥에 도착했다. 이 나라는 밀을 생산하는데 모든 주변 국가들과 밀 무역을 한다. 이 배들은 일반적으로 항각港脚, Keang heŏ, 즉 인도에서 온 영국 선박 또는 컨츄리 십(country ship)[25]으로 불리고 광둥에 많이 들어와 있다.

이 문장은 *Tan chay hëen këen läh*[26]에서 발췌한 것이자, 『영만지嶺蠻志』에서 영국과 관련해서 찾을 수 있는 전부이다p. 18 r.v. 『영만지』의 인용문을 보면 저자는 인도와 중국 간의 국가 무역과 내수 무역을 혼동하고 있는 것 같다. 영국에 대한 언급은 완원 선생의 『광동통지廣東通志, *the voluminous history of the province Kwang tung*』 중 미국Me le keih, America 관련 서술에도 보인다. 이 책에는 미국이 건륭乾隆, Këen lung 52년1788[27]에 보카 티그리스Bocca Tigris를 통과했다고 기록되어 있다. 당시 그들은 이미 영국Ying keih le으로부터 독립한 상태였다p. 19r.

미국에 관한 발췌문 말미에 다음과 같은 내용이 보인다.

모리슨Ma lo ko의 진술에 따르면 이 왕국들이 사용하는 언어의 문자는 총 26개로, 이 문자들을 조합해 모든 음을 충분히 표현해낼 수 있다. 각 왕국에는 크고

---

23 중국어 원문에는 Gow lo pa 중 lo 음절이 없다. 아마도 인쇄공의 실수였던 것으로 보인다.
24 [역주] 옹정 12년은 1734이다.
25 [역주] 모리슨 사전의 '港'(M.5555) 중 항각선(港脚船, Keang heŏ chuen)의 설명에 "English ship, from India, are so called at Canton; country ships"라고 표기되어 있다. 동인도회사 소속의 상선을 광둥에서는 '항각선'이라고 불렀던 듯하다. 다만, 발음 표기가 본문과 달리 Keang keŏ으로 되어 있다.
26 [역주] 영어로만 표기되어 정확한 서지명은 알 수 없다. 인용한 내용으로 보아 『주차문견록(舟車聞見錄)』으로 추정된다.
27 [역주] 건륭 52년은 1787년이다.

작은 문자가 있다. 그것을 La ting 문자 혹은 La te na라틴 문자라고 부른다.

완원 선생이 모리슨Morrison 박사의 사전에 대해 어느 정도 지식이 있음을 알게 되어 기쁘다. 모리슨 박사는 사전의 세 번째 장에 유럽의 알파벳에 대한 중국어 표기를 간단명료하게 제시했다. 완원은 자신의 글에 이 사전을 참고하면서 저자의 이름인 모리슨을 Mo le so가 아닌 Ma lo ko라고 잘못 표기한 듯하다. 그래서인지 중국인들은 일반적으로 모리슨을 Ma lo ko로 표기했다.

<u>오스트리아</u>雙鷹, The Man ying, Double Eagle, **또는 오스트리아인들**Austrians

오스트리아는 건륭 45년1781[28]에 처음으로 보카 티그리스를 통과했다. 그들은 Ta chenTeutchen으로도 불리며 천주의 종교를 받아들였다. 그들의 관습과 예의범절은 서양Se yang 즉 포르투갈과 비슷하다. 그들은 프로이센單鷹, Tan ying 즉 한 마리 독수리 왕국프로이센의 동맹국으로 고난을 겪거나 어려움이 있을 때 서로 돕는다. 광둥에 도착한 그들의 배에는 하얀 깃발이 달려있고, 깃발 위에는 두 개의 머리를 가진 독수리 한 마리가 그려져 있다.

위 인용문은 완원의 저서에서 가져온 것이다. 나는 글을 쓴 중국인 학자가 瑞典Sui chen 즉 典國Chen Kwŏ, 스웨덴이라는 단어 대신 Ta chenTeutchen을 사용하려고 각별히 주의한 것을 알게 됐다.

『영만지嶺蠻志』19v쪽의 인용문을 보면, 스웨덴에 대해 다음과 같이 기

---

28 [역주] 건륭 45년은 1780년이다.

술했다.

典Chen 왕국은 뮤Tan, 덴마크 왕국으로도 불리며 지금은 황기黃旗로 불린다. 이
나라는 네덜란드를 마주하고 있으며, 바다로부터 조금 더 멀리 떨어져 있다.
瑞典Sui chen으로 불리는 두 개의 왕국이 있는데, 이들은 모두 Go lo sse, 즉
러시아와 인접해 있다. 그들은 보카 티그리스를 건륭 원년1765[29]에 통과했다.

프로이센單鷹, Tan ying은 건륭 52년1788[30]에 보카 티그리스를 통과했다. 그들
은 오스트리아雙鷹, The Man ying의 서쪽과 북쪽에 산다. 풍속과 예절은 오스트리
아와 유사하다. 프로이센의 배는 흰 깃발을 펄럭이고, 깃발 위에는 독수리가
그려져 있다.

위의 마지막 인용문은 완원 선생이 출판한 『광동통지廣東通志』에서 발
췌한 것이다. 지난 두 세기 동안 중국인들은 외국에 대한 정보를 너무
손쉽게 얻었다. 그리고 수치스럽게도 스스로를 알리고 개선할 수 있는
기회마저 놓쳐버렸다. 만일 서양인들이 이러한 사실을 알게 된다면 세
습에 물들어 있는 이 교만한 노예들slaves을 극도의 혐오와 경멸로 바라
볼 것이다.

고대 브리튼인과 게르만인에겐 책이 없었다. 그러나 불멸의 천재 타
키투스Tacitus로 인해 이 야만인의 나라에 대한 완벽한 해설이 전해져오
고 있다! 몽테스키외Montesquieu는 "카이사르와 타키투스를 통해 야만인

---

29 [역주] 건륭 원년은 1736년이다.
30 [역주] 건륭 52년은 1787년이다.

들의 법전을 알 수 있고, 또 그 법전들을 통해 카이사르와 타키투스를 알 수 있다"라고 말했다. 이와 반대로 현대 중국인의 글에는 외국에 대한 탐구의 흔적이 전혀 없고 미개하고 교양 없는 사람들의 유치한 서술만 남아 있다.[31]

칼 프레드리히 노이만

---

[31] 약 6세기 중엽 코스마스(Cosmas)는 현재 중국인들이 유럽에 대해 알고 있는 것보다 중국 제국 즉 진(秦, Tsin)에 대해 훨씬 더 많이 알고 있었다. 이는 그가 중국인이 아닌 그리스인으로 태어났기 때문에 가능한 것이었다. 코스마스는 중국인들이 통상적으로 세렌디브(Serendib, [역주] 스리랑카의 고대 페르시아어 이름), 즉 Serendwîpa(실론)에서 들여오는 무역품들에 대해 아주 잘 알고 있었던 듯하다. 그는 중국보다 더 먼 나라는 존재하지 않으며 동쪽은 바다로 둘러싸여 있고, 실론은 지나(支那, Tziniza) 즉 중국만큼이나 페르시아만에서 아주 멀리 떨어져 있다고 언급하고 있다. 그리스도교 지지(地誌)에서 발췌한 Taprobane 관련 내용과 Thevenot의 *Relations de divers Voyages* 권 1, pp.2~3에 보이는 Taprobane의 서술 내용을 참조하라.

광둥에 거주하는 중국인들은 모든 구절을 장음의 a(이태리어 a와 동일하게 발음)로 끝내는 언어 습관을 가지고 있다. 이 a는 베이징방언(Mandarine)의 yay(也)(M.11980)처럼 문장 끝에 붙이는 어조에 불과하다. 만약 중국인들이 자신들의 나라에 대해 질문을 받는다면, 그들은 왕조의 이름에 따라, Tsin(진, 秦)-a, Han(한, 漢)-a, Tang(당, 唐)-a, Ming(명, 明)-a 등으로 대답할 것이다. 아마도 중국을 가리키는 Tziniza(지나, 支那)는 Tsin-a에서 유래했을 것으로 보인다. 르넬(Rennel)이 코스마스의 말에 귀 기울이지 않은 점은 조금 이상하다(Hero-dotus, *the Geographical System* 1, p.223, London, 1830을 참조하라).

흉노족(Huns, 산스크리트어로 Huna)이 중국의 서북 국경 일대와 힌두스탄의 서북쪽을 정복했다는 사실을 이 상인과 수도자들이 정확하게 알고 있다는 것이 놀랍지 않은가? 그는 중국에서부터 타타르와 박트리아를 거쳐 페르시아까지 이르는 150개의 경유지, 즉 전체 여정을 모두 헤아리고 있었다. 중국과 페르시아 간의 교류는 코스마스시대에 시작되었다.

소응형SOO YING HING, 蘇應亨[1]의 서문

기사년己巳年, Ke sze, 1809[2] 여름, 나는 베이징에서 돌아오는 길에 산맥[3]을 넘으면서 해적들이 일으킨 어마어마한 난리에 대해 알게 됐다. 고향에 도착한 후, 나는 모든 재앙을 두 눈으로 직접 확인했다. 네 개의 마을이 초토화됐고 주민들은 함께 모여 해적에 저항할 준비를 해야 했다. 바다와 강 위에서 벌어진 전투는 마침내 멈추었다. 가족과 마을 사람들은 기뻐했고 곳곳에서 평화를 되찾아갔다. 우리 수군의 활약을 전해 들은 사람들은 모두 그 내용이 역사에 기록되기를 원했지만, 아직도 그런 책은 저술되지 않았다.

한 번은 황푸黃浦, Whampo[4]의 한 관아에서 원씨를 만났는데, 함께 대화를 나누는 동안 손에 들고 있던 책을 나에게 읽어보라고 권했다. 책을 펴자 해적의 역사가 실려 있다는 것을 알았다. 끝까지 읽어 보니 책 속에는 당시의 사건들이 날짜별로 기록되어 있었다. 그리고 우리 해군의 활약이 아주 충실히 나열되어 있었다. 원씨는 내가 앞서 언급한 그 기록

---

1   [역주] 노이만은 중국인의 이름을 표기할 때, 성(family name)을 뒤에 놓기도 하고, 앞에 놓기도 했다. 본문에서는 혼동을 방지하기 위해 모두 중국 이름 순서로 통일했다. 소응형(蘇應亨)은 비장(壁江)지역 출신으로, 생몰연대는 자세히 알 수 없다. 그의 가문은 역대로 거인과 진사를 대거 배출한 지역 명문이었고, 소 씨 또한 가경 13년(1808) 은과(恩科)에 급제해 거인이 되었다. 하지만 이후 향시 이상의 성적을 거두지는 못한 것으로 추정된다.

2   "prefaces and rhetorical exercises(서문과 수사 훈련)"에서 중국인들은 일반적으로 잘 알려진 육십갑자를 사용해 연도를 표기한다고 했다. 첫 번째 주기는 기원전 2697년에 시작된 것으로 추정한다. 가경 9년(1804)은 서른여섯 번째 주기의 시작이었다. *Histoire générale de la Chine* XII, pp.3~4.

3   메이링산맥은 광둥성과 장시성(Keang so, 江西)을 나누는 경계이다. 이 책의 본문 앞부분에 있는 각주를 참조하라.

4   황푸는 유럽의 배가 닻을 내릴 수 있도록 허가된 광둥의 정박지이다. 몇 안 되는 정박지 중 유일하게 이곳만 외국인의 방문이 허용된다.

의 공백을 메꾸었다. 오랫동안 나를 사로잡고 있던 생각들을 이미 염두에 두었던 것이다. 도적 임씨林, Lin와 관련된 사건들은 비공식 역사가인 란이蘭簃, Lan e의 『정역기靖逆記, Tsing yih ke』,[5] 즉 도적들의 소탕사History of the Pacification of the Robbers를 다룬 책에 기술되어 있다.[6] 천명을 겸허히 받아들인 결과 란이蘭簃, Lan e는 충직하고 헌신적인 조정의 관리로 후세에 널리 알려지게 되었다. 원씨의 작품은 『정역기』에 대한 보완서로써, 책 속에 기술되어 있는 내용은 중요하든 중요하지 않든 모두 신뢰할 만하다. 원씨는 사소한 것 하나도 빠뜨리지 않았다. 그리고 감히 말하건대, 이

---

5 [역주] 『정역기(靖逆記, Tsing yih ke)』의 작가는 난이외사(蘭簃外史)이다. 모두 6권으로 이루어져 있다. 주로 가경 18년(1813) 이문성(李文成), 임청(林清), 풍극선(馮克善) 등이 허난(河南), 직예(直隸), 산둥(山東) 등지에서 일으킨 천리교의 난과 산시(陝西)의 봉기를 기록했다. 앞 4권은 기사(記事)이고, 뒤 2권은 봉기를 일으킨 두목의 전기이다.

6 나는 중국어로 된 외사(外史, Wae she)를 번역하고 있는데, 이 책은 제국의 공식 역사가인 국사(國史, Kwŏ she) 즉 사관(史官, She kwan)이 아닌 비공식 역사가에 의해 저술된 것이다. 다음에 이어지는 『정해분기』 저자인 원씨와 서문에 언급된 책의 저자인 난이(蘭簃, Lan e)는 모두―유럽 대부분의 역사가들처럼―당대의 역사를 기술하는 대중 역사가로서, 정부의 지시로 책을 쓰거나 혹은 정부로부터 대가를 지불받지 않았다.

난이(蘭簃, Lan e)는 가경황제 치하인 1814년에서 1817년까지 지속됐던 민란의 역사를 6권으로 나누어 서술하였다. 이 저서는 도광 원년(1820)([역주] 도광 원년은 1821년이다)에 2책으로 출간되었고, 서문은 대략 아래와 같다.

"갑술년(Kea su)(1814) 봄, 나는 사람들과 함께 베이징으로 갔다. 메이링산맥의 서쪽에 도착했을 때 우리는 군에 입대한 동료 여행객들을 만났는데 그들은 제법 군용을 갖추고 있었다. 수도에서 나는 도적 임(林, Lin)이 잦은 소란을 피운 사실을 알게 되었다. 나는 궁정 사람들과 정부 관리들이 하는 말을 매우 주의 깊게 확인하고 내가 들은 것을 기술했다. 그러나 사뭇 진실과 거짓이 뒤섞인 채 책이 출판될까 염려스러워, 정축년(1817)에 다시 수도로 가서 도적단 소탕에 대한 황실의 기록물을 주의 깊게 살폈다. 그런 후, 사건의 발생 순서에 따라 재구성하고 사람들로부터 들은 사실들을 다시 덧붙여, 이 다양한 사건들을 6권 1책 안에 담았다. 그러니 작품의 진실성에 대해서는 신뢰해도 좋다." 난이의 작품은 천리교(天理敎, Têen le keaou, The Doctrine of Nature) 도적떼의 역사부터 시작한다. 그들은 여덟 개의 부대로 나뉘었고, 세 명의 대장(captain) 즉 두목(chief) 아래에 배속되었다. 두목들 가운데 첫 번째가 임청(林清, Lin tsing)으로, 소응형의 서문에서 언급한 임씨(林, Lin)와 같은 사람이다. 천리교의 추종자들은 도적들이 쓴 터무니없는 책을 맹목적으로 믿었다. 이 책은 석가(Shakia)(중국어로는 미륵, 산스크리트어로는 마이트레야)의 뒤를 잇는 부처가 청해, 홍해, 백해 세 바다를 소유하고 있다고 기술하고 있다. 이 바다들은 세 개의 겁파(劫波, Kalpa)로, 우리는 현재 백해에 살고 있다. 그래서 이 도적들은 흰 깃발을 들고 다닌다. 『정역기』 권 1, p.1.

책의 출간을 기뻐하지 않는 사람이 없을 것이다. 상술한 책의 서문을 쓰고 난 후, 이를 원씨에게 건네주었다.[7]

도광 경인년 하오월1830년 9월[8] 씀

벽강 소응형의 서문

---

7   무릇 역자는 서문의 초서체 글자들이 활자체로 잘 쓰였는지를 살피는 것이 의무라고 생각한다. 나는 번역과정에서 몇 가지 약어의 의미를 알아내려 했지만 허사였다. 따라서 "원씨가 사소한 것 하나도 빠뜨리지 않았다"라고 하는 마지막 구절에 맞게 정확하게 번역했을지 확신하지 못하겠다.

8   [역주] 노이만은 夏五를 fifth summer, 즉 9월로 번역했다. 하지만 夏五는 음력 5월을 가리키는 별칭이다.

하경중HO KING CHUNG, 何敬中의 서문[1]

　나의 집은 해안가 근처로 가경 연간 기사년1809에 해적들의 침입을 받았다. 우리 마을과 인접한 해안 전체가 혼란에 빠졌고 주민들은 뿔뿔이 흩어졌다. 이러한 상황이 오랫동안 지속되면서 사람들 모두 심한 고초를 겪었다. 경인년1830, 나는 성도광동 안에 있는 관아public inn에서 원영륜Yuen yung lun을 만났다. 그는 나에게 『정해분기』를 보여주며 서문을 써달라고 부탁했다. 어린 시절의 학우였기 때문에 그의 요청을 거절할 수 없었다. 책을 펼쳐서 보니 이전에 있었던 일들이 떠올라 감명을 받았고, 원군君[2]의 노력과 근면함에 마음이 흐뭇했다. 그가 보고 들은 것들을 엮어 내는 데 매우 신중했기 때문에 나는 이 책이야말로 감히 신뢰할 수 있는 역사서라고 단언할 수 있다.

　우리는 과거의 역사학자들이 그들이 겪은 사건들을 훌륭한 문체로 서술한, 수많은 편찬물들을 가지고 있다. 이와 같은 충실한 진술을 통해 세상이 다스려지고 사람들의 마음이 계몽된다. 사람들은 이 방대한 편찬물[3]을 통해서 해야 할 일과 하지 말아야 할 일을 배우게 된다. 따라서

1　정부로부터 허가 받지 못한 저서나 서문의 작가 이름은 종종 실명이 아닌 경우가 있다. 감히 누가 중국 조정의 관리를 불쾌하게 만들 수도 있는 작품을 실명으로 출판하거나 추천할 수 있겠는가? 이 서문의 저자는 '백성을 향한 마음을 가진 자'라는 거창한 호칭을 가지고 있다.
　　[역주] 위의 호칭은 사실 노이만이 '心如氏'를 '心如民'으로 잘못 번역한 것이다.

2　군(君, Keun) 또는 씨(氏)는 유럽어에서 Master나 Doctor 같은 경칭(敬稱)에 불과하다. 군은 광둥 방언에서 상인 뒤에 Hong, 즉 Hing(行)(M.3969)을 붙여 부르는 것처럼 쓰인다. Mr.How나 Mr.Mow를 How qwa, 즉 How kwa(浩官)이나 Mow kwa(茂官) 등으로 부르는 것과 같은 이치이다.

3　추측건대 서문의 저자는 역사 및 일반 문학 관련 공식 출판물을 포함한 23권의 거대한 역사서들을 언급하는 것 같다. 나는 광둥에서 이 방대한 양의 편찬물들을 가져왔는데 지금은 『명사(明史)』로 판명됐다. 다른 어떤 나라도 이토록 엄청난 역사 및 지리 관련 장서를 보유하지 못한다는 사실을 인정해야 한다. 고대 그리스와 로마의 역사는 중국의 『이십삼사(二十三史, Url shih

일어난 사건에 충실한 설명을 부여하는 방식으로 사실을 나열하는 것은 매우 바람직하다. 목숨을 아끼지 않는 지방관리, 덕행을 지키는 훌륭한 여성들, 힘을 다해 자신의 고향을 지키는 유명 인사들이 있다. 이들은 대개 백성의 안녕에 관련한 일 앞에서는 용감하게 행동했고, 사사로운 생각을 버렸다. 어둠이 없으면 빛도 없고 덕이 없으면 화려함도 없다. 시간이 흐르면서 우리는 그러한 자질을 지닌 사람들에 대한 많은 이야기를 들어 왔다. 그러나 이처럼 당세에 도움이 되는 책을 저술한 사람들은 아주 극소수일 것이다.

도광 경인년 가을 첫달1830년 9월[4]

심여씨心如氏, Sin joo min 하경중이 삼가 쓰다[5]

---

son she)』와 비교하면 팸플릿에 불과하다.

4 [역주] 노이만은 孟秋를 the first month of the autumn, 즉 9월로 번역했다. 孟秋는 음력 7월의 별칭이다.

5 중문본에는 서론의 일종인 범례가 실려 있는데 번역할 필요가 없다고 생각했다. 이 범례는 영선(瀛仙, Jang sëen)이라고 서명한, 이 책의 저자가 쓴 것이다.

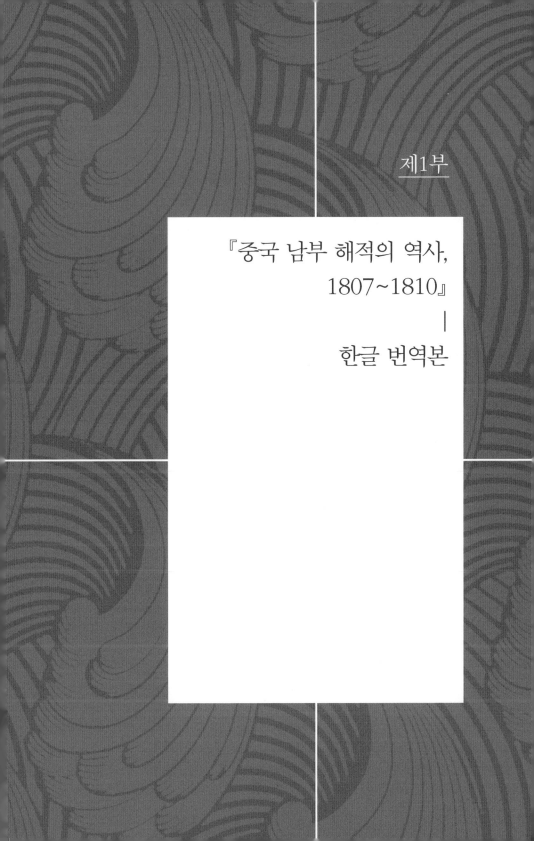

제1부

『중국 남부 해적의 역사,
1807~1810』
|
한글 번역본

권1

광둥의 동해에는 아주 오래전부터 해적들이 있었다. 해적이란 자들은 수시로 출몰했다 사라지곤 했다. 하지만 가경嘉慶[1] 연간만큼이나 극성을 부린 적은 없었다. 가경 연간에 이르러 해적들은 서로 긴밀히 결속하더니 급기야 소탕하기 버거울 정도로 규모가 커졌다. 이들이 흥성하게 된 근원은 안남安南, 베트남[2]에서 찾을 수 있다.

건륭 56년, 완광평阮光平, Yuen Kwang ping이 자신의 형제인 광의光義, Kwange, 광국光國, Kwang kwŏ과 함께 무력으로 안남을 차지하고, 합법적 통치자인

---

1   가경제는 1796년 2월 8일 아버지 건륭황제에 의해 황제로 선포되었다, 이후 건륭황제는 공적 업무에서 물러났다(*Voyage of the Dutch Embassy to China, in 1794~1795*, London edition, I.223). 가경제는 1820년 9월 2일 61세의 나이로 세상을 떠났다. 그가 사망한 지 6일 만에 둘째 아들이 황제에 즉위했다. 그의 재위 연호는 처음에는 옹염(顒琰, Yuen hwuy)이었으나, 곧 도광(道光)으로 바뀌었다(『*Indo-Chinese Gleaner*』 vol. iii, p.41). [역주] 옹염은 도광제의 재위 연호가 아니라 그의 이름이다. 노이만이 이름을 재위 연호로 착각한 듯하다.
2   안남은 코친차이나(Cochin-China, 베트남 최남부지방)와 통킹(Tungking, 베트남 북부지방)지역을 아우르고 있다. 지난 50년 동안 이들 나라에 수많은 혼란이 발생했다. 영국 독자들은 Barrow의 *Voyage to Cochin-China*, p.250를 통해 현대 코친차이나에 대한 흥미로운 역사 내용을 비교해보는 것도 좋다.

여유기黎維祺, Le wei ke[3]를 추방했다.[4] 여유기는 광시廣西, Kwang se성으로 도망쳐 왔고, 우리 조정은 그에게 장군직[5]을 하사했다. 그러나 가경 6년 1802[6] 그의 동생 복영福映,[7] Fuh ying이 시암Siam, 태국[8]에서 돌아왔고, 광평과 대전투를 벌인 끝에 광평을 죽였다.

찬탈자 광평의 아들 경성景盛, King shing은 대신minister 맥유금麥有金, Meih yew kin과 함께 바다로 나갔고, 맥유금은 당시 바다를 떠돌던 해적 정칠鄭七, Ching tsih, 동해백東海伯, Tung hae pa 등과 합류했다. 해적 정칠은 왕의 신하인 대사마大司馬, master of the stables에 봉해졌다.[9]

그해1803 12월 경성은 200여 척의 배로 구성된 새로운 동맹군에 의지해 고국으로 돌아갔다. 배에는 용맹하고 호전적인 사람들이 타고 있었다. 정칠이 그들과 합류했고, 한밤중에 안남의 만을 점령했다. 합법적인 왕 복영은 군대를 모아 싸웠으나 거듭 패했고, 라오스[10]로 도망치려 했

---

3 이 가문의 기원은 가우빌 신부(father Gaubil)의 코친차이나와 통킹(Tungking)에 대한 소개나 *Lettres Edifiantes*, 그리고 *Kang müh*의 프랑스어판 마지막 권 등에서 찾아 볼 수 있다. 안남은 중국인 이주민들에 의해 정복되었기 때문에 중국과 유사한 문명을 지니고 있다. 이에 대해서는 타베르니(Tavernier)의 통킹에 대한 명문장에도 잘 드러나 있다(*Recueil de plusieurs Relations*, Paris, 1679, p.168). 중국어를 몰랐던 레이덴(Leyden)은 인도-차이나 국가들의 언어와 문학을 다룬 유명한 논문에서 몇 가지 생소한 실수를 저질렀다(*Asiatic Researches*, vol. x. 271, London edition, 1811).

4 [역주] 1771년 베트남 남부의 마을에서 이들 삼형제가 봉기를 일으켜 서산왕조(西山王朝)를 세웠다. 이들 세력은 북부의 진씨(鄭氏) 세력과 남부의 광남국(廣南國)을 무너뜨리고, 결국 청나라의 지원을 받던 레(黎)왕조까지 멸망시켰다. 1788년 완광평은 스스로 황제에 올랐고, 1790년 건륭제의 책봉을 받았다. 1792년 완광평이 즉위한 지 4년 만에 죽자, 서산왕조는 쇠퇴한다. 급기야 1802년 광남국의 잔존 세력이던 완복영(阮福映)에 의해 멸망한다.

5 [역주] 중문본『정해분기』에는 청 조정이 여유기에게 도사직(都司職)을 제수한 것으로 서술되어 있다.

6 [역주] 가경 6년은 1801년이다.

7 [역주] 중문본에 복영의 이름을 福影이라고 표기했으나, 이는 오기이다. 福映이 맞다.

8 [역주] 시암은 태국(Thailand)의 옛 이름으로 한자로는 섬라(暹羅)로 표기했다.

9 [역주] 맥유금, 정칠, 동해백은 모두 광동에서 활약하던 해적들로 베트남의 반란군을 도와 활동했고, 그 공로를 인정받아 반란세력들로부터 작위를 수여받았다.

10 라오스의 중국명은 용뢰(龍賴, Lung lae)(M.7402, M.6866)이다. 라오스라는 명칭은 17세기

으나 성공하지 못했다.

정칠은 평생을 바다 위에서 살아온 사람으로 안남의 만을 점령하자마자 주민들에게 폭압적으로 행동했다. 그는 자신이 원하는 것을 모두 취했는데, 한마디로 말하자면 그의 의지가 곧 법이었다. 그의 무리도 똑같이 행동했다. 그들은 자신들의 힘과 기세만 믿고 사람들에게 잔인하고 난폭하게 굴고 자기들끼리 마을의 주거지를 나누어 점거하며 주민의 아내와 딸들을 무력으로 빼앗았다.

주민들은 이 같은 행위에 극도로 분노했고, 복영을 더욱더 강력하게 따르게 됐다. 마을 사람들은 복영에게 몰래 연락해 특정일에 왕복영이 장군과 함께 적의 선봉대와 맞서 싸우고 해안을 공격한다면, 자신들도 일제히 봉기해 적을 압도하겠노라고 알려왔다. 복영은 이 기별을 듣고 기뻐했고, 마침내 약속한 날에 큰 전투가 벌어졌다. 선봉대의 후진에 있던 정칠은 전투 전체를 지휘할 수 없었고, 상대측이 밖에서부터 중앙으로 강하게 압박하며 침투해 들어오자 결국 싸움에서 철저히 패하고 말았다. 그의 군대도 전멸당했다. 정칠은 전투 중에 당한 부상으로 죽음을

초 유럽 여행자들이 이 왕국의 도시를 Laniam, Laniangh 또는 Langshang으로 부른 데서 비롯됐다(Robt. Kerr, *General History and Collection of Voyages and Travels*, Edinburgh, 1813, vol. viii, p.446·449). 버마인들은 이 나라를 Layn-sayn이라고 부른다("Buchanan on the Religion and Literature of the Burmas", *Asiatic Researches*, vol. ii, London edition, 1810, p.226). 라오스 왕국은 1828년 말경 시암인들에게 정복당했다. 왕과 두 왕비, 아들, 손자까지 14명의 왕족이 모두 방콕에서 잔인하게 살해되었다. 개신교 선교사 톰린(Thomlin)과 귀츨라프 F(Guzlaff)는 1830년 1월 30일, 방콕의 감옥에 왕의 친척 9명이 갇혀 있는 것을 보았다(*The First Report of the Singapore Christian Union*, Singapore, 1830, Appendix xv). 용뢰(龍賴, Lung lae)는 『해국문견록(海國聞見錄, Hae kwŏ hëen këen)』 p.214에 언급된 녹뢰(祿賴, Lŭh lae)를 잘못 안 것일까? 이 책(『해국문견록』)에는 용뢰(龍賴)라는 말이 등장하지 않으며, 인도-차이나 국가들에 대한 내용은 '*History of the Southern ocean(Nan yan she)*'라는 제목 하에 서술되어 있다.

[역주] 노이만이 위에서 서술한 '*History of the Southern ocean*'은 『해국문견록』 상권 중 「남양기(南洋記)」를 지칭한다.

맞이했다.

그의 동생 정일鄭一, Ching yĭh, 찬탈자인 경성景盛, 그리고 그의 조카 방창
邦昌, Pang shang이 남은 무리를 이끌고 도망쳤다. 두목 정일은 자신이 이끌
던 무리와 함께 해적세력에 합류했다. 이 시기 바다 위는 해적에 의한
무차별적인 노략질과 약탈이 횡행했다. 이때는 해적의 기세가 매우 거
센 시기였다. 왕표王標, Wang pëaou가 수사제독水師提督이던 시기에는 바다와
해안이 모두 평화롭고 고요했다. 그러나 왕표가 죽자 해적들은 여러 무
리로 갈라져서 다양한 색깔의 깃발 아래에서 활동하기 시작했다.

바다에는 여섯 개의 벌떼 같은 무리들이 있었는데, 이들은 각각 홍기紅
旗, 황기黃旗, 녹기綠旗, 청기靑旗, 흑기黑旗, 백기白旗를 내세웠다. 이들 두목들
의 이름은 정일, 오지청吳知靑, Woo che tsing, 맥유금麥有金, Meih yew kin, 곽파대郭
婆帶, O po tai, 양보梁寶, Lëang paou, 이상청李尙靑, Le shang tsing이었다. 큰 무리에
속한 해적들은 다시 작은 무리로 나뉘어 부두목의 지휘를 받았다.

별명이 동해백東海伯, Tung hae pa 즉 동해의 골칫거리[11]인 오지청은 황기의
통솔자이고, 부관은 이종조李宗潮, Le tsung hoo이다. 맥유금과 오석Nëaou shih[12]

---

11   일반적으로 한 사회 안에서 동일한 계층에 속하는 사람들은 서로 비슷한 관습과 예절 양식을
      보여준다. 중국의 악명 높은 해적들은 자신들의 성보다는 별명, 즉 전투용 이름으로 더 잘 알려
      져 있다. 그러나 대부분의 해적들은 혼인할 경우 별명이 아닌 자신의 원래 성을 혼인 계약서에
      기입했다. 그리고 이러한 관습은 프랑스령 앤틸레스 제도에서 유행하는 속담에서도 발견할 수
      있는데, "아내를 얻기 전까지는 그 남자에 대해서 알 수 없다"라는 말의 기원이 됐다(The
      Voyages and Adventures of William Dampier와 History of the Buccaneers, p.87 참조). 나는
      중국 여성들이 저술한 대중 서적에는 종종 획수가 빠진 한자를 쓰는 등의 오류가 많이 발견된다
      고 들었다. 이러한 오류 탓에 Tung hae pa(동해백)의 'pa(怕)'(M.8123)도 종종 'pĭh
      (伯)'(M.8527)로 잘못 기록되기도 한다.
12   [역주] 중문본에는 "麥有金, 烏石人(因號烏石二)"으로 기술되어 있다. 여기에서 노이만의 오역
      이 두 가지 발견된다. 하나는 글자 인식의 오류로 까마귀를 뜻하는 '烏'를 새를 뜻하는 '鳥
      (Nëaou, bird)'로 혼동해 표기했다. 다른 하나는 번역상의 오류이다. 위의 원문을 올바르게

은 청기를 통솔했고, 그들의 부관은 맥유금의 형제인 맥유귀麥有貴, Meih yew kwei와 맥유길麥有吉, Meih yew këe이었다. 그들은 해강海康, Hae kang과 또 다른 사람인 황학黃鶴, Hwang ho을 첩자로 삼았다.[13] 곽파대훗날 곽학현(郭學顯)으로 개명[14]는 흑기를 통솔했고, 풍용발馮用發, Ping yung ta, 장일고張日高, Chang jih këaou, 곽취희郭就喜, O tsew he를 부관으로 삼았다. 양보별명 총병보(總兵寶), The jewel of the whole crew는 백기를 통솔했다. 이상청별명 하마양(蝦蟆養), The frog's meal은 녹기를 통솔했다. 정일은 홍기를 통솔했다.

각 깃발의 해적들은 일정한 경로를 순항하도록 지정되어 있다. 당시 푸젠福建, Fo këen에는 채견蔡牽, Kwei këen[15]이라는 이름으로 알려진 약탈 패거리들이 있었는데, 이들도 해적에 가담하면서 해적수가 대거 늘어났고, 더 이상 해적들을 제압하는 것이 불가능해졌다. 특히 후대에 악명이 높은 장보張保, Chang paou라는 인물에 대해 언급하지 않을 수 없다. 장보 휘하의 소규모 무리는 소혜란蕭稀蘭, Suh ke lan, 별명 향산이(香山二), Both odour and mountain, 양피보梁皮保, Lëang po paou, 소보오蕭步鰲, Suh puh gow 등이 통솔했다.

해석하면 "맥유금은 오석출신(그래서 오석의 둘째(烏石二)라는 별명으로 불린다)"이라고 번역해야 옳다. 노이만은 출신지 오석을 인명으로 착각해 번역했다. 그리고 괄호 속 별명을 번역할 때 항렬에 해당하는 '둘째(二)'를 빠트리고 번역하지 않았다. 뒤에 이어진 문장을 보면 맥유금에게는 형 맥유귀, 동생 맥유길이 있다고 했다. 항렬로 따져보면 맥유길은 둘째이고, 그래서 그에게 '오석의 둘째(烏石二)'라는 별명이 붙은 것이다.

13 [역주] 오역이다. 해강은 인명이 아니라 지명이다. 노이만은 중문본에서 인명과 출신지를 병기한 부분을 번역할 때 간혹 출신지를 인명으로 오역하기도 했다. 위 본문은 해강 출신인 황학을 첩자로 삼았다고 해석하는 것이 옳다.

14 그는 자신의 활약에 대해 조정으로부터 보상을 받은 후, 이름을 학현(學顯, Hëo hëen)(M. 3728·3676)으로 개명했다(Sec p.75).

15 [역주] 채견(蔡牽, 1761~1809)은 푸젠 취안저우부(泉州府) 출신의 해적 두목이다. 가경 10년(1805)부터 푸젠과 타이완 등지에서 해적질을 일삼았으나, 가경 14년(1809) 9월 청의 수군에게 궤멸되었다. 푸젠과 타이완 등지에서 활약하며 스스로 해상왕이라 칭했다. 노이만은 『정해분기』 원문에 따라 채견의 한자를 蔡鶱(M.6760, M.5822)라고 표시했으나, 蔡鶱은 蔡牽의 오기이다.

장보는 정일수鄭一嫂, Ching yǐh saou 즉 정일의 부인[16]이 이끄는 무리에 소속되어 있었다. 따라서 홍기 하나가 다른 무리들을 모두 합친 것보다도 더 강력했다.

메이링산맥의 남쪽 해안을 따라 형성된 바닷길 혹은 바다 경로는 세 갈래로 나누어졌다.[17] 하나는 후이저우부惠州府, Hwy와 차오저우부潮州府, Chaou[18]가 있는 동쪽을 향해 뻗어 있다. 다른 하나는 가오저우부高州府, Kao, 롄저우부廉州府, Lëen, 레이저우부雷州府, Luy, 충저우부瓊州府, Këung, 찬저우欽州, Kin, 탄저우儋州, Tan, 아이저우崖州, Yae, 완저우萬州, Wan가 있는 서쪽을 향해 뻗어 있다.[19] 세 번째 갈래는 이 둘 사이에 있는 광저우부廣州府, Kwang, 자오칭부肇慶

---

16 이 부분은 p.41에서 더 명백히 드러난다.

17 Shan은 중국어로 산(山)을 의미한다. 영(嶺, Ling)은 산이 이어진 것, 즉 산맥을 말한다. 중국 지리학자들은 메이링산이 나무처럼 뻗어 있다고 했다. 그들은 특히 두 갈래 즉 광둥을 중심으로 남동쪽과 남서쪽의 두 가지 지류를 언급했다. 또한 산맥을 나누고 있는 다섯 개의 고갯길을 오령(五嶺, Woo Ling), 즉 다섯 봉우리로 기록했다. 그러나 지금은 더 많은 고갯길이 있다. 광둥에 대해서는 앞서 인용된 책, 즉 전 광둥 총독 완원(阮元, Yuen)의 명으로 편찬된 전집 참조. 또한 지난해 1830년 광둥에서 출간된 여덟 권짜리 『영남유서(嶺南遺書, Ling nan y ung shuh, *Memoirs regarding the South of the Sierra*』 5책, 권 2, p.1 참조.

18 청나라에는 제국 전역의 성과 큰 마을, 명승지에 대한 유람기(itineraries) 및 지리지(direc-tories)가 있다. 따라서 역자는 본문에 언급된 장소는 모두 『광둥총도(廣東總圖, Kwang tung tsuen too, *Itinerary of the Province Kwang tung*)』에 보이는 내용을 인용했음을 밝혀 둔다. 후이(Hwy)는 후이저우부(Hwy chow foo)로 베이징으로부터 6,365리 떨어져 있고, 광둥에서는 동쪽으로 400리 떨어져 있다. 이곳에는 2급 마을(州) 1개와 3급 마을(縣) 10개가 부속되어 있다. 지역을 통틀어 14,321냥(兩, leang), 즉 14,321테일(tael)의 세금을 낸다. 이곳에는 유명한 '뤄푸산(羅浮山, Lofow)'이 있다. '뤄푸'는 '뤄(羅, Lo)'와 '푸(浮, Fow)'라고 불리는 두 개의 산을 합친 것이다. 산의 높이는 3,600장(chang), 즉 3,600피트(?)로 알려져 있다. 산의 둘레는 대략 500리 정도이다. 이곳에는 도교 서적에 언급되어는, 용이 거주하는 16개의 동굴이 있다. 이 산에는 둘레가 70~80피트인 대나무도 있다(『광둥총도(廣東總圖, Kwang tung tsuen too)』, p.5v). 차오(Chaou)는 차오저우부(潮州府, Chaou chow foo)로 베이징으로부터 8,540리 떨어져 있고, 광둥에서는 동쪽으로 1,740리 떨어져 있다. 이곳에는 3급 마을 7개가 부속되어 있다. 이 지역에서는 65,593냥, 즉 65,593테일의 세금을 낸다. 테일은 트로이형(衡)으로 환산하면 5,798데시멀(decimal)이다. 동인도회사의 장부에 따르면 은화 한 냥(tael)은 6실링 8펜스로 계산된다. '부(府, Foo)'는 1급 마을을 가리키는 중국식 명칭이고, '주(州, Chow)'는 2급 마을, 현(縣, Hëen)은 3급 마을을 가리킨다. 나는 때때로 '주'를 district town으로, '현'을 borough 즉 market-town으로 번역했다.

19 가오(Kaou)는 가오저우부(高州府, Kaou chow foo)로 베이징으로부터 7,767리, 광둥에서는

府, Chow[20]를 향해 뻗어 있다. 바다가 이 길들을 둘러싸고 있고 바로 이곳으로 전 세계의 상선들이 모여들었다. 그래서 이 항로를 '동남일대도회東南一

북서쪽으로 930리 떨어져 있다. 주 1개와 현 5개가 부속되어 있고, 총 62,566냥의 세금을 낸다. 재정적으로 성도(省都, capital)에 의존하고 있다. 렌(Lëen)은 렌저우부(廉州府, Lëen chow foo)로 베이징으로부터 9,065리, 광동에서는 1,515리 떨어져 있다. 주와 두 개의 현이 부속되어 있고, 총 1,681냥의 세금을 낸다. 재정적으로 성도에 의존하고 있다. 레이(Luy)는 레이저우부(雷州府, Luy chow foo)로 베이징으로부터 8,210리, 광동에서는 1,380리 떨어져 있다. 주와 부속 마을이 총 13,706냥의 세금을 내고, 재정적으로 성도에 의존하고 있다. 충(Këung)은 충저우부(瓊州府, Këung chow fow)로 해남(海南, Hae nan 또는 Hainan)의 성도(省都, capital)이다. 베이징으로부터 9,690리, 광동에서 남쪽으로 1,680리 떨어져 있다. 주 3개와 현 10개가 부속되어 있고, 총 89,447냥의 세금을 낸다. 재정적으로 성도에 의존하고 있다. 충산현(Këung shan hëen)이라는 마을이 있는데, 이 마을과 성도의 지명은 모두 경산(瓊山, Këung shan)을 본떠서 지은 것이다. 찬(Kin)은 찬저우(Kin chow)로 140리 떨어진 렌저우부에 속해 있다. 탄(Tan)은 탄저우(Tan chow)로 하이난의 마을이다. 섬의 성도로부터 남서쪽으로 370리 떨어져 있고, 마을의 전체 면적은 31리이다. 아이(Yae)는 아이저우(Yae chow)로 하이난의 마을이다. 섬의 성도로부터 남쪽으로 1,114리 떨어져 있다. 많은 해적들이 이 마을 주변에 자신들의 은거지를 두고 있었다. 이러한 상황 때문에 크루젠스턴(Krusenstern) 선장은 1805년 중국 해안에 우글거리는 해적들이 하이난섬 전체를 장악한 것으로 오해하기도 했다. 완(Wan)은 완저우(Wan chow)로 하이난의 마을이다. 섬의 성도로부터 남동쪽으로 470리 떨어져 있다.

20 광(廣, Kwang)은 광동성(廣東, Canton)이다. 10개의 부와 9개의 주, 그리고 78개의 현으로 이루어져 있다. 재정적으로 성도에 의존하고 있으며, 토지세 1,272,696냥, 소비세 47,510냥 그리고 기타 잡세 5,990냥을 조정에 납부한다. 『광동총도(廣東總圖, Kwang tung tsuen to o)』(p.3v)에 따르면, 외국 선박의 수량으로 추산한 해외 수입 관세가 43,750냥에 달한다고 한다. 광동성의 총 세수는 1,369,946테일로, 약 450,000파운드에 달한다. 지난 1830년 9월, 전체 광동성의 인구 목록을 보면 23,000,000(?)명으로 추산되는데, 그들이 내는 세금은 유럽의 어느 나라 국민과 비교해도 1인당 4펜스 2분의 1페니 적다는 사실을 알 수 있다. 나는 이 인구 목록을 중국인 아훙(阿訇, Ahong([역주] 중국 이슬람 성직자))에게 받았는데, 그는 베이징으로부터 약 6,835리 떨어진 광동에 거주하는 영국인 사이에서 학식이 높은 것으로 유명했다.
중국의 인구, 토지 임대료, 인구세 그리고 기타 잡세는 매우 까다로운 주제라 편찬자는 새로 출간된 『대청회전(大淸會典, Tay tsing hwy teen)』을 살펴보기 전까지 단언하기 어려웠을 것이다. 그는 이 책의 141권 38쪽에 근거해 1793년 중국 본토 인구를 307,467,200명으로 추산했을 것이다. 이 숫자에 중국의 타타르 인구를 더하면 맥카트니 경이 보고한 약 333,000,000명이 될 것이다. 자오(chow)는 자오칭부(chow king foo, 肇慶府)로 베이징에서 4,720리, 광동에서 북서쪽으로 360리 떨어져 있다. 중국 문헌에 오류가 있는 듯하다. 어떻게 광동이 6,835리이고 자오칭부가 7,420리이겠는가? 황명으로 편찬된 『대청회전』 권 122, p.6에 따르면 광동에서 베이징까지의 거리는 5,494리밖에 되지 않는다. 아마도 리의 기준이 달랐던 것 같다. 주와 11개의 3급 마을이 총 162,392냥을 납부하며 성도에 의존한다. 중국 유람기와 새로 편찬된 『대청회전』(1797년 인쇄, 총 360권) 덕택에 '중국지명사전'을 편찬하는 일이 수월해질 것이다.

大都會, The great meeting from the east and the south'라고 불렀다.

해적의 무리들은 수로와 인근 해안을 자기들끼리 서로 나누고 마음대로 노략질해갔다. 동쪽과 중간 길은 세 무리의 해적단, 즉 정일수, 곽파대, 양보가 차지했다. 서쪽 길은 다른 세 무리, 즉 별명이 오석Bird and stone, 하마앙Frog's meal, 동해백the Scourge of the eastern sea인 해적단이 차지했다. 바닷가의 주민들은 10년 동안 평화와 안정을 누리지 못했다.

웨이저우濡洲, Wei chow와 나오저우碙洲, Neaou chow[21]는 바다 멀리 동떨어져 있고 오가는 길도 완전히 막혀 있었기에 이곳을 찾는 사람이 거의 없었다. 이 방향으로 작은 섬이 하나 있는데, 사방이 높은 산으로 둘러싸여 폭풍우가 몰아친다 해도 배 100척 정도는 안전하게 정박해 있을 수 있었다. 해적들은 약탈할 수 없는 상황이 되면 이 섬으로 숨어들었다. 이곳에는 기름진 논밭이 있었고, 온갖 종류의 짐승과 꽃 그리고 과일로 넘쳐났다. 이 섬은 해적들의 은신처였다. 그들은 이 섬에 머물면서 배에 사용할 온갖 종류의 장비들을 준비했다.

장보Chang paou는 강 하구 근처의 신후이新會, Sin hwy 출신으로 어부의 아들이었다.[22] 15세 되던 해에 아버지와 함께 바다로 고기잡이를 나갔는데, 강 하구 주변을 약탈하며 돌아다니던 정일에게 잡혀 포로가 되었다. 정일은 장보를 너무 좋아한 나머지 그에게서 떨어지지 않았다. 장보는

---

21 나는 『광동총도(廣東總圖, Kwang tung tsuen too)』에서 이 두 개의 작은 섬과 관련한 상세 내용을 발견하지 못했다. 그리고 『해국문견(海國聞見, Hae kwŏ hëen këen)』에 실린 중국 해안 대지도도 살펴보았지만 이곳의 위치를 찾을 수 없었다.

22 신후이(新會)는 광동에서 남서쪽으로 230리 떨어져 있다. 면적은 138리(?)이고, 조세는 28,607테일에 달한다. 이곳은 해적들에게 크게 고통받았다. 중국 지도에는 신후이 마을을 지나가는 강에 구체적인 이름이 표기되어 있지 않고 그저 강(江)이라고만 적혀 있다. 이 마을 근처에 섬이 하나 있는데 송나라의 마지막 황제가 스스로 몸을 던진 곳이다(1280년).

정말로 영리했다. 장보는 맡겨진 모든 일을 잘 처리해냈고 외모가 뛰어났기에, 정일의 총애[23]를 받아 두목의 지위로 승진했다.

가경 12년 10월 17일[1807년 말][24], 정일이 태풍을 만나 죽었다. 그의 합법적인 아내 석씨石, Shih는 모든 해적 단원을 장보의 휘하에 배치했다. 그리고 그녀 자신은 당연히 모든 해적 소함대의 대두목commander으로 간주되었다. 이러한 이유로 당시 정일의 사단division Ching yĭh은 '정일수鄭一嫂, Ching yĭh sou', 즉 정일의 아내[25]로 불렸다. 장보는 두목chief captain의 지위에 오르자 강도와 약탈을 일삼았고, 그의 부하와 소속 함선은 날로 늘어갔다.

장보는 다음의 세 가지 규율을 만들었다.

첫째 : 만일 해적 중 사사로이 뭍에 올라가거나, '철책을 넘는 행위下關, transgressing the bars'를 한 자가 있으면, 지위를 막론하고 귀에 구멍을 뚫고, 함대fleet를 돌면서 반복적으로 벌을 준 후 죽인다.

둘째 : 훔치고 약탈한 물건들을 터럭만큼이라도 사적으로 취해서는 안 된다. 모든 물품을 신고해야 하고, 해적은 자신의 몫으로 10분의 2를 할당받는다. 8할은 '공항公項, general fund'이라 불리는 금고에 귀속시

23　'嬖(pe)(M.8335)'라는 말은 유럽어로 번역될 수 없다. 이 단어는 아시아에서 흔한 악습을 의미한다.
　　[역주] 'pe'는 한자어 嬖(사랑할 폐)를 가리킨다. 정일이 장보를 '嬖'했다는 문맥으로 보건대 '동성애'를 의미하는 것으로 추정된다.
24　[역주] 영역본에 가경 20년으로 되어있는데, 오역이다. 중문본과 대조해 교정했다.
25　해적들은 아마도 妻(tse)(M.10575)가 아니라 嫂(saou)(M.8833)라는 용어를 사용했을 것이다. 왜냐하면 saou는 다른 글자 艘(M.8834)와 함께 쓰이면 일반적으로 배(boat)나 선박(ship)을 가리키기 때문이다. 장보는 틀림없이 정일수의 부관이나 대표를 담당했을 것이다. 정일수의 성은 석(石, Shih)이었다.

킨다. 허락 없이 공항에 손대는 자는 사형에 처한다.

셋째 : 어느 누구도 마을이나 공개된 장소에서 사로잡았거나, 배로 끌고 온
여인들을 겁탈해서는 안 된다. 배의 선창 쪽으로 가려면 반드시 배의
사무장purser에게 허락을 받아야 한다. 여인에게 폭력을 행사하거나
허가 없이 여인을 취할 경우 사형에 처한다.[26]

장보는 해적들의 식량이 부족하지 않게끔 마을 사람들의 환심을 샀
다. 해적들은 술과 쌀, 그리고 기타 물품들을 제공할 것을 요구했다. 하
지만 만일 해적들 중 이러한 물품 중 한 가지라도 무력이나 대가 없이
가져갈 경우 중대한 처벌을 받았다. 이러한 이유로 해적들은 화약, 식
량, 그리고 다른 필수품들이 결코 부족하지 않았다. 이러한 강력한 규율
덕분에 전체 해적 함대의 질서가 잘 유지되었다.

정일의 아내는 모든 일을 매우 엄격히 처리했다. 서류 작업written applica
-tion 없이는 어떤 일도 진행하지 않았다. 취하거나 약탈한 물품들은 모두
정기적으로 공항公項의 기록부에 기입했다. 해적들은 필요한 모든 지출을
공항으로부터 얻었고, 어느 누구도 감히 사사로이 물품을 소유하려 하지
않았다. 해적 활동 중 어떤 사람이 전진하거나 후퇴하거나, 혹은 전열을
이탈할 경우 해적들은 그를 총회에 고발할 수 있었고, 만일 유죄가 인정
되면 바로 참수되었다. 장보는 각 방면에서 치밀한 것으로 널리 알려져
있었기 때문에 해적들은 스스로 올바르게 처신하기 위해 각별한 주의를

---

26 장보의 규율을 다른 해적집단의 규율과 비교해봐도 매우 흥미로울 것이다. 일반적으로 약탈품
의 규모가 클 경우, 해적들은 어떠한 물건도 몰래 취해서는 안 된다는 규칙에 심각하게 항의했
다. Voyage, I. c. p.95.

기울였다. 해적들은 사무장purser, 즉 공항을 관리·기록하는 총무를 '수이쿠隨庫', Ink and writing master라고 불렀고, 자신들의 약탈활동에 대해서는 '단지 물건을 배에 옮겨 싣는 것打單'이라고 표현했다.

후이저우惠州, Hwy chow의 바닷가 근처에는 삼파신三婆神, the spirits of the three mothers을 모시는 사당이 있어서 많은 사람들이 그곳에 가서 참배한다.[27] 해적들의 배도 이곳을 지날 때마다 참배를 위해 들렀다. 그러나 이것은 사실이 아니다. 그들은 장난으로 생각을 했고 오직 자신들의 해적질에만 신경을 썼다.[28] 한 번은 마치 참배라도 할 듯 대두목commander을 앞세워 사당으로 왔고, 그들은 신상을 옮겨 가려 했다. 아침부터 저녁까지 함께 힘을 모아 신상을 옮기려고 애썼지만 모두 허사였다. 하지만 장보가 혼자 힘으로 신상을 들어 올렸고,[29] 순풍이 불자 신상을 배에 옮겨 싣도록 명령했다. 이 일에 관련된 사람들은 모두 신이 분노해 해적질을 하는 도중 죽음에 이르게 될 것을 두려워했다. 그들은 모두 하늘의 응징으로부터 벗어날 수 있기를 기도했다.[30]

---

27 삼파(三婆, The San po)(M.8788, M.8608)는 토속신으로 불교와는 관련이 없어 보인다. 삼파신은 그 수가 매우 다양한데, 역대 황제들에 의해 성인이나 신으로 공표됐다. 중국의 황제는 로마의 교황과 비슷한 존재이다. 모리슨 박사는 자신의 광동어사전에서 이 삼파신에 대해 흥미로운 기록을 남긴 바 있다. 『강희자전』은 婆(s. v.)에 대해서 두 가지 용례만 언급하고 있는데, 이 두 여인은 신으로 간주되는 듯하다. 이 단어는 불교도들이 상당히 좋아하는 글자로, 아마도 역자가 잘못 알았을 수도 있다. 삼파는 산스크리트어로 스와야니 부(Swayani-bhu)이다.
28 [역주] 노이만이 오역했다. 중문본의 해석은 다음과 같다. "조금이라도 정성을 다하지 않을 경우 곧 화가 미쳤기에 해적들은 삼파신을 매우 정성스럽게 섬겼다."
29 저자는 장보에 대한 편애를 도처에서 보여주고 있다.
30 [역주] 노이만은 삼파신에 관해 서술한 단락을 전체적으로 오역했다. 중문본에 따른 해석은 다음과 같다.
    "후이저우에 삼파신을 모시는 사원이 있었다. 바다를 접한 곳에서 여러 차례 신기한 기적을 드러냈다. 해적들은 배를 타고 이곳을 지날 때마다 반드시 정성스럽게 제사지냈다. 조금이라도 정성을 다하지 않으면 화가 미쳤으므로, 해적들은 삼파신을 매우 정성스럽게 섬겼다. 하루는 각 두목들이 모여 일렬로 배례한 후 신상을 모시고 (배로) 돌아가려 했다. 아침저녁으로 물었고, 모두 힘을 모아 신상을 옮기려고 했으나 움직이지 않았다. 장보가 신상에 손을 대자 움직였

13년 7월[31] 후먼진虎門鎭,[32] Bocca Tigris[33]에 주둔해 있던 수군 관리naval officer 임국량林國良, Lin kwo lang[34]이 해적을 소탕하기 위해 바다로 향했다. 장보는 그의 첩자들에게서 관군이 도착한다는 소식을 전달받고, 멀리 떨어져 있는 만에 매복을 준비시켰다. 장보는 불과 수척의 배로 임국량을 공격하는 척 위장하면서, 25척의 배에게 간격을 두고 뒤따라 올 것을 명령했다. 해적들은 마저우양牙洲洋, Ma chow yang[35]에서 임국량의 소함대를 삼열로 포위했다. 아침부터 저녁까지 치열한 전투가 지속되었는데, 국량이 해적의 전선을 돌파하는 것은 불가능했다. 그는 죽기를 각오하고 싸웠다. 장보는 앞으로 전진했다. 그러나 국량도 장보를 상대로 격렬하게 맞섰다. 국량은 장보를 향해 포탄을 장전해 발사했고, 장보는 포

고, 마침내 신상을 모시고 배로 돌아갈 수 있었다. 마치 바람이 부는 듯 배에 도달했다. (그 후부터) 왕래하고 출몰하거나, 노략질하고 전투하는 데 있어, 모두 신상을 향해 물어 결정했다. 매번 기도할 때마다 길흉을 점친 것이 모두 영험했다."

삼파신은 해적들이 숭배하던 여신으로, 그들의 종교적 믿음은 절대적이었다. 선상 거주민이었던 해적들은 일반적으로 배에 신상을 모시고 매일 기도를 드렸고, 큰일을 도모할 때면 배에 안치했던 신상을 사원으로 모시고 가서, 그곳에서 제사를 지낸 후 다시 배로 모시고 왔다. 위의 단락은 6개 해적 연맹의 대두목들이 모두 모여 삼파신에게 제사를 올린 후, 신상을 옮기려고 하는 상황을 묘사한 부분이다. 해적 여러 명이 달라붙어도 꿈쩍도 하지 않던 신상이 장보가 손을 대자 움직였다는 내용으로, 이를 통해 장보 및 장보가 지휘하는 홍기방이 삼파신의 보호를 받고 있음을 드러내고 있다. 다른 부분에서도 유사한 내용이 적시된 것으로 보건대, 광동의 해적사회에서 삼파신이 정일수와 장보가 이끄는 홍기방을 보호한다는 인식이 깔려 있었던 것으로 추정된다.

31 저자는 앞서 중국의 해적이 극성을 부린 지가 약 10년이 되었다고 언급했지만, (이 책에서는) 해적들의 세력과 힘이 최고조에 달했던 지난 3년간의 일만 기록하고 있다. 그는 1808년 9월 초에 해당하는 가경 13년 7월부터 상세한 기록을 남기기 시작했다.

32 [역주] 후먼(虎門)은 외국에 보카 티그리스(Bocca Tigris)란 명칭으로 더 널리 알려져 있다.

33 광동강의 하구인 후먼에는 형편없는 요새가 세 개나 있는데, 이 요새들은 유럽의 선박들이 통과하는 것을 막아낼 수 없었다.

34 [역주] 임국량(林國良, ?~1808) : 푸젠성 하이청현(海澄縣) 출신이다. 수사제독 왕표(王標)가 죽자 뒤를 이어 좌익진총병이 되었다. 가경 13년, 청기단 해적 맥유금(별명 오석이)을 토벌하는 과정에서 야저우양(丫洲洋)에서 전사한다.

35 유럽 지도에 표시된 섬들 가운데 하나는 라드로네즈(Ladrones)라고 불린다. 이 라드로네즈라는 섬의 명칭은 해적들이 그렇게 부른 것이다. 단, 중국 지도에는 모두 고유 명칭으로 표기되어 있다.

탄이 자신을 향해 직진으로 날아오는 것을 알아챘다. 이를 본 해적들은 모두 장보가 크게 다치거나 죽었을 것이라고 생각했다. 그러나 포탄 연기가 사라지자, 장보가 그곳에 미동도 없이 꼿꼿이 서 있었다. 해적들은 모두 장보를 신이라고 생각했다. 이윽고 해적들은 국량의 배를 갈고랑쇠로 걸어 낚아챘다. 장보가 선봉에 섰고, 양피보Lëang po paou가 가장 먼저 국량의 배에 올라탔다. 그는 조타수를 죽이고 배를 탈취했다. 해적들이 몰려들었고, 임국량은 단병短兵으로 접전을 벌이면서 많은 피를 흘렸다. 이 살벌한 전투는 밤까지 이어졌다. 죽은 자들의 시체가 사방에서 배를 에워쌌고, 엄청난 수의 해적들이 죽었다.

새벽 3시에서 5시 사이, 해적들은 청 수군의 배 3척을 파괴하거나 침몰시켰다. 국량의 다른 부하들은 자신들도 바다에서 죽을까 봐 겁에 질려 전력을 다해 싸우지 못했다. 그 결과 해적들이 급습해 남아있던 수군의 배 15척을 모두 나포했다. 장보는 국량이 항복하기를 간절하게 바랐으나 국량은 필사적으로 항거했고, 갑자기 한 해적의 머리카락을 움켜쥐더니[36] 그를 향해 분노의 이빨을 드러냈다. 해적들은 국량에게 부드럽게 말을 건네면서 그를 진정시키려 노력했다. 국량은 자신이 이길 수 없다는 사실을 깨달았다. 그리고 이렇게 항복할 수 없다고 여겨 스스로 자결했다. 이때 그의 나이 70세였다.

장보는 사실 임국량을 죽일 의도가 전혀 없었기 때문에 그의 죽음에 대해 매우 유감스럽게 생각했다. 장보는 "우리 무리들은 바람결에 사라지는 수증기와 같다. 우리는 돌개바람에 일어나는 바다 위의 파도와 같

---

36 [역주] 노이만이 오역했다. 장보가 임국량에게 항복을 권유하자, 대노한 '국량의 머리카락이 위로 뻗쳐 머리에 쓰고 있던 관을 뚫고 나올 지경'이었다는 상용 문구를 잘못 해석했다.

다. 우리는 바다 위에 떠 있는 부러진 대나무 조각처럼 쉴 틈 없이 떠다니다 차례차례 가라앉는다. 이 치열한 전투의 성공으로 인해 이제 우리는 얼마 지나지 않아 더 큰 관군의 무력에 맞부딪칠 것이다. 그들이 바다의 다른 복잡한 길과 만에서 우리를 추격한다면 — 그들은 이 바다의 지도를 가지고 있다[37] — 감당해야 할 일들이 너무 많아지지 않겠느냐? 어느 누가 이 사태가 내 명령에 의한 것이 아니고, 또 저 관리의 죽음에 내가 관련이 없다는 것을 믿겠느냐? 사람들은 모두 나를 전투에서 패해 배까지 빼앗긴 지휘관을 무자비하게 살해한 인간이라고 비난하지 않겠는가? 탈출한 자들은 나의 잔혹성을 과장해서 말할 것이다.[38] 만약 내가 이 관리의 살인자가 된다면 훗날 투항하고 싶다 한들 어찌 감히 할 수 있겠는가? 국량을 잔인하게 죽인 살인자로 몰려 그에 걸맞는 처벌을 받지 않겠는가?"라고 말했다.

임국량이 (해적과) 매우 용감하게 싸우고 있을 때, 약 10척의 어선이 임국량을 돕기 위해 샹산香山, Hëang shan[39]의 현감major 팽서彭恕, Pang noo에게 거포를 빌려줄 것을 요청했다. 하지만 현감은 어부들이 해적과 합세할까 두려워해[40] 그들의 요청을 거절했다. 그리하여 마침내 지휘관국량이

37　『해국문견록』의 첫 번째 서문에서 편찬자는 해적 소탕을 위한 원정으로 인해 처음 중국 해안의 지도를 접하게 되었다고 언급했다.

38　역자의 서문에 언급된 바와 같이 이 역사서에는 속어나 방언들이 많다. 여기(p.1)에는 『강희자전(Kanghe)』에 실려 있지 않은 단어 즉 56번째 어근으로 이루어진 Leaou(憀)(M.7061) 또는 Lew(憀)(M.7203)가 나온다. 나의 책들이 세관에 모두 보관되어 있기 때문에 광동 방언사전을 검색할 방법이 없다. 따라서 이 단어의 정확한 의미에 대해서는 단지 어원을 통해 추측할 뿐이다. 글자의 어원은 때때로 사전보다 더 정확한 의미를 제공하기도 하지만, 다른 한편으로는 우리를 오류로 이끌기도 한다. 다른 모든 언어들과 마찬가지로 어원이 아닌 용법에 의존하는 것만이 중국어를 통달할 수 있는 유일한 길이다.

39　샹산(香山)은 마카오와 광동에 사이에 있는 중요한 지역이다. 1830년 10월 초, 나는 처음으로 이 도시를 지나갔다. 이곳은 광동에서 동쪽 방향으로 150리 떨어져 있다.

40　앞서 언급했듯이 장보의 전략은 가능한 하층민과 친밀한 관계를 유지하는 것이었다.

많은 사람과 함께 전사하고 만 것이다. 나의 벗 세 사람도 이 전투에 참가했었다. 유격遊擊, lieutenant 임도재林道材, Lin Tao tsae, 호작당胡爵堂, Hoo Tseŏ tang 그리고 황영양黃英揚, Hwang Ying tang이 앞서 언급한 전투에서 싸웠다. 임도재와 호작당은 전사했고 황영양은 사방이 연기로 자욱할 때 탈출을 했다. 황영양이 바로 나에게 전투의 전모를 이야기해 준 사람이다.

8월 참장參將 임발林發의 지휘 아래 해적 소탕을 위한 출전이 이루어졌다. 그러나 맞닥뜨린 해적의 숫자가 어마어마한 것을 본 임발은 두려움에 휩싸였다. 다른 관군들도 겁을 먹었다. 임발이 퇴각 명령을 내리자, 이내 해적들이 뒤쫓아왔다. 해적들이 야냥세亞娘鞋, Olang pae[41] 부근까지 따라 붙었다. 선두에 있던 함정vessel들이 해적들에게 공격을 퍼부었으나, 잔잔한 바람으로 인해 오도 가도 못하는 처지에 놓이게 되었다. 그러자 해적들이 일제히 물속으로 뛰어들더니 우리 측 함정을 향해 헤엄쳐 다가왔다. 우리의 지휘관commander은 이들을 무력으로 제압할 방법이 없었고, 결국 함정 여섯 척을 빼앗겼다. 그리고 임발과 그의 부하 열 명이 해적들에게 죽임을 당했다.

안남과 통킹Tung king[42]에서 화물을 싣고 돌아오던 '펑파鵬發, Teaou fa'[43]

---

41 여기에서 저자는 지명(地名, Te ming)(M.9955, M.7714)을 이야기하고 있다. 장소나 사람의 이름을 밝혀내고 정부 관리들의 관직명을 구별하는 일은 종종 매우 어려울 때가 있다. 이 지명의 마지막 단어인 pae(鞋)자는 거의 찾아보기 힘든 글자인데 8획의 한자들 중 네 번째 글자이다. 『강희자전』을 참조하기 바란다. 광동 방언에서 '亞'는 대개 이태리어의 'A'처럼 발음이 된다.

42 하노이의 옛 이름으로 tonkin 혹은 tonking으로 알려져 있다. 베트남 북부 홍하(紅河, 송코이강) 유역을 가리킨다.

43 이 배는 무게가 200톤에서 500톤에 달하는, 창문이 달린 대형 선박이다. 유럽인들은 이 배를 중국 명칭으로 부르는데, 광동지역의 방언으로는 정크선(junks)이라고 한다. Chuen(船)은 중국어 발음이다. 코친차이나와 도쿄의 대외 무역은 거의 중국과 독점적으로 이루어졌고, 시암, 싱가포르, 말라카 같은 나라와도 소규모 무역이 이루어졌다. 코친차이나 정부는 캘커타와 정기 무역을 개설하기 위해 몇 년 동안 노력을 기울였다. 그러나 이 사업은 동인도회사 소유의

라는 이름의 큰 무장 상선이 해적들과 처절한 교전을 벌였다. 장보는 자신들의 능력으로는 그 상선을 탈취할 수 없다는 것을 잘 알았다. 그래서 먼저 평범한 나룻배渡船, ferry boat 두 척을 나포한 후, 한 척에는 해적들을 배 아래에 몸을 숨기도록 했고, 다른 한 척에는 부하들을 태우고 미끼가 되는 배의 뒤를 바짝 쫓도록 명령했다. 그리고 (해적을 숨긴) 나룻배가 '평파호'를 향해 도와달라고 구원을 요청했다. 평파호는 자신들이 보유한 무기에 자신만만했고, 또 승리의 여신이 자기들 편이라고 믿었다. 평파호는 해적의 속임수라는 것을 알아채지 못한 채 나룻배가 자신들의 배에 가까이 다가오는 것을 허락했다.

그러자 이내 해적들이 밧줄을 타고 상선의 갑판 위로 기어 오르기 시작했고, 선원들은 격렬하게 저항했다. 하지만 해적들에게는 칼과 화살이 미치지 않았다. 해적들은 총을 가지고 있지 않으나, 평파호가 너무 컸다. 이 무장상선이 함락되는 과정에서 10여 명이 죽었고, 해적들은 자신들의 배boat를 타고 물러났다. 이는 이전에는 결코 발생한 적 없는 상황이었다.[44]

14년 2월 제독 손전모孫全謀, Sun Tsuen mow가 깃발이 달린 미정米艇, Mih teng을 타고, 휘하에 약 100여 척의 함정을 이끌고 바다로 나아가 해적들을 공격했다. 해적들은 첩자를 통해 관군의 공격 계획을 미리 알고 있었고,

---

외래산 설탕에 부과한 과중한 관세로 인해 완전히 성공하지는 못했다. 설탕은 코친차이나와 시암 무역의 중요한 수출품이었다.

44 [역주] 중문본과 비교했을 때, 이 문장은 오역이 많다. 중문본에 따른 해석은 다음과 같다. 해적들이 (배의) 가장자리를 기어올라가, 갑판 위에 올라서니 모두 적이었다. 해적선이 다시 무리로 몰려왔다. 더 이상 칼과 화살이 미치지 않았고, 화포도 쏠 수 없었다. 해적들은 선원 수십 명을 몰살하고, 그 배를 약탈해 그들의 수좌선(首座船)으로 삼았다. 이때부터 앞에 거리낄 것이 없었다.

완산萬山[45] 주변에 집결했다.[46] 제독은 수군을 네 개의 사단으로 나누어 해적들을 추격했다. 해적들은 자신들의 수가 많음을 믿고 물러서지 않았고, 오히려 전열을 정비해 맹공을 퍼부었다. 우리의 지휘관은 해적들을 얕잡아 보았으나, 이내 다수의 사상자가 속출하는 치열한 전투가 뒤따랐다. 화약으로 인해 밧줄과 돛[47]에 불이 붙자 해적들은 공포에 질려 그것들을 치워버렸다. 지휘관은 해적들이 배를 조정할 수 없도록 조타실을 향해 불화살을 날렸다. 해적들은 서로 가까이 포위되어 있었기 때문에 모두 일시에 사방의 불길에 노출되어 버렸다. 해적들은 놀라 눈이 휘둥그레졌다. 우리의 지휘관은 용감하게 앞으로 전진해 해적들의 배에 따라 붙었다. 엄청난 수의 해적이 죽었고, 200여 명이 포로로 붙잡혔다. 어떤 해적선에서는 해적 여성이 키를 어찌나 세게 붙잡고 있던지 그녀를 도저히 떼어낼 수 없을 정도였다. 두 개의 단검을 소지하고 있던 그녀는 필사적으로 방어했고, 병사 여러 명에게 상해를 입히기도 했다. 그러나 그녀는 머스킷 총탄에 부상을 당해 배 뒤로 물러났고, 포로로 잡혔다.

그 무렵 홍기방Red squadron이 광저우만廣州灣에 모여들었다. 제독 손전모가 그들을 소탕하기 위해 출정을 명령했다. 그러나 그들의 전력은 전

---

45 한반도에서 코친차이나에 이르는 중국의 해안 대지도인 『연해전도(沿海全圖, Yuen hae tsu en too)』에는 이곳을 라오완산(老萬山)이라고 기재했다. 정확히 후먼(보카 티그리스)의 정남향 맞은편에 위치한다.
   [역주] 위 각주에서 언급된 『연해전도(沿海全圖)』는 『칠성연해전도(七省沿海全圖)』로 추정된다.

46 [역주] 노이만이 오역했다. 해적들이 제독 손전모의 공격을 첩자를 통해 미리 알고 완산에 집결한 것이 아니라, 오히려 제독 손전모가 첩자를 통해 해적들이 완산에 집결한다는 소식을 전해 듣고, 완산을 동서남북으로 나누어 기습 공격했다.

47 중국 선박의 돛은 종종 매트(Mats)로 불린다. 왜냐하면 정말 돗자리같이 생겼기 때문이다.

투에서 승리를 거둘 만큼 막강하지 않았다. 정일수가 자신의 선박은 움직이지 않은 채, 장보에게 10척의 배를 이끌고 전방을 공격하고, 양피보梁皮保, Lëang po paou에게 후방을 공격하도록 명령했다. 우리의 지휘관은 선두와 후방을 오가며 격렬히 싸웠다. 그런데 갑자기 향산이香山二와 소보오蕭步鰲 두 해적단이 나타나더니, 사방에서 우리의 지휘관을 협공했다. 우리의 소함대squadron는 뿔뿔이 흩어져 혼돈에 빠졌고, 결국에는 괴멸당했다. 하늘을 찢는 듯한 아우성이 바다에 가득했다. 모든 사람이 목숨을 지키기 위해 사력을 다해 싸웠으나, 100명도 채 남지 않았다. 정일수의 함대는 우리 군보다 수적으로 훨씬 우세했다. 우리의 지휘관은 전선을 지켜낼 수 없었다. 마침내 전선은 무너졌고 우리는 14척의 배를 잃었다.

4월 몇 척의 상선을 호위하던 관군은 자오먼焦門, Tsëaou mun 밖에 있는 텅파이자오藤牌角, Tang pae keŏ 근해에서 총병보總兵寶와 맞닥뜨렸다. 상인들은 극도로 겁을 먹었지만 우리의 지휘관은 "저놈들은 홍기방이 아니니 싸워볼 만하다. 그러니 저들을 공격해서 무찌를 것이다"라고 말했다. 그리고 곧 전투가 벌어졌다. 양쪽은 서로 포석을 쏘아댔고, 많은 사람이 죽거나 부상을 입었다. 전투는 저녁 무렵 중단되었다가 다음 날 아침 다시 시작되었다. 해적과 관군은 서로 가까이 있었고, 자신들의 힘과 용맹을 뽐내듯 과시했다. 매우 힘든 전투였다. 대포 소리, 관군과 해적의 함성소리가 저 몇 리[48] 밖까지 들렸다. 상인들은 어느 정도 거리를 두고 떨어져 있었다. 그들은 해적들이 음료에 화약을 섞는 것을 보았다. 순식간

---

48 에이브(Ave)가 언급했듯이, 이 거리 단위는 청 제국 내에서도 일정하지 않다. 일반적으로 250리는 위도를 구분 짓는 경계로 간주된다.

에 해적들의 얼굴과 눈알이 시뻘게졌고, 그 뒤 그들은 필사적으로 달려들어 싸웠다.[49] 싸움은 3일 밤낮을 쉬지 않고 지속되었고, 마침내 양측 모두 지쳐서 물러갔다.

5월 8일 해적들은 은신처를 떠나 간주탄甘竹灘, Kan chuh han을 공격했다. 집을 불태우고 약탈을 자행했다.

10일 주장사커우九江沙口, Kew këang Sha kow와 해안 일대를 모두 불태우고 약탈했다. 그리고 나서는 제저우傑洲, Kée chow쪽으로 돌아가서 뭍에 오른 뒤 부녀자 53명을 납치해 갔다. 다음 날 다시 바다로 나아가 신후이新會, Sin hwy와 창사長沙, Shang sha에 있는 백여 채의 집을 불태우고 약탈했으며, 남녀 포로 100여 명을 잡아갔다.

6월 제독 허정계許廷桂, Heu ting kwei가 바다로 나아갔다. 동쪽으로 항해하려고 했으나, 며칠 동안의 폭우로 인해 웨이자먼桅甲門, Kwei këa mun[50] 근처에 정박해 배의 밸러스트ballast[51]를 재정비했다.

같은 달 8일째 되는 날 장보는 악천후를 틈타 작은 배를 타고 주둔지를 정탐하면서 그곳을 지나쳤다. 당시 허정계는 이렇게 폭우가 내리는 날은 해적들도 조용히 있을 것이라고 판단했다. 그러나 그의 이러한 생각은 이후 발생한 사태를 고려해보면 매우 부주의한 것이었다.

9일 아침 마침내 날씨가 개었는데, 갑자기 장보가 제독 허정계 앞에 나

---

49 해적들은 자신들의 모습이 더 흉포해 보이도록 만들었을 것이다. 플루타르크(Plutarch, 46?~120?)는 실라(Sylla)에 대해 "그의 흉포함은 흰 반점이 여기저기 번져있는 검붉은 피부로 인해 더욱 두드러져 보였다"고 말했다.

50 문(門)은 입구나 강의 하구(河口)를 의미한다. 이 장소는 발견할 수 없었는데, 심지어 광둥지역을 상세하게 그린 지도인 『대청회전(大淸會典, Tay tsing hwy teen)』에서도 표기를 발견하기 어려웠다.

51 [역주] 밸러스트(ballast)는 선박에서 균형을 잡기 위해 배의 하부에 싣는 중량물을 말한다.

타났다. 그들은 2백 척의 함정vessels으로 대열을 형성해 있었다. 수군의 배들은 모두 돛도 미처 펴지 않은 채 정박해 있었기에 허정계의 군사들은 해적들에게서 벗어날 수 없었다. 적의 수가 많은 것을 두려워한 관군 officer은 싸우기를 주저한 채 깃대 근처에서 두려움에 떨며 창백하게 서 있었다. 제독은 매우 강경한 태도로 말했다.

너희의 부모와 처자식들을 위해 마땅히 해야 할 의무를 다하여라. 이 해적 떼를 싸워 물리쳐야 한다. 아마도 우리 모두 죽음을 벗어날 수 없을 것이다. 그러나 만약 우리가 운 좋게 탈출한다면 조정으로부터 큰 은혜를 받을 것이다. 우리가 나라를 지키다 쓰러진다면 제국이 전력을 다해 수단과 방법을 가리지 않고 이 악당들을 물리칠 것이다.

관군들은 함께 뭉쳐 해적들을 맹렬히 공격했고, 싸움은 오랜 동안 지속되었다. 허정계는 대포[52]를 발사해 총병보라는 별명을 가진 우두머리를 명중시켰고, 그는 쓰러져 죽었다. 해적들은 당황해 어찌할 바를 몰라 했다. 하지만 허정계가 이끄는 수군의 힘이 조금씩 약해지자 해적들은 그 덕을 보게 되었다. 정오쯤, 장보는 허정계의 배 가까이 다가와 단병으로 배를 공격했다. 하지만 이내 큰 손실을 입게 되었다. 그러자 양피보가 갑자기 배에 올라탔고 관군은 곧 혼란에 빠졌다. 허정계는 더 이상

---

[52] 모리슨 사전 8233의 첫 번째 글자 포(砲)는 유럽에서 항상 대포의 의미로 사용된다. 고대에 이 단어는 돌을 던지는 데 사용하는 기계장치를 의미했고, 한대(漢代)에도 그런 의미로 사용되었다. 이는 중국인들이 유럽에서 포가 발견되기 훨씬 이전부터 대포와 화약을 사용했다는 사실을 암시해준다. 이 놀라운 장치가 중국에 존재했었는데 어떻게 천재적 식별력을 지닌 마르코 폴로의 주의를 끌지 못했을까?

버틸 수 없음을 깨닫고 그 자리에서 자결했다. 그의 수많은 부하들이 바다에서 죽었고, 관군은 25척의 배를 잃었다.

이 무렵 전 부총독deputy-governor 백령百齡이 삼강三江, three Këang의 관직을 떠나 양광총독governor-general, 광둥과 광시의 총독에 임명되었다.[53] 사람들은 백령이 왔으니 더 이상 해적들에게 고통받지 않을 것이라고 입을 모아 말했다. 노인들이 관아의 문에 모여들어 소청을 올렸고, 관리들은 두려움에 밤낮으로 의논했으며, 병사들은 격문public placard을 통해 출전할 준비를 갖추라는 명을 받았다. 누군가 건의했다.

> 왕표가 죽은 이후 모든 지휘관들의 사기가 저하되었습니다. 작년에 임국량이 마저우양孖洲洋에서 전사했고, 손전모孫全謀는 환커우澳口, Gaou kow에서 불운을 당했으며, 임발은 야냥세亞娘鞋, Olang pae에서 겁쟁이처럼 도망쳤습니다. 지금 또 허정계가 웨이자먼Kwei këa에서 참패를 당했습니다. 용맹한 자들의 기세가 꺾이고 병사들이 거듭되는 패배에 겁을 먹는다면 결국 우리는 해적들에게 패배할 것이 분명합니다. 우리는 정말로 그들을 물리칠 어떠한 도움도 기대할 수 없습니다. 그러니 해적들의 모든 식량을 차단해 그들을 굶겨야 합니다.

그 결과, 해적들이 약탈할 거리를 찾지 못하고, 기아로 자멸하게 만들기 위해 바다 위의 모든 선박은 항구에 남거나 모항母港으로 돌아가라는 명령이 하달되었다. 청의 관리들은 이 계책이 실행되도록 매우 주의 깊게 살폈다. 그로 인해 해적들은 몇 달 동안 제대로 된 식량을 구하는 데

53 삼강은 지명에 강(江, Këang)(M.5500)이 포함된 세 개의 지역이다. 양광(광둥과 광시)처럼 보통 총독 한 명과 부총독을 두고 있다.

실패했다. 마침내 지친 해적들은 강을 타고 거슬러 올라가 상륙하기로 결심했다.[54]

해적들은 세 갈래 서로 다른 강줄기를 따라 거슬러 올라왔다.[55] 정일수는 신후이를, 장보는 둥완東莞, Tung kwan[56]을, 곽파대郭婆帶, O po tae는 판위番禺[57]와 순더順德 일대를 노략질해 나갔다. 이 지역은 모두 해적들이 정탐했던 곳들로 이들은 판위에서 순더로 가는 길목을 감시하고 있었다.

7월 1일 곽파대가 100여 척의 배를 이끌고 와서 쯔니관紫泥關, Tsze ne을 불태웠다.

2일 그는 자신의 소함대를 4개의 사단으로 나누고 비장碧江, Peih këang, 웨이푸韋浦, Wei yung, 린웨林岳, Lin yo, 스비石壁, Shïh peih 등의 마을까지 뻗어 나갔다. 장룽長龍, Chang lung 사단[58]이 다왕자우大王滘, Ta wang yin부터 수이스잉水師營, Shwy sse ying에 이르기까지 전 마을을 포위했다. 대형함대 사단이 쯔니관 아래쪽에 있는 지공스雞公石, Ke kung shïh를 봉쇄했다. 쯔니마을로 간 해적들은 1만 냥[59]을 공물로 요구했고, 쯔니마을 오른쪽 옆에 위치한 싼산좡三善莊, San shen에는 2천 냥을 요구했다. 마을 사람들의 의견은 둘로 나뉘

---

54 이전에 해적들은 광둥 바깥쪽 외해(外海)에서만 약탈을 자행했다.

55 그 강은 많은 수로를 통해 바다로 흘러 들어간다.

56 둥완현(東莞縣)은 광둥에서 동쪽으로 150리 떨어져 있고, 면적은 180리이다. 그리고 44,607냥을 토지세 또는 조세로 내고 있다. 수많은 작은 섬들이 둥완현에 속해 있다.

57 판위현(番禺縣)은 광둥 근처에 있다. 유럽의 선박들이 정박하는 곳이 바로 이곳에 속한다. 판위현의 면적은 140리이고, 48,356냥을 조세로 지불한다. 나는 여기 속한 작은 마을들과 관련된 정보를 찾기 위해 책을 샅샅이 살펴봤지만 헛수고였다. 단지 이 마을들 가운데 일부가 『광둥총도(廣東總圖, Kwang tung tsuen too)』에 언급되어 있을 뿐이다. 이 책의 부록에 실린 리차드 글래스풀의 설명과 비교해 볼 수 있다.

58 장룽(長龍)은 중국 배 또는 정크선의 다른 이름이다.

59 금(金, Kin)(M.6369)의 어원을 보면 Kin은 그 액수가 너무 미미해서 일반적인 화폐(통보(通寶))로 사용할 수 없다. 광둥에서는 800~900kin이 스페인화 1달러로 환산된다. 만일 달러 대신—매우 가능성 있는 일인데—Kin 또는 냥(tael)을 사용한다면 그 액수는 엄청날 것이다. 리차드 글래스풀은 해적들이 (몸값으로) 정말로 만 달러를 요구했다고 이야기했다. 부록 참조.

었다. 한쪽은 조공을 바치자고 했고, 다른 한쪽은 반대했다.

조공을 바치려 한 사람들이 말했다.

해적들의 힘이 너무 강합니다. 그러니 지금은 항복해 조공을 바치고, 잠시라도 그들에게서 벗어나는 것이 낫습니다. 그렇게 한다면 앞으로 닥칠지 모를 불행을 피할 수 있는 대비책을 세울 여유가 생길 수도 있습니다. 우리 마을은 해안가에 위치해 있으니, 해적들에게 포위되면 그들이 원하는 것을 들어줄 수밖에 없습니다. 왜냐하면 우리에게는 달아날 수 있는 퇴로가 없기 때문이지요. 상황이 이럴진대 어찌 우리의 힘에만 의지할 수 있겠습니까?

조공을 반대하는 사람들이 말했다.

해적들은 결코 만족을 모를 것입니다. 지금은 우리가 그들에게 조공을 바칠 수 있다 하더라도, 과연 다음번에도 조공을 바칠 수 있을지 알 수 없습니다. 만약 그들이 또 금품을 요구해 온다면 도대체 언제 그만한 돈을 마련할 수 있겠습니까? 차라리 그들이 요구한 2천 냥을 관군과 사람들을 격려하는 데 사용하는 것이 더 낫지 않겠습니까? 만약 우리가 싸워서 승리한다면 우리의 위상이 높아지지 않겠습니까? 설령 우리가 운이 없을지라도 하늘이 보호하사 어디서나 우리를 높이 평가할 겁니다.

날이 다 저물어 가도록 그들은 어떤 결정을 해야 할지 결론짓지 못했다. 그때 마을 사람 하나가 일어나서 다음과 같이 말했다.

악당들은 계속해서 우리 마을에 쳐들어올 것이고 그러면 언젠가는 공물을 바치는 일이 불가능해질 것입니다. 우리는 싸워야만 합니다.

결국 해적들의 요구에 저항하기로 결정이 나자, 마을 사람들은 무기를 준비하고 16세부터 60세까지 싸울 능력이 있는 남자들은 모두 목책 근처로 집결하라는 명령을 받았다.

둘째 날 해적들이 잠잠했고 다행히 싸움은 일어나지 않았다. 그러나 마을 사람들은 오히려 더 동요했고, 밤새 잠을 자지 못했다. 이튿날 마을 남자들은 무기를 들고 해안가에 진을 쳤다. 해적들은 마을 사람들이 상납금을 바치지 않을 것이라는 사실을 알고 대노했고, 밤새 맹공을 퍼부었다. 그러나 포탄은 마을 앞 도랑을 통과하지 못했다.

4일 아침 곽파대는 부하들을 이끌고 도랑을 돌파해 마을에서 식량을 약탈하고 소들을 죽였다. 해적들이 대거 해안으로 몰려 왔다. 마을 사람들은 강력하게 저항하면서 후퇴하기 시작했다. 그러자 곽파대는 마을을 양쪽으로 포위하고, 부하들에게 뒷산을 점령하게 한 뒤 겁에 질린 마을 사람들을 정신없이 몰아붙이고 추격해 80여 명을 죽였다. 이후 해적들은 전방에 어떠한 저항도 맞닥뜨리지 않고 소형마차와 함께 해안으로 나아갔다. 싸움에 앞서 마을 사람들은 그들의 아내와 딸들이 걱정되어 그녀들을 사원에 모두 모아놓고 문을 바깥에서 잠궜다. 그러나 싸움에서 해적들이 승리했고, 그들은 사원의 문을 열어 여인들을 강제로 끌고 가서 배에 태웠다. 한 해적은 두 명의 예쁜 여인을 데리고 떠났다. 이를 본 마을 사람 하나가 그 해적을 뒤쫓아 가서 은밀한 곳에서 죽였다. 그리고 난 후 그는 여인들을 데리고 물속을 안전하게 통과했다. 이 싸움에서 많은 해적이 죽거나 다쳤고, 마을 사람들은 거의 2천 명 가까이 목숨을 잃었다. 얼마나 끔찍한 불행인가! 이를 서술하는 것만으로도 견딜 수 없을 정도이다.

3일[60] 해적들이 마저우馬洲, Ma chow를 공격했다.[61] 향민들은 해적이 온다는 소리를 듣고 모두 달아나 버렸다. 해적들은 남겨진 모든 것, 즉 옷이든 소든 양식이든 모조리 약탈했다.

6일 펑저우平洲와 싼산三山에 이르렀다.

8일 사완沙灣으로 퇴각했다.

9일 사완을 공격했지만 성공하지 못했다.

10일 밀물에 맞춰 강을 거슬러 올라가 해안에 오른 뒤, 레이스둔疊石墩, Wei shih tun을 불태웠다.

11일 내 고향[62]에 다다랐지만, 밤에 명령을 받고 다시 퇴각했다.

12일 황융黃涌, Hwang yung을 공격했고, 13일 다시 그곳을 떠났다. 그들은 14일에 퇴각하여 난파이南牌, Nan pae에서 멈췄다.

15일 보카 티그리스[63]를 출항했다.

26일 시암에서 공물을 싣고 오는 배를 공격했지만[64] 그들을 나포할 만

---

60 [역주] 시간의 흐름이 맞지 않지만, 중문본에도 3일(初三日)이라고 표기되어 있다.
61 [역주] 노이만은 '打馬洲'를 마을 이름으로 오역했다. 여기서 '打'는 공격하다는 의미로 동사로 쓰였다. 중문본을 참고해 교정했다.
62 [역주] 여기서 '내 고향'은 저자 원영륜의 고향을 말한다. 원영륜의 고향은 순더현에 속한 헝안(橫岸)이다.
63 후먼(虎門)을 말한다. 중국 호랑이에 대한 다음 설명은 『무크덴지리지(the geography of Mookden)』에서 발췌한 것으로 아미오 신부가 번역했다. 키엔 롱(Kien long)의 Eloge de la ville de Moukden, p.249.
    "우리나라 국경(무크덴) 너머에는 매우 아름다운 하얀 털을 지닌 호랑이 종이 있는데 털 위에 검은 반점이 있다. 이 호랑이들은 다른 호랑이보다 더 포악하고 힘이 세다."
64 중국의 지리학자와 역사가들은 시암(태국)에 대해 매우 잘 알고 있다. 『해국문견록(海國聞見錄)』 p.21과 『영만지(嶺蠻志)』 권 57 p.12에 이 제국에 대한 흥미로운 묘사가 있다. 시암이

큰 강하지 못했다.

29일 둥완Tung hwan과 두자우杜勞, Too shin를 공격했고, 거의 천 명에 이르는 사람을 죽였다.

해적들은 마을에 진입하기 위해 많은 술책과 잔꾀를 부렸다. 향신으로 위장해 관군의 포를 담당하기도 했고, 또 마치 마을을 지원하러 온 관선처럼 접근한 후, 마을 사람들이 알아채지 못한 틈을 타 습격해 모두 약탈해가기도 했다. 어떤 해적은 행상으로 위장해 돌아다니면서 모든 것을 보고 듣고, 빠짐없이 정탐했다. 그래서 향민들은 낯선 자를 발견하면 곧 해적으로 간주해 죽였다. 그래서 한 번은 한 관군이 곡식을 사기 위해 뭍에 올랐는데, 주민들이 그를 해적으로 오인해 죽인 일도 있었다. 도처에 혼란이 분분해 차마 다 설명하기 힘들 정도였다.

7월 16일 해적들은 둥완東莞 부근의 한 마을을 공격했다. 이를 알아챈 마을 사람들은 나무를 쌓거나 말뚝을 세워 울타리柵를 만들고, 큰 대포를 가지고 길목을 막아섰다. 마을 사람들은 창과 과녁으로 무장한 채 은밀한 곳에 몸을 숨겼고, 그중 10명을 선발해 해적에게 대항하도록 했다. 해적들은 사람들의 수가 적은 것을 보고 뭍으로 올라와 그들을 추격했다. 해적들이 매복지 근처에 다다르자, 대포가 발사되었다. 해적들은 겁을 먹고 감히 앞으로 나서지 못했다. 그러나 포탄에 아무도 다치지 않자 다시 전진하려 했다. 3명의 해적은 매복이 있을 것으로 추측하고 후퇴하고자 했지

중국의 패권을 인정한 사실은 초기 유럽 여행자들에게 잘 알려져 있었다. 클루버(Cluver)는 (『볼펜부텔지리지 입문서(*omnem Geographiam Wolfenbuttelae*)』 4권, p.473에서) "타타르의 잦은 침입에 압박감을 느낀 시암의 왕은 결국 중국에 항복하고 스스로 신하가 되었다"라고 서술했다. 1540년 시암에 있었던 멘데스 핀토(Mendez Pinto)는 시암의 국왕이 중국의 패권을 인정했다고 말하고 있다. 버나드 바르크니(Bernhardi Varcni)의 『일본과 시암왕국의 설명 (*Descriptio regni Japonise et Siam*)』, 케임브리지, 1673~1678, p.128.

만, 다른 해적들은 적의 공격으로 다급해지자 동료들에게 해안으로 오라는 신호를 보냈다. 그 후 10명의 선발대가 매복지 근처로 다가왔고, 이들을 따라온 해적 100여 명이 마을 사람들이 쏜 포탄에 맞아 죽었다. 악당의 무리 전체가 혼란에 빠졌다. 마을 사람들은 해적들을 뒤쫓아 많은 수를 죽였다. 살아서 끌려간 해적들도 나중에는 참수당했다. 해적의 좌선座船[65] 1척과 장룡長龍 2척을 탈취했다.[66]

8월 18일 정일수가 둥완東莞과 신후이新會에서 500여 척의 배를 이끌고 와서 순더順德와 샹산香山 등지에 있는 마을을 휘저은 후, 탄저우潭州, Tan chow에 머물렀다.

20일 장보는 300척의 배를 이끌고 사팅沙亭을 공격하라는 명령을 받았다. 장보는 그곳에서 남녀 400여 명을 포로로 잡아왔다. 또한 우리 마을의 목책까지 다다랐지만 안으로 뚫고 들어오지는 못했다.

21일 린터우林頭, Lin tow에 이르렀다.

22일 간자우玕滘, Kan shin에 이르렀다. 장보는 그곳을 공격했지만 제압할 수 없었다. 그 후 반볜웨半邊月, Pwan pëen jow를 우회해 돌아가서 목책을 뽑아버렸다. 주민들은 해적이 공격할 것을 알고 방호벽 뒤에 모여 대항할 준비를 했다. 해적들이 포를 발사했고, 향민 중 일부는 사람들이 다치는 것을 보자 도망쳤다. 이때 해적들이 뭍으로 올라왔다. 그러자 향민들은 함께 모여 해적들에게 포를 발사했다. 해적들은 땅에 바짝 엎드렸

---

65 [역주] 지휘관 혹은 통제사가 탄 배를 말한다.
66 묘사가 다른 선박의 이름을 번역하는 것은 불가능하다. 큰 배는 장룡(長龍), 즉 대형 용선(龍船)이다. 중국 법에 의하면, 장룡은 개인이 소유하는 것이 금지되어 있다. 이 배들은 중국의 관선(官船)이다. 그럼에도 불구하고 해적들은 린틴 또는 린팅에서 광둥으로 아편을 들여오는 대담한 밀수꾼들처럼 관선인 장룡을 소유하고 있었다. 1829년부터 1830년까지 광둥 항구의 아편 교역액은 12,057,157 스페인달러에 달했다.

다. 포탄은 아무런 피해도 입히지 않고 그들의 머리 위로 지나갔다. 대포를 쏘는 사람들이 미처 포를 재장전하기도 전에 엎드려있던 해적들이 벌떡 일어나더니 마을 사람들을 죽였다. 전투에 참가한 3천 명 가운데 500명이 해적에게 끌려갔다.

깃발을 들고 있던 용감한 해적 하나가 향민이 쏜 화승총musket에 맞아 죽었다. 그러자 두 번째 해적이 깃발을 들었는데, 그 또한 죽었다. 해적들은 벽에 바짝 기대어 전진했다. 또 엽총을 가지고 전투에 참가한 외국인 해적[67]도 있었다. 해적들은 대거 집결해 미늘창[68]으로 벽을 무너트리려 했지만 그런 식으로는 자신들의 목적을 달성할 수 없다는 것을 깨닫고 실망했다. 해적들은 손을 놓치고 넘어지고 죽임을 당했다. 교전은 이제 전면전이 되어 버렸고, 양측 모두 엄청난 수의 사람들이 죽었다. 마침내 향민들은 요새에서 쫓겨났고, 해적들은 마이안麥岸, Mih ke까지 그들을 추격했다. 하지만 해적들은 마이안의 안개 낀 날씨의 방해로 더 멀리 갈 수 없었다. 그들은 퇴각하면서 20여 채의 집에 불을 질러, 안에 있는 것까지 모조리 불살라 버렸다.

다음 날 해적들이 다시 해안에 나타났지만 주민들이 맹렬히 저항했다. 마을 사람들은 츠화赤花, Chih hwa의 보루까지 물러났으나, 그곳에서 1천여 명이 격렬히 싸운 덕택에 해적들을 퇴각시켰다. 해적 10명이 죽고 마을 사람 8명이 사망했다.

---

67 외국인 해적은 해적에게 포로로 잡힌 영국 선원 중 한 사람이다. "해적들은 종종 내 부하들에게 해안으로 올라가서, 주로 활과 화살을 사용하는 중국인들을 상대로 엄청난 위력을 보여줬던 머스킷총으로 싸우게 했다. 해적들은 화승총을 가지고 있긴 했지만 그것을 능숙하게 사용하지 못했다." 글래스풀의 부록 참조.

68 [역주] 창 날 끝이 나뭇가지처럼 둘 또는 세 가닥으로 갈라진 창을 말한다.

23일 정일수는 곽파대에게 80여 척의 배를 이끌고 강을 거슬러 올라 갈 것을 명령하고, 지공스難公石, Ke kung shīh에 주둔했다.

24일 장보와 곽파대는 두 갈래로 나뉘어 이 지역을 약탈하고 모든 것을 불태워 버렸다. 장보는 베이하이北海[69]에서 푸자우佛溜, Fo shin까지 약탈했고, 곡식 수만 석[70]을 탈취했으며, 30여 채의 집을 불살라 버렸다.

25일 그는 시자우西溜, Se shin로 갔다. 곽파대는 싼슝치三雄奇, San heung keih에 당도해 불을 질렀고, 그런 후 황융黃涌, Hwang yung을 약탈하고 젠안簡岸, Këen ke으로 왔지만 그곳을 공격하지는 않았다. 그는 돌아오면서 차융茶涌, Cha yung을 폐허로 만들었다.

26일 장보는 강을 거슬러 난하이Nan hae[71]와 란스瀾石, Lan shīh를 향해 올라갔다. 마을 항구에는 미정米艇, rice vessels 6척이 있었는데, 장보는 란스에 도착하자마자 이 배들을 탈취할 준비를 했다. 관병military officer은 해적의 수가 많은 것을 보고 즉시 달아나려 했지만, 장보가 그를 공격해 붙잡았다. 그런 후, 장보는 마을을 침략해 들어왔다. 하지만 감생監生 곽소원霍紹元, Ho shaou yuen이 향민들을 이끌고 저항했다.

그럼에도 불구하고 해적들은 둑을 넘어 올라왔고, 향민들은 그들의 기세를 보고 싸우려는 생각도 못 할 만큼 겁에 질려 달아나 버렸다. 곽소

---

69 [역주] 영문본은 베이하이(北海)를 북쪽 지역으로 오역했다. 원래는 지명이다. 중문본과 비교해 교감했다.

70 1석(石)은 4근(斤), keun이다. 1keun은 30kin 또는 30catty으로, 중국에서 통용되는 중량단위이다. 1근은 영국 파운드의 1과 3분의 1에 해당한다.

71 난하이현(南海縣)의 면적은 278리에 달하고, 63,731냥의 조세를 낸다. 광둥에 소재한 유럽의 공장 대부분이 이 지역에 자리 잡고 있다. 공장들 맞은편에 있는 수도원의 이름은 '해남사(海南寺, Hai nan sze, The temple of hae nan)'라는 지역명에서 유래했다. 일반적으로 지역명은 현지명을 따르기 때문에 이 사찰의 명칭은 이웃이 난하이현이나 주에 속함을 암시한다.
[역주] '해남사'는 지역명이 아니라 사찰명으로 보인다.

원은 몇 안 되는 사람들과 악당들에 대항해 싸웠지만 결국은 쓰러져 죽었다. 해적들은 4백 채의 점포와 집들을 불살랐고, 10여 명의 사람들을 죽였다. 해적이 물러나자 주민들은 곽소원의 의로움을 높이 평가해 사당을 세웠고, 순무巡撫, deputy-governor 한봉韓對, Han fung이 그를 위해 제사를 지냈다.

곽소원은 란스瀾石의 보루를 책임지고 있었다. 그는 의협심이 높은 사람이었고, 담을 아주 튼튼하게 쌓아 올렸다. 해적이 쳐들어오기 전, 그는 사람들에게 이렇게 이야기했다고 한다.

길흉을 점치는 이가 올해 내가 영광을 얻게 될 운이 들었다고 했다.

벌써 올해의 반이 지난 시점이라서 이 예언이 어떻게 실현될지 알 수 없었다.

해적들이 쳐들어 왔을 때, 곽소원은 향민들이 해적과 맹렬히 싸울 수 있도록 사기를 북돋았다. 허리에 칼을 차고 창을 휘두르며 가장 선두에 서서 싸웠다. 그는 많은 해적을 죽였지만, 결국 힘에 부쳐 해적들에게 죽임을 당하고 말았다. 마을 사람들은 그의 의로움에 크게 감동해 그를 위한 사당을 세웠고, 그의 초상 앞에서 제사를 올렸다. 그 후, 그가 생전에 말했던 '올해 영광을 얻게 될 운'에 관한 이야기가 세간에 알려졌다. 20년이 지난 지금도 사람들은 불꽃놀이를 하면서 그를 기린다. 나는 이 이야기를 이 책에 부연하는 것이 옳다고 생각한다.[72]

---

72 중국인 저자의 이 단순한 기록은 수많은 학술 논문보다 중국의 종교에 대해 더 자세히 알려준다. 중국과 인도의 모든 신들은 그리스 로마의 신들처럼 두 개의 기원에서 파생되었다. 즉 자연

27일 임손林孫, Lin sun이 수로를 보호하기 위해 40여 척의 배를 동원해 해적과 싸우러 나갔다. 그는 진강金崗, Kin kang, 사완해(沙湾海, Shaou wan hae) 근처에 머물며 하루 종일 그곳의 서쪽에 잠복해 있다가 쯔니紫泥, Tsze ne로 이동했다. 장보는 해적선을 사팅沙亭, Shaou ting으로 이동시키고, 부하들에게는 밤에 해안에 올라가도록 명령했다. 슬프게도 임손은 해적의 수가 너무 많아 효과적으로 대항할 수 없다고 생각해, 동쪽으로 달아나 비징碧江, Peih keang에 숨어들었다.

다음 날 아침, 해적은 우리의 지휘관을 공격하기 위해 쯔니紫泥로 향했지만, 그를 찾지 못하고 사팅沙亭에서 멈췄다. 마침 가을바람이 불기 시작하는 시기였고,[73] 그들 역시 관군을 두려워했기에 후퇴를 준비하고 있었다. 그러나 우리는 곧 엄청난 사기와 기세로 싸우기 위해 외해에서 돌아오고 있는 다른 깃발들을 발견하게 되었다.

29일 해적들이 다시 돌아와서 간자우玕滘를 노략질했다. 그들은 작은 배를 타고 강으로 들어갔고, 마을 사람들은 그들에게 대항해 해적 두 명에게 부상을 입혔다. 이에 해적들이 모두 분개했다.

의 힘과 매우 뛰어난 인간이 신격화된 것이다. 자연의 힘과 인간의 선악은 모든 사회에서 상당히 유사성을 지니며, 동일한 종류의 신과 여신을 어디에서나 발견할 수 있다. 단지 그들의 외적인 형태와 모습만 다를 뿐이다. 중국의 모든 성, 모든 현, 모든 마을에 특별한 수호성인, 즉 수호신이 있고, 신의 모습을 그린 초상화는 제삿날에 공개된다. 이러한 측면에서 보면, 중국과 로마 가톨릭이 여전히 성행하고 있는 다른 나라들 간에 본질적인 차이가 존재하지 않는다. 중국의 남신과 여신의 형상은 모두 인간의 모습을 취하고 있다. 그들은 인도나 이집트처럼 괴물 같은 모습을 가지지 않았다. 한때 괴물과 같은 모습으로 비범한 지혜와 놀라운 과학을 찾는 것이 유행하기도 했다. 루시안(Lucian)은 당돌하게도 이러한 신과 작가들, 예언자들, 궤변가들을 비웃었다. 이들은 사람을 기만하는 저속한 헛소리에서 의미를 찾으려 하는 사람들이다. Sacre -ficiis s. f.에서 루시안은 양의 머리를 한 주피터와 개의 모습을 한 착한 친구 메르쿠리우스 (Mercurius) 등을 보고 비웃었다. 『헤로도토스』 II.42의 양의 머리를 한 주피터에 대한 유쾌한 이야기 참조.

73 중국 바다의 태풍은 대략 9월 중순, 즉 추분(秋分) 직전부터 시작된다.

다음 날, 해적들은 큰 배를 타고 와서 마을을 포위했고, 좁은 길을 따라 올라올 준비를 하고 있었다. 향민들은 참호 안에 몸을 숨긴 채 감히 나서지 못했다. 곧 해적들은 길목마다 병력을 나누어 진격해 들어왔다. 향민들은 책문柵門의 동쪽 해안 근처에서 강력하게 저항할 준비를 하고 있었다. 그러나 해적들이 책문을 습격해 해안가에 깃발을 꽂자, 전 함대가 뒤따랐다. 향민들은 용감하게 싸웠다. 해적들은 린터우林頭 입구를 지나면서 끔찍한 학살을 자행했다.

권법자拳師,boxing-master 주유등周維登, Chow wei tang이 맹렬히 저항했고, 10여 명의 해적을 죽였다. 곧 해적들이 물러나기 시작했지만, 장보가 전투를 지휘하면서 전투는 상당히 오래 지속되었다. 향민들은 점차 힘이 부족해지면서 더 이상 버티기 힘들어졌다. 해적들이 주유등을 포위했으나, 그의 아내는 그의 곁에서 용감하게 싸웠다. 두 사람이 포위되어 기진맥진해진 것을 보고, 여인의 아버지가 달려 나와 해적들을 죽였다. 해적들은 이들이 도망가지 못하도록 반대 방향으로 물러나서 포위했고, 이들은 아무런 저항도 하지 못한 채 죽임을 당했다. 결국 주유등의 아내는 다른 사람들과 함께 죽음을 맞이했다. 그리고 해적들은 (마을을 잇는) 다리를 무너뜨리고, 인근 언덕으로 도망친 향민들을 추격하기 시작했다. 해적들은 물속을 헤엄쳐 쫓아가 사람들을 공격했고, 사람들은 탈출하지 못했다. 해적 전체가 뭍에 올라와 향민들에게 심각한 피해를 입혔다. 약 100여 명의 향민이 죽은 것으로 추정되며, 해적들도 상당한 손실을 입었다.

해적의 무리는 사방으로 흩어져 약탈하기 시작했다. 그들은 엄청난 양의 옷과 물건들을 약탈했고, 남녀 1,140명을 노예로 끌고 갔다. 그들은 10여 채의 가옥에 불을 질렀다. 불길은 수일 동안 꺼지지 않았다. 마을에는 개나 닭의 울음소리조차 들리지 않았다. 다른 향민들은 마을에서 멀리 달아나거나, 들판에 몸을 숨겼다. 100여 명의 여인들이 논밭에 몸을 숨기고 있었는데, 아이가 배고파 우는 통에 해적들이 그 소리를 듣고 따라 가서 여인들을 발견하고는 모두 끌고 갔다.

양계녕楊繼寧, Yang Ke choo의 아내[74] 매영梅英, Mei ying은 매우 아름다웠다. 한 해적이 그녀의 머리채를 잡으려 하자 매영은 큰소리로 욕을 내뱉었다. 해적이 그녀를 돛대에 높이 매달자, 그녀는 더 큰 소리로 욕을 해댔다. 해적들은 그녀를 끌어내린 후, 이빨 두 개를 부러뜨렸다. 그녀의 입과 턱은 피로 흥건했다. 해적이 다시 그녀를 돛대에 묶기 위해 뛰어올랐다. 매영은 그의 요구에 응하는 척하다가 해적이 가까이 다가오자 피가 흐르는 입으로 그의 옷을 물고 그와 함께 강으로 몸을 던져 자결했다. 남은 남녀 포로들은 수개월 후 은화 1만 5천 냥의 몸값을 지불하고 풀려났다.

반볜웨半邊月, Pwan pëen jow를 지나면서 나는 매영의 정절에 감복했다. 아마도 고결한 남자라면 모두 같은 심정으로 감동하게 될 것이다. 이에 시 한 수를 지어 그녀의 운명을 위로하고자 한다.

Cease fighting now for a while!

Let us call back the flowing waves!

Who opposed the enemy in time?

---

74 [역주] 중문본에 따르면 양계녕의 여식(楊繼寧之女)으로 기술되어 있다. 노이만이 오역한 것으로 추정된다.

A single wife could overpower him.

Streaming with blood, she grasped the mad offspring of guilt,

She held fast the man and threw him into the meandering stream.

The spirit of the water, wandering up and down on the waves,

Was astonished at the virtue of Ying.

지금은 싸움이 잠시 멈추었구나!

흐르는 파도를 다시 불러모으자!

당시 누가 적에게 대항했겠는가?

한 여인이 홀로 그를 제압했네.

피 흘리며 미친 놈을 잡아[75]

단단히 휘감고는 굽이치는 물결에 몸을 던졌네.

물의 정령이 파도를 타고 오르내리니,

매영의 정절에 놀랐구나.

시를 모두 읊고 나니

파도들이 끊임없이 서로 부딪치고,

푸른 물은 마치 벽신碧山, mountain Peih과 같구나!

찬란한 불꽃은 다시 돌아오지 않을지니,[76]

---

75 나는 본문(원영륜의 중문본)에 오기가 하나 있음을 언급해야겠다. 모리슨 박사의 사전에 보이는 '孽(Nëë)'(M.7974)가 정확한 글자이다.

76 나는 이 시구를 내 멋대로 번역했으며 저자가 사용한 시적 표상의 의미를 잘 이해하지 못했음을 고백하지 않을 수 없다. 봉(烽)은 연소로 인해 발생하는 연기를 의미하고 장(檣)은 배나 선박의 돛을 매다는 대를 의미하며 영(影)은 그림자이다. 아마도 저자는 매영이 매달려 있던 돛대나 활대의 양쪽 끝을 암시한 것 같다. 그러나 영(影)이 무엇을 의미하는 지는 도무지 알 수 없다.

얼마나 오랫동안 애도하고 울었던가!⁷⁷

아마도 影은 매영이 있던 장소를 가리키는 것일지도 모르겠다.

[역주] 중문본은 "吟畢, 流連四望, 見水碧山靑, 不復烽烟樯影矣"이며, 이를 번역하면 다음과 같다. "시를 다 읊조린 후, 눈물을 흘리며 사방을 둘러보니, 푸른 바다와 초록 산이 보였다. 더이상 봉화와 돛대의 그림자 보이지 않는구나."

77 한자들이 인쇄되어 있는데 마치 책의 다른 부분 같다. 나는 시구의 의미에 따라 두 시를 나누었다. 앞 시의 8행은 5언의 규율성을 보여주고 있으나, 뒤의 시는 그렇지 않다. 저자가 말했듯이 앞의 시에서 시의 내용은 끝이 났다. 하지만 이어진 단어들이 여전히 시적이며 그러한 연유로 해서 나머지 행들도 시구처럼 나누는 것이 적절하다고 생각되었다. 비록 적을 때는 서너 개의 모음글자로 쓴다 해도 모든 단어는 하나의 음절이나 소리로 구성되어 있다고 보아야 한다. 중국은 세계의 다른 어느 나라보다도 시를 추앙했다. 고인이 된 양광(광둥과 광시) 총독 완원은 딸이 열아홉의 어린 나이로 죽자 딸을 기린 시집을 출판했다. 대부분의 중국 황제들은 시를 지었고, 내가 제대로 기억한다면 가경황제의 명에 의해 중국 황제의 시를 수록, 편찬한 황실 편찬집도 있다. 독자들은 중국인들이 많은 시를 지은 것을 쉽게 상상할 수 있을 것이다. 또 나는 총 10책으로 구성된 중국 *Gradus ad Parn*을 소장하고 있다. 이 총서는 각기 다른 제목 아래 역대 시 가운데 시적 표현이나 시적 이미지가 뛰어난 것들을 나누어 수록하고 있다. 이와 관련한 주제를 다룬 데이비드의 멋진 논문에는 모범이 될 만한 훌륭한 한시(漢詩) 몇 편이 수록되어 있다.

권 2

9월 13일 수사제독水師提督 손전모孫全謀, Sun Tsuen mow가 80척의 배를 이끌고 사완沙灣, Shaou wan으로 가서 해적들의 통로를 막았다. 그러자 14일 밤 해적단의 모든 함대는 사완으로 향하라는 명령을 받았다. 그들이 받은 명령은 날이 어두워지면 전투를 치를 수 있도록 10리 이내에 배를 정박하고 대기하라는 것이었다.

첫날 밤부터 대포가 발사되기 시작했고 낮 동안은 멈췄다. 날이 저물자 다시 대포 소리가 쉬지 않고 울려 퍼졌고, 마을 사람들은 청뤄장靑蘿嶂, green Lo shang에 올라 전투의 추이를 지켜봤다. 그들은 난파한 배들이 바다 위를 떠다니고 파도는 출렁이며, 총알들이 여기저기 날아다니는 것을 목격했다. 죽어가는 사람들의 비명이 하늘까지 울려 퍼졌다. 산의 계곡 사이로 메아리가 진동하니, 짐승과 새들猿鶴, beasts and birds[1]이 놀라 쉴

---

1 글자의 의미는 '원숭이와 새들(monkeys and birds)'이다. 모리슨 박사는 이를 서양의 까마귀와 유사한 새의 한 종류로 보았다.
[역주] 猿鶴은 조류명이다.

곳을 찾지 못했다. 배들은 혼란에 빠졌고, 우리 관군은 적의 위세에 위축되었다.

우리 사령관은 배 4척을 잃었지만, 마을 앞의 방어책은 그나마 온전한 상태였다. 이는 약탈로부터 안전했다는 의미이다. 우리의 수비守備[2]는 "이 사악한 해적들을 무찌를 수 없다면 나는 자결할 것이다"라고 말했다. 이러한 방식으로 제독과 수많은 관군이 죽음을 맞이했다.

25일 해적들은 샹산香山, Hëang shan과 다황푸大黃浦, great Hwang po[3]로 갔다. 해적들이 다황푸로 통하는 안팎의 통로를 장악했기에, 해안 바깥쪽에 머무르던 단가족疍家, boat people[4]은 배를 이끌고 후퇴해 마을로 올라왔다.

---

2 [역주] 노이만의 영역본에서 모호하게 번역한 것 중 하나가 바로 중국의 관직명이다. 노이만은 admiral이라고 번역했으나, 중문본에는 수비(守備)로 기술되었다. 수비는 무관의 품계 중 하나이다.

3 『영만지(嶺蠻志, the Memoirs concerning the South of the Meihling Mountain)』가운데 세 권 (9~11권)은 광동 지방의 바다, 강, 호수에 대한 묘사로 가득 채워져 있다. 제9권은 중국의 바다 및 각종 해안가에 대한 개괄적인 내용으로 시작된다. 그다음은 광동과 하이난 그리고 각 지역의 서로 다른 조류형태에 대한 구체적인 설명이 따른다. 선원들은 이러한 내용이 번역된 것을 매우 반겼을 것이다. 번역자는 그가 중국에 머무는 동안 경험한, 바다가 불타는 듯한 기이한 현상을 종종 언급해 왔다. 앞서 언급한 저서의 제9권 p.5v에는 이러한 현상과 관련한 다음과 같은 설명을 볼 수 있다.
"바다의 불 : 마치 온 바다가 불길로 가득 채워진 것처럼 바다 물결이 빛나는 경우가 가끔 발생한다. 바다로 던져지는 것은 무엇이든 별처럼 반짝거리며 빛이 난다. 그러나 달빛이 비치는 동안에는 이러한 현상을 볼 수 없다. 나무에 불이 붙은 것도 아닌데 바다 위를 지나가면 불에 타는 듯한 모습을 보여준다."
제10권 p.10r을 보면 황푸는 광동 해관으로부터 7리 떨어져 있다고 설명되어 있다. 이 발췌문 속에 외국인들은 대체로 호감 가지 않는 인물들로 언급되어 있다. 그중에는 "외국인 또는 야만인들은 너무나도 독한 술을 마셔서 제대로 서 있지조차 못한다. 그들은 취해 쓰러지고 푹 자기 전에는 다시 일어나지 못 한다"는 내용도 있다. 또 많은 사람이 황포에 모여 외국인들과의 무역에 참여한다는 내용도 같이 언급되어 있는데, 아마도 저자는 이러한 사실로 인해 황포에 '대(大)'자를 붙였을 것이다. 독자들은 앞의 주석에서 형산이 언급된 것을 기억할 것이다. 나는 바로 여기에 마르티니(Martini)의 "당시 중요하면서도 가장 부유한 상인들이 그곳에 살았다"라는 말을 덧붙이겠다(Thevenot Relations de divers voyages, iii. p.167).

4 청나라 인구의 상당 부분이 물 위에서 생활한다는 것은 잘 알려진 사실이다. 이들은 일반적으로 단가(疍(M.9832)家, Tan people)족으로 불린다. Tan은 광둥방언으로는 Tanka로 발음된다. 이들은 인종적으로 완전히 다르며, 청 조정은 이들을 가혹하게 다뤘다. 단가족(疍家族, boat people)에 대해서는 역사, 관습, 법률 관련 책들이 남아 전한다. 단가족은 적어도 한 번

해적들이 올 것을 알아챈 무거武舉, military officer[5] 하정오何定鰲, Ho ting gaou는 상산에서 출항한 10척의 어선을 향해 해적과 대항 중인 향민을 지원해 달라고 요청했다. 그리고 자신은 마을 앞에서 진을 치고 마을을 지켰다. 하정오는 강에서 매우 용맹스러웠다. 그는 어선으로 이루어진 작은 함대를 이끌고 해적에 대항했다. 전투가 밤낮으로 쉴 새 없이 일어났고, 마침내 수많은 해적선이 그를 사방에서 포위했다. 하정오는 등에 심각한 부상을 입었다. 그러자 그는 부하들에게 다음과 같이 말했다.

이 마을 앞 군영에 있는 동안 내 목적은 해적을 소탕하는 것이었다. 그래서 나의 안전을 돌보지 않고 제군들과 함께 해적 소탕에 나섰고, 기꺼이 해적들에 맞서 싸웠다. 그러나 중과부적으로 해적을 소탕하지 못한 채, 지금 여러분들과 함께 포위되었다. 힘이 점차 떨어지고 있으니 나는 곧 죽을 것이다. 죽음이 내 의지를 바꾸지는 못하겠지만 해적들의 잔인한 행동이 두려울 따름이다. 격렬한 전투가 벌어져 우리의 부모와 아내, 자식들이 포로가 될까 걱정스럽다. 마을의 장정들과 연합해 싸웠지만 해적을 무찌르지 못했고, 우리 마을과 우리 가족은 물론 우리의 가정도 지키지 못했다. 그러나 아무리 절망적인 상

이상은 청의 전제적 지배에 저항했고, 관은 항상 이들이 해적에 합류하지 않을까 염려했다. 자주 인용되는『영만지(嶺蠻志)』등의 사료에 등장하는 남만(南蠻)의 역사는 단인(蜑人, Tan jin), 즉 단가족의 서술부터 시작된다. 단가족은 3개의 계급으로 나뉘어 있다고 한다. 이들의 관습과 풍속에 대한 설명은 매우 흥미로워 하루빨리 독자들에게 알리고 싶다. 단가족이라는 이름은 달걀처럼 생긴 그들의 배에서 유래한 것으로 추정된다. 그러나『강희자전』에 인용된 내용을 보면, Shwǒ wǎn에서는 이 단어를 남쪽 지방의 오랑캐로만 설명하고 있다. 이 글자에는 여러 이형자가 있는데, 역자 생각에는 중국어 자전 가운데 가장 오래되고 권위 있는 Shwǒ wǎn의 인정 없이 한자의 어원이 만들어졌다고 보기는 힘들다.
[역주] 노이만이 주석에서 설명한 Shwǒ wǎn은 후한시기 허신이 저술한『설문해자(說文解字)』로 추정된다. Shwǒ wǎn은 설문(說文)의 약칭이다.
5　[역주] 무거(武舉, military officer)는 무거인(武舉人)의 준말로 무과(武科) 향시(鄕試)에 합격한 사람을 말한다.

황이라 해도 우리는 최선을 다해야 한다.[6]

그들은 다시 해적을 향해 돌진하였고 많은 이들을 죽였다. 그러나 점점 수세에 몰려 어선 10척을 **빼앗겼고**, 다황푸가 약탈당하는 지경에 이르렀다. 향민들은 참호로 물러났으나 너무나 강하게 저항한 나머지 해적들은 그들을 포로로 잡을 수 없었다. 그러자 장보는 곽파대와 양피보 梁皮保에게 앞뒤 양방향에서 동시에 공격하도록 명령했다. 이에 마을 사람들은 크게 패했고 그들 가운데 약 1백여 명이 죽임을 당했다. 이후 마을에는 이처럼 처참한 상황에서는 적에게 저항하지 말고 해적들과 타협할 수 있도록 전령을 보내야 한다는 격문이 붙었다. 상황이 이렇게 되자 해적들이 철수했다.

정일수鄭一嫂, Ching yĭh saou는 해적들에게 강 안쪽으로 거슬러 올라가고 명령했다. 그녀 자신은 대형 함선들과 함께 바다에 남아서 다른 항구와 강 입구를 봉쇄했다. 그러나 관군들이 그녀를 공격할 준비를 하고 있었다. 이 무렵 3척의 외국인 선박이 포르투갈로 돌아가고 있었다.[7] 정일수는 이들을 공격해서 배 1척을 나포했고 외국인 10여 명을 죽였다. 나머지 배 2척은 달아났다.

---

6   중국어 원문에는 경경(耿耿 : 불화 변에 귀이 자로 구성된 글자)으로 되어 있는데, 『강희자전』(s. v. b. viii. p.119r)에는 이에 대한 흥미로우면서도 중요한 내용이 발견된다. 동양의 언어 가운데 중국어만큼 원어민이 외국인 학생을 위해 그렇게 많은 노력을 한 경우는 없다.

7   현재 포르투갈의 가장 일반적인 명칭은 Se yang kwo(서양국), 더 정확히 말하면 Siao se yang kwo(소서양국)이다. 서양의 작은 왕국이라는 뜻이며, 유럽은 Ta se yang(대서양)(서문 참조)으로 불린다. 나는 여기서 e(夷)를 오랑캐보다는 외국인으로 번역하는 것이 더 적합하다고 생각한다. 마카오와 관련된 중국사에서 포르투갈에 관한 다양한 내용들이 발견된다. 포르투갈 성직자와 로마 가톨릭 신앙에 대한 묘사는 이 진기한 책에서 가장 흥미로운 대목이다. 이 책은 두 부분, 즉 권 1과 권 2로 구성되어 있다.

이때 샹산현香山縣의 팽서澎恕, Pang noo가 해적을 공격하기 위해 100척의 배를 준비시키고 있었다. 팽서는 6척의 외국 선박을 고용했는데, 앞서 해적에게서 달아났던 포르투갈 선박 두 척도 그와 합류했다. 정일수는 자신의 함선 수가 부족해 연합함대에 포위될 것을 우려했다. 그래서 부하들에게 그녀를 지원할 것을 명령했다. 그리고 장보에게 부하들을 통솔해 강을 거슬러 올라가도록 명했다. 장보의 소함대는 장룡이 보일 때까지, 즉 관군의 배가 다가올 때까지 조용히 잠복했다.

10월 3일 관군의 배가 강 안쪽으로 깊숙이 들어갔고 장보는 이들을 뒤쫓아서 공격을 감행했다. 외국 선박들은 큰 손실을 입었고 다른 배들도 모두 달아나 버렸다. 외국인들은 매우 용맹스러운 모습을 보여주었는데, 그들은 샹산 현감mayer of Hëang shan에게 자신들의 함선을 앞세우고 해적을 소탕하러 가자고 간청했다. 팽서는 그들의 청원을 고심했고, 같은 달 10일 외국 선박 6척과 그들의 무기 및 양식을 점검한 후 해적들을 추격하기 위해 바다로 나아갔다.

이 무렵 장보는 츠리자오赤瀝角, Chih leih keŏ 부근의 다위산大嶼山, Ta yu shan에 병력을 집결시켰다. 외국 함선이 해적들을 쫓아 그곳으로 향했다. 그즈음 수사제독 손전모도 해적을 공격하기 위해 100척의 배를 모으고 외국인들과 합류했다.

13일 두 진영은 전열을 펼치고 이틀 밤낮을 싸웠으나 어느 쪽도 승리를 거두지 못했다.

15일 병사 하나가 큰 배 수척을 이끌고 돌진해 해적들을 공격했지만, 대포가 폭발하면서 크게 다쳤다. 배는 파괴되었고, 10명이 죽고 많은 사람이 부상을 당했다. 그 후 전 함대가 퇴각했다.

16일 전투가 다시 재개되었지만 해적들을 당해낼 수 없었고, 배 1척을 더 잃었다.[8]

수사제독 손전모는 해적들을 소탕하는 일에 최선을 다했으나 그들을 제압하기에 자신들의 병력이 강하지 못하다는 것을 깨닫고 부하들에게 이야기했다.

해적들이 너무 강력해서 우리의 병력으로는 그들을 제압할 수 없다. 해적의 무리는 많고 우리 군의 수는 너무 적다. 해적들은 큰 배를 가지고 있고 우리는 작은 배밖에 없다. 해적들은 한 명의 수장 아래에 단합되었지만 우리는 분열되어 있다. 그래서 우리의 힘만으로는 이 압도적인 병력을 당해낼 수 없다. 그러니 우리는 그들이 수적 우세를 이용할 수 없는 지금, 공격을 감행해야만 한다. 또한 물리적인 힘만으로는 승리할 수 없으니 타격이 될 만한 묘수를 생각해내야 한다. 현재 해적들은 바다로 둘러싸인 다위산大嶼山에 모두 집결해 있다. 그들은 자신들의 병력으로 우리를 무찌를 수 있다고 생각할 테니, 분명 그 은신처를 떠나지 않을 것이다. 따라서 우리는 주도provincial city인 광둥에서 가능한 많은 무기와 군사를 지원받아 그곳을 포위하고, 해적들의 함대 사이로 화선火船을 보내야 한다.

이 결정으로 말미암아 다른 함선의 사령관commanders과 병사officers들이 17일 츠리자오赤瀝角에 집결해 다위산大嶼山의 해적들을 봉쇄하고, 그들

---

8   이 작은 격전에 대해서는 포르투갈어 출판물을 읽어 보는 것도 흥미로울 것이다. 이 전투에 대한 책이 리스본에서 출판되었지만 구할 수가 없었다. 독자들은 부록에 있는 리차드 글래스풀(Richard Glasspoole)의 이야기와 비교해보는 것도 좋을 것이다.

에게 반입되는 모든 식량도 차단하라는 명령을 받았다. 그리고 해적의 주의를 교란시킬 목적으로 쓸 화선의 재료도 모두 준비하라는 명령을 받았다. 수척의 화선이 화약, 질산칼륨 그리고 다른 연소성 물질들로 가득 채워졌다. 관군들은 화기성 물질로 화선을 가득 채운 후, 선미에서 성냥으로 불을 붙였고, 곧이어 모든 배가 불길에 휩싸였다. 상산의 지현 major 팽서는 수군들이 화공을 준비하는 동안 자신은 병사들을 이끌고 해안에 상륙한 후 군악 소리와 함께 공격을 개시할 테니 허락해달라고 간청했다.

20일 북쪽에서 아주 신선한 바람이 불기 시작했고, 사령관은 20척의 배가 출정하도록 명령을 내렸다. 그들은 바람이 부는 동쪽 방향을 향해 배를 몰았다. 그러나 보호막처럼 산으로 둘러싸인 해적들의 참호에 다다를 즈음 돌연 바람이 그쳤고, 관군들은 더 이상 나아갈 수 없었다. 그들은 방향을 틀었고, 두 명의 병사가 불에 타고 말았다.[9] 해적들은 이미 우리의 계획을 알고 있었기 때문에 만반의 준비를 갖추고 있었다. 그들은 긴 집게발이 달린 막대를 휘둘러 화선이 자신들에게 접근하지 못하도록 막고 있었다. 이로 인해 화선은 해적들의 배에 가까이 다가갈 수 없었다. 그러나 우리의 사령관은 물러서지 않았다. 그는 전투 의지가 강했으므로 공격 명령을 내렸다. 약 3백 명의 해적들이 죽임을 당했다. 장보는 겁을 집어먹고 길흉을 점치기 위해 삼파신께 물었다. 계속 싸울 것인지를 점치니 불길한 괘가 나왔고, 동쪽 참호에 그대로 남아 있어야 할지를 점치니 길한 괘가 나왔다. 내일 포위를 뚫고 진지를 떠나야 할지를

---

9   [역주] 중문본에는 배 두 척이 불타버렸다고 기술되어 있다.

물었더니,[10] 세 번 연속 길하다는 점괘가 나왔다.

22일 날이 밝자 남풍이 살짝 불어 왔고, 작은 함대들이 모두 움직이기 시작했다. 해적들은 기뻐하며 떠날 채비를 했다. 정오 무렵,[11] 강한 남풍이 불어와 파도가 거세게 일었다. 날이 어두워지자 해적들은 곧 요란한 소리를 내며 항해를 시작했고, 순풍인 남풍을 타고 청 수군의 포위망을 뚫었다. 해적들이 다위산을 벗어나자 1백여 척의 배들은 당황했다. 그들은 해적선이 진지를 떠나리라 예측하지 못했기 때문에 이에 대항할 준비를 갖춰놓지 않았다. 외국 함대가 대포를 발사하고 십여 척의 낡은 배를 포위했으나, 해적들에게 그다지 피해를 입히지 못했다. 해적들은 낡은 배를 버리고 달아났다. 이후 해적들은 외해外海의 촨저우船州, Hung chow에 모였다.

해적들이 포위망을 뚫고 달아났음에도 불구하고 수사제독 손전모는 더 이상 그들을 추격하지 않았다. 그는 해적을 공격하기 위해 외해로 나섰다.

11월 5일 손전모는 난아오南澳, Nan gaou 근처에서 해적과 맞닥뜨렸고,

---

10 중국인들은 점을 치거나 혹은 그와 비슷한 것에 매우 익숙하다. 중국인들은 어떤 일을 실행하는 데 있어서 그것이 길한지 불길한지를 알기 위해서 다양한 방식으로 신에게 묻는다. 역자는 광둥 교외의 한 사원에서 다양한 방식을 이용해 점괘를 뽑는 것을 보았다. *Histoire du grand Royaume de la Chine*(à Rouen 1614~1618, p.30)에 점치는 과정에 대해 매우 흥미로운 내용이 기술되어 있다. 이 책에는 유익한 정보가 많이 담겨있지만, 아르메니아 작품들(*escritures des Armeniens*에 "성 토마스는 동인도로 여행하는 도중 중국으로 들어왔다"라는 내용이 언급된 것을 알게 된다면 매우 흥미로울 것이다(1.c.p.25)!

11 Woo(午)(M.11753)는 하루 중 11시와 1시 사이의 시간이다. 중국인들은 하루를 12시진(時辰, she shin) 즉 큰 시간으로 나눈다. 유럽인들의 하루 24시간은 소시진(小時辰, seaou she shin) 즉 작은 시간으로 불린다. 우리는 헤로도토스의 한 구절(Euterpe, 109)을 통해 당시 그가 살던 그리스도 하루를 12시간으로 나누었음을 알 수 있다. 또한 헤로도토스는 그리스인들의 이러한 시간 분할방식이 바빌로니아로부터 전래됐다고 덧붙였다. D'Herbelot의 *Bibliothèque Orientals* 부록에 실린 비스델루(Visdelou, 중국명 劉應(1656~1737))(페넥 (Fenek) 단어 아래) 참조

미정¹²을 준비시켜 전투에 나섰다. 해적들은 함대의 대열을 일자로 벌여놓았는데 그 끝이 우리 사령관의 배에 닿았다. 해적들은 곧 원을 그리면서 우리의 사령관을 포위하려 했다. 사령관은 이를 막기 위해 병력을 나누었다. 그는 80척의 배를 뒤에 남기고 거리를 두고 뒤따르라는 명령을 내렸다. 이 배들과 다시 합류하기 전에 해적 함대와 큰 전투가 벌어졌다. 오후 3시부터 5시까지 포격이 지속되었다. 우리 병사들은 사력을 다해 싸웠고, 해적선 3척을 불태웠다. 해적들은 후퇴했고 우리 수군도 멀리까지 쫓아갈 힘이 없어 추격을 멈추었다. 우리 군은 이 교전의 승리에 취해 있었다. 해적들이 갑자기 되돌아와서 수군들을 깨웠고, 두 번째 교전이 시작되었다. 사령관은 대비할 시간적 여력이 없었고, 해적의 화공火攻에 관군의 배 2척이 불탔으며 3척이 나포되었다.

장보가 츠리자오赤瀝角에 포위되어 있었을 때, 그는 빠져나가지 못할까 염려해 웨이저우潿洲, Wei chow에 있는 곽파대에게 구원을 요청했다. 장보는 다음과 같은 말을 전했다.

"나는 외해에서 관군의 공격을 받고 있소. 입술이 없으면 이가 시리니 입술과 이는 서로 도와야만 하지 않겠소? 어찌 나 홀로 관군과 싸울 수 있겠소? 그러니 그대가 나서서 관군의 후방을 공격하면 나는 이곳에서 빠져나가 전방을 공격하겠소. 우리가 관군을 앞뒤에서 공격한다면, 설령 그들을 제압하지는 못하더라도 분명 혼란스럽게는 할 수 있을 것이오."

장보가 두목의 지위에 오른 후, 그와 곽파대 사이에는 늘 언쟁이 있었다. 만일 정일수에 대한 존중이 없었더라면, 이들의 언쟁은 전투로 발전

---

12 미정(米艇, Me teng)은 특수 정크선이다.

했을 수도 있었다. 지금까지 그들 사이의 혐오감은 약탈을 위한 해상 원정 시에만 드러났다. 그러나 곽파대는 장보에 대한 질투심으로 말미암아 장보의 구원 요청을 수행하지 않았다. 장보와 그의 부하들은 곽파대의 행동에 매우 분노했고, 만일 포위망을 뚫고 나가게 된다면 곽파대와 한 판 겨루겠다고 다짐했다. 장보가 나오저우碙洲, Neaou chow에서 곽파대를 만났을 때 "왜 나를 구하러 오지 않았느냐?"고 물었다.

곽파대가 대답했다.

"그대는 먼저 그대의 힘을 재량한 이후에 행동에 나서야 했고, 일이라는 것도 먼저 재량을 한 이후에 시작해야 했소. 나와 내 부하들이 어찌 제독의 병력에 대항할 수 있겠소? 내가 그대의 요청을 받긴 했으나, 사람이란 상황에 따라야 하는 법이고, 나는 그것을 실행할 수 없었소. 그대의 구원 요청을 받았지만, 나는 그때 상황에 따랐을 뿐이오. 다른 사람들도 나와 똑같이 행동했을 것이오.[13] 이 일, 즉 지원의 당위성만 본다면, 그대는 내가 반드시 그대의 병력에 합류해야 했다고 보시오?"

장보는 화가 나서 말했다. "그대는 어째서 우리 무리로부터 이탈하려고 하는가?"

곽파대는 대답했다. "나는 무리에서 이탈하려는 것이 아니오."

장보가 말했다. "그렇다면 그대는 왜 정일수와 나의 명령에 복종하지 않는가? 내가 적에게 포위되었을 때 지원하러 오지 않은 것, 이것이야말로 이탈이 아니면 무엇이란 말인가? 내 맹세컨대 사악한 그대를 처단해 후환을 없앨 것이오."

---

13 이 연설은 중국인 역사가의 수사적 표현으로 보인다. 대구(對句)는 중국인들의 문체와 시에서 매우 흔히 사용되는 특징이며 그들의 시는 대부분 그러한 대구로만 구성되기도 한다.

장보와 곽파대 사이에 분노의 말들이 더 오갔고, 마침내 그들은 전투 태세를 갖추고 서로를 공격했다. 장보가 먼저 싸움을 걸긴 했지만, 곧 화약이 바닥나고 수세에 몰렸다. 곽파대는 준비된 병력으로 장보에게 대항했다. 장보는 곽파대에게 효과적으로 대항할 수 없었고 처참하게 패배했다. 장보는 배 16척을 잃었고, 부하 300명이 포로로 잡혔다. 포로들은 서로 간의 증오로 인해 모두 죽임을 당했다.

장보가 후퇴한 후, 흑기방 내 곽파대에게 반발하는 행위는 없었다. (흑기방) 해적들은 모여서 논의했다. 장일고張日高, Chang jih kao가 일어나서 말했다.

"우리가 다시 장보와 힘을 겨루게 된다면, 우리의 병력이 부족합니다. 우리의 병력은 저쪽장보. 즉 홍기방의 10분의 1밖에 되지 않습니다. 그들이 전 병력을 모아 우리를 몰살시키지 않을까 걱정입니다. 갑자기 우리를 공격해 올지도 모릅니다. 우리의 무리는 수가 적으니 틀림없이 저들의 막대한 수를 두려워하겠지요. 저쪽에는 바다 위의 용맹한 해적 양피보梁皮保가 있습니다. 그가 갑자기 우리 배로 뛰어든다면 우리 중 그에게 대항할 자는 아무도 없습니다. 저들은 삼파신의 열렬한 신봉자들로 삼파신의 보호를 받고 있습니다. 아니, 그들은 초자연적인 방식으로 보호를 받고 있지요. 우리도 삼파신께 제사를 지내지만, 우리의 기도는 그림자와 메아리조차 없는 상황입니다.[14] 더 덧붙이자면 우리의 짧은 팔로 그들의 긴 팔을 더는 버텨낼 수 없을 것입니다.[15] 차라리 개가 사나운 호랑

---

14 즉, 그들의 기도는 전혀 효력이 없었다는 뜻이다. 그러나 나는 원문의 강한 느낌을 유지하는 것이 더 적합하다고 생각해 이렇게 번역했다.
15 [역주] 중문본은 짧은 식견을 의미했다. 장보를 적으로 삼는 것은 마치 한 무리의 이리를 쫓고 맹호를 쫓는 것과 같다는 의미를 오역한 것으로 보인다.

이를 쫓는 것이 더 낫겠습니다. 그런데 우리는 도처에서 해적의 투항을 권유하는 관의 격문을 보지 않았습니까? 관아에 사람을 보내서 우리의 투항을 제안하는 것이 어떨까요? 관은 바다괴물鯢[16]인 우리를 용서해 처단치 않을 것이고, 우리는 우리의 지난 행동을 고칠 수 있습니다. 그러니 이런 결과를 가져올 방향으로 결정을 내리는 것이 어떨까요?"

풍용발馮用發, Ping yung tao이 말했다. "만약 관에서 우리의 말을 믿어주지 않는다면 어찌할 것이오?"

장일고가 대답했다. "만일 관에서 최근 우리가 장보와 싸워 그들을 무찔렀다는 소식을 들었다면, 그들의 신임을 얻는 일이 그리 어렵지 않을 것입니다."

곽취희郭就喜, O tsew he가 말했다. "우리가 투항한 후에 관에서 격문에 쓰인 대로 이행하지 않는다면, 그때 가서 다시 무력을 행사하면 됩니다. 그러나 우리가 다른 해적을 공격한 것, 즉 물고기처럼 먹이를 공격한 것을 관에서 알게 되면, 즉 우리가 먼저 해적을 죽이고 관에 투항한 것을 알게 된다면 그들은 우리를 포섭해서 다른 해적들을 소탕하려고 할 것입니다. 나와 의견이 같지 않은 사람은 손을 아래로 내려도 좋습니다."[17]

곽파대가 그의 의견을 따랐다. 사무장隨庫, purser은 관에 보낼 투항서의 내용을 작성하라는 명령을 받았다. 투항과 관련한 청원은 다음과 같은 내용으로 기술되었다.

---

16 저자는 그의 수사적인 미사여구 속에서 해적이 해적에게 이야기하고 있다는 것을 망각하고 있다. 바다괴물(鯢)의 한자는 M.2057에서 찾아볼 수 있다. 모리슨 박사는 "경예(鯨鯢, King e) (바다괴물로 번역)는 탐욕스러운 인간 정복자를 비유하는 데 사용된다"라고 말했다.

17 [역주] 원문은 "승패는 누가 먼저 투항하느냐에 달려 있으니 먼저 손쓰는 쪽이 유리합니다"이다.

막강한 무력을 지닌 도적들이 조정의 은혜를 입은 역사가 각 시대마다 있었던 것으로 알고 있습니다.

양산梁山, Leang shan은 마을을 세 번이나 약탈했음에도 불구하고 면죄를 받아 종국에는 나라의 동량棟樑, minister of state이 되었습니다.[18] 와강瓦崗, Wa kang은 종종 관군에 대항해 싸웠지만, 목숨을 부지하고 종국에는 제국의 주석柱石, coner-stone이 되었습니다. 공명孔明, Joo ming은 맹획孟獲, Mang hwŏ을 일곱 차례나 사면했고, 관공關公, Kwan kung은 조조曹操, Tsaou tsaou를 세 차례나 풀어 주었습니다.[19] 마원馬援, Ma yuen은 지쳐 달아나는 도적들을 쫓지 않았고, 악비岳飛, Yŏ fei는 투항한 도적은 죽이지 않았습니다. 이러한 일들은 과거에도 최근에도 많은 사례가 있었습니다. 그리고 이로 인해 나라의 힘은 강력해지고 조정은 권력을 강화할 수 있었습니다.

우리는 지금 지나치게 사람이 많은 시대를 살아가고 있습니다. 우리 가운데 일부는 친인척들과 사이가 좋지 않아 해로운 잡초처럼 쫓겨났습니다. 어떤 사람들은 스스로를 부양할 수 없는 상태에서 할 수 있는 모든 일을 시도해보았으나, 결국 악의 소굴로 들어왔습니다. 또 어떤 이들은 배가 난파하여 모든 재산을 잃었고, 또 형벌을 피해 해상 제국으로 숨어들어온 이들도 있습니다. 이런 방식으로 처음에는 셋 혹은 다섯이던 사람들이 시간이 흐르면서 1천 명

---

18 저자는 여기에서 동량(棟樑, tung-leang)(M.11399)이라는 표현을 고유의, 그리고 비유의 의미로 사용했다. 그는 아마도 중국인 정서에 맞게 멋진 수사적 문장을 만들기 위해 이 표현을 선택한 것으로 보인다. 문장 서두에 나온 양(梁)은 말미에 나오는 양(樑)자와 발음과 형태가 일치한다. 梁山三劫城邑, 蒙恩赦而竟作棟樑. Leang shan san këě ching yĭh, mung găn shay url king tsŏ tung-leang 두 번째 문장에도 역시 익살스러운 표현이 등장한다. 와강(瓦崗, 벽돌과 산등성이)은 주석(柱石, 기둥과 주춧돌, choo-shĭh(M.1223))이 되었다고 했는데, 이는 양산이 동량 즉 기둥이 되었다고 표현한 것과 동일한 표현방식이다.

19 곽파대는 아주 잘 알려진 중국의 역사적 사건들을 언급하고 있다. 조조(曹操, Tsaou tsaou)의 한자는 M.10549 참고.

혹은 1만 명으로 늘어났고, 그렇게 해마다 증가해갔습니다. 일용할 양식을 구하지 못한 사람들에게 생계를 유지하기 위한 약탈과 강도짓을 하지 못하게 한다면 그것은 놀라운 일이 아닐까요? 제국의 법을 어기고 상인들의 물건을 약탈한 것은 생계를 위한 것이었습니다. 우리의 땅과 고향을 뺏기고, 의지할 집도 가정도 없이, 바람과 바다만 믿은 채 잠시 슬픔을 잊은 순간에도 우리는 돌, 창, 대포로 우리의 머리를 날려버릴 수 있는 관군과 마주칠지 모릅니다.

비록 우리가 마음 가득 열망을 품고 감히 바람과 비와 폭풍우 속에서 물줄기를 거슬러 대담하게 나아간다고 해도, 우리는 어디에서든 전투를 준비하고 있어야만 합니다. 동쪽으로 가든 서쪽으로 가든 바다의 모든 고난을 겪고 난 이후의 유일한 거주지는 밤이슬뿐이며, 거친 바람만이 우리의 식사였습니다. 그러나 이제 우리는 이러한 위험을 피해 우리와 연결된 것들을 떠나고 우리의 동지를 저버리고자 합니다. 우리는 투항할 것입니다. 관의 권력은 끝이 없습니다. 그것은 바다의 섬까지 미치고 모든 사람이 두려워 탄식합니다. 오! 우리는 그동안 저지른 범죄로 인해 소멸되어야 마땅합니다. 조정의 법에 대항한 사람은 어느 누구도 예외일 수 없습니다. 다만 죽어 마땅한 이들일지라도 자비를 베푸시기를 간청드립니다. 당신의 자비로 우리를 받아주시기를 간청드립니다.

최고위 관군들은 즐거운 마음으로 광동에서 회동했다. 남부 지역의 총독governor-general은 백성들을 자기 몸처럼 아꼈다. 그는 자비를 보여주기 위해 종종 격문을 걸어 해적들을 투항시키곤 했다. 총독은 범죄로 얼룩진 이 하층민들에게 진정으로 연민을 느꼈다. 연민과 자비는 하늘의 방식으로, 하늘은 덕을 기꺼워하며 의로 통치하는 것을 올바른 길로 삼는다. 강력한 날개를 지닌 새가 조용히 앉아 있을 수 있을까, 아니면 깊은 물속의 물고기가 움직이지 않고 가만히 있을 수 있을까? 모든 사람은 부여받은 본성대로 행동하며, 우리의 총독은 지구상의 가장 천한 미물이라 해도 용서를 구하기만 한다면 그것에 연민을 느꼈을 것이다. 따라서 총독은 이 해적들을 파멸로부터 구해주었고, 그들이 저지른 과거의 죄를 모두 용서해 주었다.[20]

이후, 마을에는 새로운 모습이 나타나기 시작했다. 사람들은 무기를 팔고 소를 사서 밭을 갈았다. 그들은 산 정상에서 제물을 불태워 바치며 기도를 올렸다. 낮에는 병풍screens 뒤에서 노래를 부르며 즐거워했다. 이중적으로 행동하거나 해적들을 죽이고 싶어 하는 사람들도 있었지만, 투항서를 본 총독은 부하들에게 말했다.

"나는 이들을 이용해서 적의 선봉대를 무너뜨리고 남은 해적들을 소탕할 것이다. 이리하면 확산일로에 있는 해적의 힘을 저지하는데 효과가 있을 것이다. 나는 해적들과 힘을 합쳐 해적을 소탕할 것이다."

협정서의 조항에 따르면, 해적선들은 구이산현歸善縣, Kwei shen hëen[21] 근처 외해에 집결해 투항해야 했다. 총독은 그곳에서 곽파대와 그의 배, 부하 그리고 투항서에 언급된 모든 것들을 수용하기로 되어 있었다. 총독은 매우 기뻐하며 부관 홍오洪鰲, Kung gaou에게 투항목록을 검토하라고

20　청 제국의 나약함을 숨기고자 하는 열망으로 저자가 사용한 이러한 수사적 표현과 시적 문장을 번역하는 것은 결코 쉽지 않은 일이었음을 밝힌다. Hugh Blair의 *Lectures on Rhetoric*에 보이는 표현을 사용하자면, 이 중국 학자는 시적 혹은 격앙된 산문에서 발생할 수 있는 모든 실수를 용납할 것이다.

21　구이산(歸善)은 후이저우부(Hwy chow foo)에 속한 현 또는 마을이다. 후이저우에서 가깝다. 면적은 37리이고, 매년 26,058냥의 조세를 바친다. *The Itinerary of Canton*(『광동총도(廣東總圖, Kwang tung tsuen too)』, p.5V.)에는 이 도시의 위치가 매우 위험하다고 서술되어 있다. 구이산현은 바닷가 가까이 접해 있기 때문에 해적들의 갑작스러운 공격에 늘 노출되어 있다.

명했다.

목록에는 해적 8천 명, 배 126척, 대포 500대, 그리고 5,600점의 다양한 무기들이 있었다. 이들은 양장陽江, Yang keang과 신안新安, Sin gan 두 곳에 이주해 살도록 안배되었다.[22] 이 일은 가경 14년 12월에 일어났다. 이렇게 흑기방이 평정되었다. 곽파대는 자신의 이름을 '배움의 빛'이라는 뜻의 학현學顯, Heŏ bëen으로 바꾸었고, 총독은 장보를 무찌른 공로를 인정해 그에게 파총把總, patsung[23]직을 제수했다.

12월 12일 장보는 다른 소함대와 함께 강을 타고 올라가 지저우雞洲, Ke chow를 공격했다. 연말이 다가왔기에 해적들은 라오야강老鴉崗, mountain ridge Laou ya[24]에 모여 새해를 맞이할 계획이었다. 그들은 밤새 폭죽을 터트리며 시끌벅적하게 놀았고, 멀리까지 징 소리가 울려 퍼졌다.[25] 동이 트자, 깃발들이 걸리고 북소리가 울렸다. 해적들은 온종일 흥겹게 보냈다. 그들은 먹고 마시며 떠들썩했는데, 그 소리가 저 멀리 몇 리 밖까지 퍼졌다.

---

22 양장(陽江)은 3급 마을로 성도인 자오칭부(肇慶府, Chow king foo)에 속한다. 자오칭부에서 남쪽으로 340리 떨어져 있다. 면적은 29리에 달하고, 12,499냥의 조세를 바친다. 신안(新安)은 3급 마을로 광저우부(廣州府, Kwang chow foo)에 속한다. 광둥으로부터 북동 방향으로 200리 떨어져 있다. 면적은 50리이고 11,623냥의 조세를 바친다. 광둥성에는 세 개의 마을이 있는데 마을 이름이 새로울 신(新)으로 시작된다. 즉 신후이(Sin hwy), 신닝(Sin ning), 그리고 신안이다(*The Itinerary of Canton*, p.3v, p.4vr, p.8r). 영(寧, Ning(M.8026))은 당세 황제의 본명이기 때문에 현재 마음 심자 없이 쓰이고 있다. 가경황제의 본명이 영(寧)으로『인중수문(印中搜聞, *Indo-Chinese Gleaner*)』(vol. iii. p.108)에도 실수로 언급되어 있다. 황제의 이름은 신성한 것으로 간주되었기에 황제 재위 시에는 피휘하여 다른 글자를 사용해야만 한다.
23 모리슨 박사는 자신이 편찬한 사전에 '把(pa)'(M.8103)를 설명하면서, 파총이 직위가 낮은 군관이라고 언급했다.
24 라오야(老鴉, Laou ya), 라오야강(老鴉崗, Laou ya kang, 라오야 산등성이)은 스첸(石岭, Shĭh ching)으로 불리는 마을로부터 15리 떨어져 있다. 스첸은 가오저우부(高州府, Kaou chow foo)에 속한 마을이다(『광동총도(廣東總圖, Kwang tung tsuen too)』, 16v. 9r).
25 폭죽은 화약으로 만들어진다. 징은 중국의 모든 축제에 사용된다.

당월 초이틀 해적들은 마을을 공격했고, 초삼일에는 해적 10여 명이 해안가로 올라갔다. 마을 사람들이 달아났으나 해적들은 그들을 쫓아갈 수 없었다. 향민들은 사전에 시간적 여유가 있었기에 마칭윈馬慶雲, Ma king yun[26]을 요새화시켜 해적의 약탈에 대비했고, 이제는 그곳에 머무르며 해적들을 기다리고 있었다. 해적들은 향민들의 방어 태세가 잘 갖춰진 것을 보고 자신들도 준비가 완료될 때까지 때를 기다렸다.

초나흘 해적들이 상륙했다. 향민들이 그들과 맞서 싸웠으나 소용 없었다. 겨우 두 명의 해적에게 부상을 입혔을 뿐 그들은 결국 패하고 말았다. 총독은 노정서盧呈瑞, Loo ching chuy에게 많은 병력을 이끌고 순더順德로 가서 적의 공격을 막으라고 명령했다. 노정서는 지저우雞洲, Ke chow에서 해적들과 맞닥뜨리자, 그들을 급습했다. 해적들은 관군에게 대패해 자신들의 함대로 돌아갔다. 하지만 그 과정에서 노정서도 화승총의 총탄에 맞고 말았다. 인접 지역에서 매일 교전이 벌어졌고, 향민들은 전투에 패해 달아나기 일쑤였다. 노정서는 직접 자신의 군대를 이끌고 신니新泥, Sin ne로 가서 적의 포탄으로부터 안전한 참호 뒤편의 해안가에 병력을 배치했다. 해적의 대포는 즉시 그곳을 향해 조준되었다. 포탄이 신니에 떨어졌지만 어느 누구도 다치지 않았다. 이로 인해 향민들은 다시 차분해졌고 사기가 올라갔다. 해적들은 지저우雞洲, Ke chow와 다량大良, Ta leang에 다시 공격을 감행했지만, 그들의 공격은 실패했다. 해적들은 퇴각하는 것이 옳다고 판단했다.

정일수는 곽파대가 관군에 투항한 후 관직을 제수받은 것을 보고 좋

---

26 유럽인들이 대개 탑이라고 부르는 사원의 이름이다.

은 일이라 여겼고, 그녀도 투항할 의사를 내비쳤다. 그녀가 말했다.

"나는 곽파대보다 열 배는 더 강하다. 만일 내가 투항한다면 관에서는 곽파대에게 베푼 것처럼 동일한 처우를 나에게도 내릴 것이다"

그러나 앞서 저지른 악행과 관군에 대항해 싸웠던 수많은 전투를 떠올리니 걱정이 앞섰다. 이에 쉽게 결정을 내리지 못하고 있었다.

세간에 홍기방이 조정에 투항하기를 원한다는 소문이 나돌았다. 그러자 이 소식을 들은 신중한 관리들이 해적들에게 넌지시 투항을 권유했다. 자니시紫泥司 장여지張予之, Chang Yu che는 주비웅周飛熊, Chow fei hëung에게 명을 내려 이 일을 탐문하도록 명했다. 주비웅은 아오먼澳門, 마카오의 의원으로 평소 해적들과 잘 알고 지냈기 때문에, 다른 사람의 도움 없이 그들에게 접근할 수 있었다. 장여지는 이런 연유로 주비웅에게 해적의 투항을 권하는 임무를 맡겼다.

주비웅이 장보에게 와서 말했다. "장형, 내가 왜 왔는지 아시오?"

장보가 말하길, "죄를 저지르고 도망 온 것이 아니오?"

주비웅이 말하길, "아니오".

장보가 말하길, "그러면 우리가 투항할 것이라는 소문이 사실인지 상황을 알아보기 위해 온 것이오?"

주비웅이 말하길, "그대君27가 또 틀렸소. 그대는 스스로를 곽파대와 비교해서 어떻다고 생각하시오?"

장보가 말하길, "어찌 감히 나를 곽파대와 비교한단 말이오!"

---

27 중국어로 군(君, Keun), 광둥어 발음으로 콰(Kwa)이다. 본문에 등장하는 인물을 마담 칭, 미스터 바오라고 번역하는 것은 다소 어색하다. 하지만 중국인들은 우리가 Mr.와 Mrs.를 사용하는 것처럼 친근함의 표현으로 부(夫, foo) 또는 군이란 호칭을 사용하는 것 같다.

주비웅이 말했다. "나는 곽파대가 그대만 못하다는 사실을 잘 알고 있소. 그러나 내 말은 곽파대가 투항한 후 죄를 사면받고 관직을 제수받았으니, 만약 당신이 모든 부하를 이끌고 조정에 투항한다면 총독이 그대를 곽파대처럼 대우해 줄 것이라 생각하는지를 묻는 것이오. 어찌 조정에서 그대에게 곽파대와 동일한 등급의 관직을 내리겠소? 아마 관은 곽파대의 투항보다 그대의 투항을 더 기뻐할 것이오. 묘수를 기다리고만 있지 말고 속히 결단을 내려 부하들을 데리고 조정에 투항하는 것이 현명한 행동이라오. 내가 그대를 적극적으로 돕겠소. 당신의 부귀영화와 부하들이 목숨을 보전할 수 있도록 하겠소."

장보는 미동 없이 그대로 있었다.

주비웅이 다가서며 말하기를, "무릇 모든 일에는 적기가 있소. 최후까지 미루어서는 안 될 것이오. 곽파대는 당신과 사이가 나빴기 때문에 관군에 투항한 것이 아니오? 그러니 그는 당신에 대한 분노로 당신을 파멸시키기 위해 관군과 적극 협력해 싸울 것이오. 그러면 누가 그대를 도와 적들을 이길 수 있겠소? 일전에 곽파대가 당신과 싸워 이긴 전력이 있으니, 관군과 합세한 지금은 얼마나 더 자신만만하겠소? 곽파대는 당신에 대한 증오심을 불태울 것이고, 그대는 곧 웨이저우濰洲, Wei chow나 나오저우硇洲, Neaou chow로 끌려갈 것이오. 후이저우부惠州府와 차오저우부潮州府의 상선들, 광저우부廣州府와 자오칭부肇慶府의 선박들, 그리고 모든 어선이 연합해 외해에서 그대를 포위해 공격한다고 생각해 보시오. 물론 그대는 충분한 대응력을 가지고 있을 것이오. 그러나 만일 그들이 당신을 공격하지 않는다 해도, 머지않아 그대와 그대의 부하들이 사용할 양식이 부족해질 것이라는 점은 자명한 사실이오. 지혜로운 자는 일이 벌어지기 전에 미리 대비를 하고, 어리석은 자는 장차 벌어질 일을 알지 못하는 법이오. 일이 벌어지고 난 후 후회한들 무슨 소용이 있겠소. 그러니 이 문제는 때를 놓쳐서는 안 될 것이오."

장보는 정일수와 상의했다. 정일수가 말했다.

"주선생의 이야기가 이치에 꽤 합당하니, 그의 의견을 따르는 것이 좋겠군."

그러자 장보가 주선생에게 말했다.

"혹시 그대는 이 일에 대해 어떤 요청이라도 받았소?"

주비웅이 답하길,

"내가 어찌 관군의 의중을 가지고 장난을 하겠소. 그랬다면 이는 부적절한 행동일 것이오. 나는 정일수나 관군의 의도가 무엇인지 모두 꿰뚫어 볼 순 없소. 다만 모든 의심을 거두고, 후먼虎門 외해 사자오沙角에 모든 해적선들을 집결시키면, 곧 조정의 명을 받을 수 있을 것이오."

장보는 이 제안에 동의했고 주선생은 장여지에게 돌아갔다. 그리고 장여지는 총독에게 이 사실을 보고했다. 총독은 이미 항선의 동로東路를 말끔히 처리했기 때문에 서로西路도 깨끗이 소탕하고 싶어 했다. 따라서 그는 장보의 투항 소식을 듣고 매우 기뻐했다. 자니시紫泥司 장여지張予之는 관의 격문을 가지고 가서 상황이 어찌 흘러가는지 살폈다. 장여지를 본 정일수는 장보를 시켜 연회를 준비토록 명했다. 장보는 자신의 의도를 설명했다. 장여지는 밤새 배에 남아 관이 기꺼이 그대들을 사면해 줄 것이니 투항 이후 두려워할 일은 아무것도 없다고 설명했다. 장보는 이를 듣고 매우 기뻐했다.

다음 날 아침, 그는 장여지와 함께 배를 돌아보면서 두목들에게 장여지를 향해 경의를 표하도록 명했다. 정일수는 장여지에게 관에 투항하는 것이 그녀의 간절한 소원이라고 말했다. 장보도 장여지에게 투항에 대한 자신의 확고한 의지가 거짓이 아님을 확인시켰다. 그 후 총독은 장여지에게 팽서澎恕, Pang noo와 함께 한번 더 해적들을 만나 투항과 관련한 모든 사항을 상의하도록 명했다.

장보는 사형선고 받은 해적들의 몸값을 자신이 치를 수 있도록 이들을 열 척의 배에 태워줄 것을 요청했다.[28] 장여지가 이를 보고했다.

총독은 말했다.

"장보가 투항하든 투항하지 않든 그리될 것이다. 해적들이 투항하기를 간곡히 요청하니, 내 친히 가서 내 생각을 말하고 모든 의구심을 말끔히 없앨 것이다."

그는 주비웅에게 먼저 이러한 뜻을 전달하도록 했다. 그런 후, 총독은 팽서, 장여지와 함께 배에 올라 해적들이 있는 곳으로 가서 그들을 만났다. 해적들의 배는 10리 정도 늘어서 있었다. 총독이 온다는 소식을 듣자, 해적들은 깃발을 걸고 악기를 연주하며 대포를 쏘아 올렸다. 그러자 연기가 구름처럼 일어났고 그들은 총독을 맞이하러 나왔다. 반대편 사람들이 모두 놀랐고, 총독 또한 이유를 잘 몰랐기 때문에 크게 놀랐다. 장보는 정일수, 정방창鄭邦昌, Ching pang chang, 양피보梁皮保, Lëang po paou, 소보오蕭步鰲, Soo puh gaou와 함께 총독의 배에 올라 대포 연기를 뚫고 총독이 있는 곳으로 서둘러 나아갔다. 장보와 그의 일행이 넙죽 엎드린 채 자신들이 과거에 저지른 죄에 대해 눈물을 흘리며 뉘우치고 목숨을 간청하

---

28 [역주] 오역이다. 원문은 "장보는 보유하고 있던 배 수십 척과 해적들을 죽임으로써 자신을 속죄해 줄 것을 청했다"이다.

는 것을 본 총독은 반란군에게 덕행으로 갈 수 있는 길을 다시 한번 알려 주겠다고 말했다.

장보와 그의 일행은 깊이 감동 받았고, 머리를 땅에 조아리며 조정에 목숨도 바칠 준비가 되어 있다고 맹세했다.

그러자 총독이 답했다.

"너희들이 진실한 마음으로 투항할 준비가 되어 있으니, 나는 모든 무기를 내려놓고 군대를 해산시키겠다.[29] 다시 말해 3일간의 시간을 줄 테니, 너희들의 배와 다른 재산 목록을 모두 작성하도록 해라. 이 제안에 만족하느냐?"

이에 장보와 그의 일행은 "예, 예"라고 답하며 물러났다.

이때 마침 포르투갈 선박이 후먼虎門으로 막 진입하려는 중이었고, 대형 몽동艨艟[30] 몇 척이 같은 장소에 정박했다. 해적들은 이 함대를 보고 대경실색했고, 총독이 외국 함선과 연합해 자신들을 공격하려 한다고 생각했다. 그들은 즉시 닻을 올리고 달아나버렸다. 해적들이 도망가는 것을 본 팽서, 장여지, 그리고 그 외의 사람들은 그 이유를 알지 못했고, 오히려 해적들이 변심해 총독을 공격하지 않을까 걱정했다. 모든 해적들이 회담이 성사되지 못한 것에 겁을 집어먹고 떠날 채비를 했다. 이 소식을 들은 이웃 마을의 주민들도 달아났고, 총독도 광둥으로 돌아왔다.

해적들은 외국 선박이 강을 타고 광저우로 향하는 상선이었고, 총독과 그들간에 교신이 없었다는 사실을 확인하고서야 안심하였다. 그러나

---

29 [역주] 오역이다. 노이만이 영어로 옮길 때 주어를 잘못 옮겼다. 원문은 "너희 무리들(즉 해적)이 진심으로 항복할 생각이라면 무기를 내려놓고 무리를 해산하도록 하라"이다.

30 [역주] 몽동(艨艟)은 병선(兵船)을 가리킨다. 전쟁에 쓰는 장비를 갖춘 배로, 수군 30인 정도가 타는 작은 전선이다.

총독이 그들의 투항과 관련된 일을 마무리하지 못하고 광둥으로 돌아갔기 때문에 해적들은 모두 모여 이 문제에 대해 상의했다.

장보가 말했다. "대인이 가버렸으니 아마도 우리의 의중을 의심할 것이다. 우리가 다시 투항한다 해도 대인이 우리를 믿지 않을 것이다. 하지만 우리가 투항하지 않으면, 관의 선한 의도를 모욕하는 것이 될 것이다. 사태가 이 지경에 이르렀으니 어찌하면 좋겠는가?"

정일수가 말했다. "대인께서 진솔한 태도로 우리를 대하셨으니, 우리도 그분과 같은 진솔한 태도로 대인을 대해야겠지. 우리는 정해진 거처 없이 바다를 떠돌고 있다. 광둥으로 가서 관에 우리가 바다를 떠도는 이유를 밝히고 모든 의심을 해소한 후, 언제, 그리고 어디서 투항할 것인지를 합의하도록 하세. 그러면 대인은 우리의 투항을 다시 받아 줄지 아니면 거절할지를 말씀해 주시겠지."

해적들은 입을 모아 말했다.

"관의 뜻은 헤아리기 어려우니, 그렇게 성급하게 가서는 안 됩니다."

그러나 정일수는 이렇게 대답했다.

"높은 관직에 계시는 대인도 그렇게 빨리 홀로 우리에게 오셨는데, 일개 아녀자인 내가 어찌 관에 가지 못하겠는가? 만약 어떤 위험한 일이 닥친다고 해도 나 혼자 감당할 것이니, 너희 가운데 누구도 난처한 일을 당하지 않을 것이다."

양피보梁皮保가 말했다. "만일 정일수께서 굳이 가시겠다고 한다면, 돌아오실 날짜를 미리 정해놓고 가시는 것이 좋겠습니다. 만일 그날까지 아무런 소식을 듣지 못한다면 우리는 모든 병력을 이끌고 광둥으로 갈 것입니다.[31] 이는 내 의견이고, 만약 여러분에게 다른 의견이 있다면 그만 물러나겠소. 그대들의 의견은 어떻소?"

그들 모두 "양피보 두목의 명령이라면 들을 것입니다. 정일수를 홀로 죽음의 길로 보내는 것보다는 이 바다 위에서 소식을 기다리는 것이 더 낫다고 생각합니다"라고 말했다.

상의 끝에 이렇게 결론이 났다.

장여지와 조비웅은 관에 투항하는 문제와 관련해 아무것도 해결된 것이 없자 걱정이 되었다. 이에 원소고袁紹高, Yuen chao kaou를 장보에게 보내 그 이유를 알아보게 했다. 해적들이 외국 함선을 두려워해 달아났다는 소식을 듣게 되자, 장여지와 조비웅은 실수를 바로 잡기 위해 다시 해적들을 찾아갔다.

그들은 다음과 같이 말했다.

"만약 그대가 이번 기회를 놓친다면 설령 기꺼이 투항할 생각이 있다 하더라도 받아들여지지 않을 것이오. 대인의 호의가 순수하면서도 하해와 같이 크고 넓으니, 정일수가 직접 투항하러 간다면 그 호의를 받으실 것이오. 우리가 장담하리다."

정일수가 말했다. "그대의 말이 옳소. 내가 아녀자 몇 명을 데리고 장여지와 함께 광둥으로 가겠소."

장보는 웃으며 말했다. "대인께서 우리를 의심하셨다니 유감입니다. 여인들을 보내서 이 일을 해결하도록 하겠소."

해적들의 아내와 아이들이 총독 앞에 나타났을 때, 총독은 그들에게 말했다.

---

31 본문에는 주(州)만 언급되어 있지만 나는 여기에 광둥의 도시나 마을명이 구체적으로 언급되어야 한다고 생각한다.

"너희들이 심경의 변화가 없었음에도 달아난 것은 잘못된 오해로 그리한 것이니, 내 그 일은 괘념치 않겠느니라. 황상께서 자비를 베푸시어 너희들을 죽이지 말고 용서하라는 명을 내리셨다. 따라서 장보의 죄를 사면해주겠노라."

그 결과 장보는 해적의 아내들과 아이들을 데리고 왔고, 정일수와 함께 샹산香山 근처의 부용사芙蓉沙, Foo yung shao에서 관에 투항했다. 모든 선박에 돼지고기와 술이 제공되었고, 동시에 모든 사람에겐 일정 금액의 돈이 지급되었다. 돈을 벌고자 하는 사람은 관군에 합류해 남은 해적 잔당들을 추적할 수 있었다. 그리고 관에 머물기를 원하지 않는 사람은 흩어져 떠나갔다. 이와 같은 방식으로 해적 홍기방은 평정되었다.

장보가 투항한 후, 총독은 "이제 바닷길의 동로東路와 중로中路가 모두 평정되었으니, 서로西路의 해적들을 진압할 준비를 해야 한다"고 말했다.[32] 순무巡撫, deputy-governor 한봉韓對, Han Fung과 이 문제를 상의한 후, 독량도督粮道, the principal officer of the public granary 온승지溫承志, Mwan ching che, 그리고 레이저우부雷州府 · 렌저우부廉州府 · 충저우부瓊州府의 병비도兵备道, the military commandant 주이겅액朱爾賡額, Chuh url kang gīh[33]에게 병사를 이끌고 선두에 서서 해적들을 쫓아내라고 명령했다. 해적들은 서쪽 저 멀리 안남베트남으로 물러날 듯 보였다. 이에 안남의 국왕에게 강이나 본토에 해적들이 나타날 시 언제든지

---

32 [역주] 광둥의 바닷길은 크게 세 갈래, 즉 동로, 중로, 서로로 나뉘어져 있었다. 그중 동로와 중로의 해상권력은 홍기방(정일수와 장보), 흑기방(곽파대), 백기방(양보)이 장악하고 있었다. 홍기방과 흑기방이 관에 투항함에 따라 광둥의 바닷길은 서로의 평정만 남겨두게 되었다.

33 본문에 언급된 마을에 대해서 알고 싶은 독자들은 권 1의 관련 주석들을 살펴볼 수 있다. 이 모든 지역에 임명된 군관이 몇 명이있는지 본문의 내용만으로는 확인할 방법이 없다. 여러 명이라면 이 이름은 각각 Chuh url(朱爾)와 Kang gīh(賡額)로 분리해 읽어야 한다. 하지만 Chuh url kang gih(朱爾賡額)는 한 사령관의 이름이다.

그들을 격퇴할 수 있도록 군대를 준비하라는 소식을 보냈다.[34] 장보는 해적 소탕의 선봉에 서라는 명령을 받았다.

4월 10일 배와 병사들은 모든 출정 준비를 마쳤다.

12일 관군은 황기방黃색기를 단 해적단과 치싱양七星洋, Tse sing yang에서 맞닥뜨렸다. 우리의 사령관은 용감하게 이 함대를 공격해 완전히 격파했다. 두목 이종조李宗潮, Le tsung chaou가 390명의 부하와 함께 사로잡혔다. 우리의 사령관은 10척의 해적선으로 이루어진 청기방을 만나자 그들을 공격했다. 해적들은 두려워서 달아났다. 그러나 사령관은 계속 추격해서 그들을 죽였다. 생포된 해적들은 모두 참수당했다.

5월 10일 총독은 전투 준비를 위해 가오저우부高州府, Kaou chow로 갔다. 사령관은 대규모의 강력한 병력을 이끌고 해적들을 쫓았다. 그는 탄저우儋州, Tan chow 에서 오석이烏石二, 본명 맥유금를 만나 치열하게 싸웠다. 오석이는 관군을 상대하기에 역부족이라는 것을 알고 탈출을 시도했다. 그러나 진군鎭軍, major 황비붕黃飛鵬, Hwang fei teaou[35]이 해적들을 포위할 것을

---

34 통킹(Tung king)과 코친차이나(Cochin-China)는 지금 안남(베트남) 혹은 안난이라는 이름으로 하나의 제국을 형성하고 있다. 이 나라의 왕은 중국 황제의 우위를 인정하고 해마다 베이징으로 공물을 보낸다. 중국 황제와 마찬가지로 이곳의 모든 왕의 통치 시기는 연호로 표기된다. 이 소식이 전해진 시기의 황제 연호는 가룽(嘉隆, Kea lung, good fortune)이며, King ching의 아우(Fuh ying(중국 베이징 표준 발음))로 불렸다. 복영(福映, Fuh ying)은『정해분기』(History of the Pirates)』권 1의 서두에 언급된 바 있다. 가룽(Kea lung)으로도 불린 이 왕은 재위 9년째인 1820년 2월에 사망했다. 현재 재위 중인 그의 아들은 명명(明命, Ming ming, Illustrious fortune)이라는 재위연호와 함께 부황(夫皇)이 죽은 지 3일 만에 왕위에 올랐다. 『인중수문(印中搜聞, Indo-Chinese Gleaner)』vol. i, p.360 참조. 명명제(明命帝)가 왕위에 오른 지 며칠 만에 살해됐다는 소문은 잘못 알려진 것이다(『印中搜聞(Indo-Chinese Gleaner)』 vol. i, p.416). 그리고 이러한 내용은 일반적으로 매우 정확하다고 알려진 저서, Hamilton(해밀턴)의 East-India Gazetteer vol. i, p.430에서도 사실인 양 언급되어 있다. 독자들은 Canton Register(No.13, 1829)에서 코친차이나의 현황과 관련된 흥미로운 내용들을 발견할 수 있을 것이다. 현재 중국은 코친차이나에 매우 강력한 영향력을 미치고 있는 것으로 보인다. [역주] 노이만이 주석에서 가룽이 재위 9년 만에 사망했다는 것은 잘못된 정보이다. 가룽제의 재위기간은 1802년부터 1819년까지 총 18년에 이른다.

명령했다. 아침 7시부터 낮 1시에 이르기까지 싸움이 지속되면서 10척의 배가 불타고 많은 수의 해적들이 죽었다. 오석이는 수세에 몰린 나머지 대항조차 하지 못했다. 포연 속에서 이를 알아차린 장보가 갑자기 해적선에 올라타서는 "나 장보가 왔노라!" 하고 외치면서 해적 몇 명을 베어버렸다. 그러자 남은 자들은 싸울 의지가 모두 사라졌다.

장보가 성난 목소리로 오석이에게 말했다.

"내가 너에게 투항하라고 했거늘 어찌 너는 내 말을 듣지 않는 것이냐? 네가 할 말이 있느냐?"

그러자 오석이는 매우 놀라 용기마저 잃었다. 양피보梁皮保, Lëang po paou 가 앞으로 나아가 그를 결박했고, 나머지 잔당들도 모두 잡혔다.

이때 형 맥유귀麥有貴, Meih yew kwei는 오석이가 잡힌 것을 보고 당황해서 달아나려고 했다. 그러나 제독提督, admirals 동童, Tung과 손전모가 그를 추격해 포로로 잡았다. 부장副將, government officers 홍오洪鰲, Kung gao와 도사都同 호좌조胡佐朝, Hoo tso chaou는 오석이의 아우인 맥유길麥有吉, Meih yew këe을 사로잡았다. 그러자 다른 해적들도 모두 투항했다.

이 일이 있은 지 얼마 되지 않아 동해백東海伯, Tung hae pa은 스스로 버틸 수 없음을 알고 자진해서 투항했다. 하마양蝦蟆養, 본명 이상청은 루손Luzon, 즉 마닐라로 도망쳤다.

당월 20일 총독은 레이저우雷州, Luy chow에 이르렀고, 모든 관군은 쌍시항雙溪港, Man ke으로 전리품을 가져오라는 명령을 받았다. 전투 끝에 해적 남녀 500명을 포로로 잡았고, 3,460명이 투항했다. 전리품으로 배 86

---

35   본문에 있는 鵬(Teaou)(M.10044)은 비속어로 쓰였다.

척과 대포 291대, 병기 1,372개를 얻었다. 총독은 부하에게 하이캉현海康縣36 북문 밖에서 해적 오석이와 다른 8명의 해적을 모두 죽일 것을 명했다.37 그리고 황학黄鶴, Hwang hŏ과 그의 부하 190명을 참수했다. 동해백은 자진해서 투항했기 때문에 사형에 처하지 않았다.

하이캉海康, Hae kăng 출신의 한 해적에 대해 이야기들이 많았다. 그의 죄는 그냥 넘어갈 수 있는 성질의 것이 아니었다. 사형을 집행하기 위해 그가 끌려 나왔을 때, 그의 아내가 두 팔로 그를 꼭 안으며 크게 슬퍼하며 말했다.

"당신이 내 말을 듣지 않았기 때문에 이렇게 된 거에요. 지금 이 일이 있기 전부터 내가 관군에 대항해 싸우면 잡혀서 사형당할 거라고 말했잖아요. 이런 일이 벌어지니 마음이 너무나 슬퍼요. 곽파대나 장보처럼 투항했다면 당신도 저들처럼 면죄 받았을 텐데. 당신은 인간의 힘이 아닌 운명의 뜻에 따라 법의 처벌을 받게 되었군요."

말을 마치자마자 대성통곡했다. 총독은 그녀의 말에 감복해 그 해적의 처벌을 감해주었다.

이러한 방식으로 바닷길 서로西路에서 활동하던 청기방, 황기방, 남기방 그리고 해적 잔당들이 모두 평정되었다. 그리고 하이캉海康, Hae kăng, 하이펑海豊, Hae fung, 수이시遂溪, Suy ke, 허푸合浦, Hŏ poo에 남아 있던 해적들도 점차 평정되었다.38

---

36 하이캉(海康)은 레이저우부(Luy chow foo)에 속한 3급 마을이다. 레이저우부는 광동에서 1380리 떨어져 있으며, 성도 부근에 있다. 『광동총도(廣東總圖, Kwang tung tsuen too)』, p.v. 9v.

37 磔(Chih)(『강희자전』권 7 p.19r.)은 해적 무리를 참수하라는 의미로 추정된다.

38 하이펑(海豊, Hae fung)은 3급 마을로 후이저우부에 속한다. 성도(district metropolis)로부터 북동쪽으로 300리 떨어져 있다. 그 면적은 40리이며 17,266냥의 조세를 납부한다. 수이시

총독 백령은 주이갱액朱爾賡額, Chuh url kang gïh과 온승지溫承志, Mwan ching che에게 병사를 이끌고 가서 웨이저우潿洲, Wei chou와 나오저우砲洲, Neaou chow의 은거지에 숨어 있는 해적들을 소탕하라고 명했다. 그리하여 마침내 해적 소탕이라는 공적을 이루어냈다.

'천자'의 칙령에 의해 양광총독兩廣, 광동과 광서 백령은 그 공적에 따른 보상을 받았다. 그는 황태자의 두 번째 후견인太子少保[39]이 되었고, 쌍안화령雙眼花翎[40]을 하사받았으며 세습 작위輕車都尉를 허락받았다. 다른 장수들도 공적에 합당한 보상을 받았다. 장보는 수비직rank of major을 제수받았고, 동해백과 다른 해적들은 면죄 받고 원하는 곳으로 갈 수 있도록 허락받았다. 이때부터 배들이 바닷길을 평온하게 왕래하게 되었다. 모든 강이 평화로워졌고 모든 바다가 고요해졌으며, 사람들은 평화롭고 풍요롭게 생활할 수 있게 되었다.

(遂溪, Suy ke)는 3급 마을로 레이저우부(Luy chow foo)에 속한다. 레이저우부에서 북쪽으로 180리 떨어져 있다. 허푸(合浦, Hŏ poo)는 3급 마을로 렌저우부(廉州府, Lëen)에 속한다. 이 도시는 성도에서 가까우며 그 면적은 30리이다. 7,458의 조세를 납부한다. 『광동총도(廣東總圖, Kwang tung tsuen too)』, p.6r과 p.9v.

39 [역주] 동궁을 위한 관직으로 태자의 교육을 책임진다. 명청(明淸)시대 정2품 관직이다.
40 [역주] 청대 관직의 존귀를 나타낸다. 화령(花翎)은 단안, 쌍안, 삼안으로 나뉘는데, 여기서 '안(眼)'은 공작깃털에 있는 눈 모양의 원을 지칭한다. 깃털 위 원이 1개면 단안, 2개면 쌍안, 3개면 삼안으로 불렀다.

부록

역자는 『정해분기靖海氛記, *The History of the Chinese Pirates*』를 읽는 독자들이 유럽인과 중국인이 각기 서술한 정일수鄭一嫂, the wife of Ching yïh에 관한 설명을 비교해보는 것에 흥미를 느낄 것이라고 생각했다. 따라서 역자는 아너러블 상회the Honourable Company의 마르퀴스 엘리호Marquis of Ely 선원이었던 리처드 글래스풀Richard Glasspoole이 쓴 「해적들에게 억류당하며 겪은 나의 짧은 이야기a Narrative of the captivity and treatment amongst th Ladrones」를 이 책에 추가하는 것이 좋다고 생각했고, 『윌킨슨의 중국 여행기 *Wilkinson's Traverls to China*』[1]에 실린 이 이야기를 수록했다. 더하여 영어 정기간행물에 실린 중국 해적에 관한 다른 글들을 찾으려 노력했지만 허사였다.

1) 해적들에게 억류당하며 겪은 나의 짧은 이야기

1809년 9월 17일 아너러블 상회의 마르퀴스 엘리호는 마카오에서 약 12마일 떨어진 중국의 삼초우Sam Chow섬에 정박했다. 나는 그곳에서 소형 선박을 타고 육지로 가서 도선사를 구하고, 사무장과 짐을 내려놓으라는 명령을 받았다. 오후 5시, 7명의 무장된 선원들을 데리고 상선을 떠났다. 북동쪽에서 신선한 돌풍이 불어왔다. 우리는 오후 9시에 마카오에 도착했다. 그곳에서 나는 로버'하이'츠 씨에게 짐을 전달했다. 그리고 배에서 돛을 다루던 선원들을 상회 공장으로 보내 쉬게 했고, 배는

---

1   [역주] 정확한 간행물 명은 *George Wilkinson's Sketches of Chinese customs and manners*이다.

매판買辦[2]의 부하 중 하나에게 맡겼다. 밤새 강풍이 더욱더 거세졌다. 새벽 3시 반에 바닷가에 나갔는데 물이 반쯤 차오른, 버려진 배를 발견했다. 나는 사람들을 불러 배를 끌어 올렸다. 배는 심하게 부서져 물이 새어 들어오고 있었다. 썰물이 시작된 새벽 5시 30분에 우리는 채소를 싣고 마카오를 떠나 상선을 향했다.

최근에 발생한 소동으로 마카오의 중국 관료들은 정규직 조타수들에게 급료를 주지 않고 있었다. 따라서 영어를 할 줄 아는 매판의 부하 한 사람이 린틴Lintin까지 배를 조종해주기 위해 우리와 함께했다. 막 떠나려 할 즈음, 배 하나가 출항하기 위해 닻을 올릴 채비를 하는 것을 보았다. 그 배는 둥근 카바레타 포인트Cabaretta-Point에서 바람이 부는 방향으로 부터 5, 6마일 떨어진 곳에서 우현의 바람을 받으며 대기하고 있었다. 그때, 북동쪽에서 바람이 불어오기 시작했다. (거의 200미터나 되는) 강한 바람을 맞자 배는 드디어 움직이며 항해하기 시작했다. 우리는 힘껏 돛을 당기며 그 배 뒤에 섰다.

그 후 거센 돌풍과 함께 거친 파도가 밀려오자, 배는 **빠른** 속도로 바람을 따라 이동했고, 흐린 날씨로 인해 배는 곧 보이지 않았다. 거센 바람이 돛대를 부러뜨릴 듯 내리쳐 돛대를 당겨봤지만 소용이 없었다. 앞뒤의 돛대를 조금 접은 후 바람을 타고 카바레타 포인트의 닻이 내려진 컨트리 쉽country ship을 향해 다가갔다. 그때 그 배는 0.25마일 정도 떨어진 거리에서 닻을 올리고는 우리를 위협하면서 항해를 시작했다. 우리 배는 닻도 없이 바람이 부는 대로 암초 위를 떠다니고 있었다. 돛대를

2　[역주] 중국에 있는 외국 상사·영사관에 고용되어 외국과의 상거래를 중개한 중국인을 가리킨다.

올리고 4~5시간 동안 힘겹게 바람을 잡아당기고 나서야 비로소 암초에서 벗어나는 데 성공했다.

지금은 배가 보이지 않는다. 날씨가 맑아지자 멀리 배 한 척이 돛대를 세우고 순풍을 타며 항해하는 것이 보였다. 돛을 올리고 그 배를 따라 항해했다. 그 배는 아너러블 상회의 글래튼호Glatton였다. 우리는 돛대 머리에 손수건을 매달아 신호를 보냈지만, 불행히도 우리를 발견하지 못하고, 배는 계속 멀어져 갔다. 우리는 이제 아주 고통스러운 상황에 처하게 되었다. 밤이 되자 주변은 위협적으로 변했고 육중한 바다위로 폭우가 쏟아지고 바람이 불어왔다. 우리 배는 물이 새고 있었고 나침반, 닻, 식량도 없이 위험한 암초에 둘러싸인 채 가장 야만적인 해적들이 출몰하는 리Lee해안을 향해 빠르게 표류하고 있었다. 나는 돛을 내린 채 날이 밝을 때까지 바람의 방향에 배를 맡겼는데, 다행스럽게도 엇저녁의 상황에서 크게 벗어나지 않았다. 밤은 칠흑 같았고 심한 돌풍과 폭우가 쉴 새 없이 내리쳤다.

19일 화요일 배가 보이지 않았다. 오전 열 시쯤 주위가 고요해지더니 다시 폭우가 내리고 거대한 돌풍이 불어 닥쳤다. 돛대를 잡아당겼으나 거대한 파도로 인해 육지를 볼 수도, 앞으로 나아갈 수도 없었다. 이런 지독한 날씨로 인해 바람이 몰아치는 대로 몇 마일이나 표류했다. 날씨가 잠잠해지면서 신선한 바람이 불어와 다시 항해를 시작했고, 여섯 개의 장총으로 닻을 내리치며 바람이 불어오는 쪽의 해안weather shore에 닿으려고 애썼다. 큰 파도를 피할 수 없다는 사실을 깨닫고는 바람을 따라 만을 향해 계속 항해했다. 새벽 한 시쯤 30~66피트 정도 깊이의, 육지가 가까운 바다에 정박했다. 바람이 불고 폭우가 내렸다.

20일 수요일 낮에 밀물이 시작되자 배를 몰아 바람이 불어오는 쪽의 해안에 닿으려고 시도했지만, 바람을 따라 빠르게 표류하고 있다는 사실을 알아챘다. 10시쯤, 중국 배 두 척이 우리를 향해 다가오고 있었다. 진로를 바꿔 그들을 향해 다가가면서 그들에게도 가까이 오도록 신호를 보냈다. 배에 거의 다가설 무렵, 그들은 방향을 틀어 바람이 부는 섬을 향해 배를 몰았다. 배에 타고 있던 중국인은 따라오라고 한 후, 마카오를 향해 순풍을 타고 우리를 데려갔다. 나는 해적들에게 잡히는 것은 아닌가 하는 두려움이 컸다. 탄약이 젖어 장총을 사용할 수 없었기 때문에 우리에겐 단검 말고는 방어할 무기가 없었다. 또한 3일 동안 비를 맞으며 시퍼런 오렌지 몇 개로 버틴 고달픈 상황 탓에 저항할 힘조차 남아 있지 않았다.

우리 처지가 너무나 절망적인데다, 중국인들이 절대 해적들과 마주칠 염려가 없다고 장담했기 때문에 나는 그들의 말을 따랐다. 우리는 바람이 부는 섬을 향해 가고 있었다. 물결이 훨씬 더 고요해졌다. 분명 마카오로 가는 직항로였다. 우리는 온종일 돛을 당기며 항해를 지속했다. 저녁 6시, 나는 큰 배 세 척이 바람 부는 만에 정박해 있는 것을 발견했다. 배들은 우리를 보자마자 닻을 올리고 다가왔다. 중국인은 그들이 해적이라고 말했고, 만약 우리가 사로잡힌다면 모두 죽임을 당할 것이라고 말했다. 그들이 우리를 향해 빠르게 다가오는 것을 보고, 5~6시간 동안이나 바람 부는 쪽으로 돛대를 잡아당겼다. 조수가 바뀌어 불리해지자 눈에 띄지 않도록 육지 가까이 정박했다. 우리는 곧 그 배가 순풍을 타고 우리를 지나쳐 가는 것을 보았다.

21일 목요일 동틀 무렵, 밀물이 들어오자 중국인이 설명한 대로 6~7

마일 떨어진 마카오에 두세 시간이면 도착할 것이라고 기대하면서, 우리는 해안가를 따라 돛을 당기며 엄청난 기세로 이동했다. 그렇게 1, 2마일 정도를 간 후에, 해변 가까이에 몇 사람이 있는 것을 발견했다. 그들은 창과 작살로 무장하고 있었다. 나는 통역을 시켜 그들을 맞이하게 하고는 마카오로 가는 가장 빠른 길을 물었다. 그들은 우리에게 육지로 가면 알려주겠다고 말했다. 그들의 적대적인 모습이 내키지 않아, 나는 그들의 요청에 응하는 것이 적절치 않다고 생각했다. 반대편 해안 가까이에 많은 배가 정박해 있는 것이 보였다. 통역관은 그 배들이 어선이라면서, 그곳에 가서 식량은 물론 마카오까지 우리를 데리고 갈 조타수도 구해야 한다고 말했다.

나는 진로를 바꿔 그들을 향해 가까이 다가가면서 몇 척의 배를 보았다. 그 배 위에는 총으로 무장한 사람들이 득실거렸다. 가까이 다가가는 것이 망설여졌다. 하지만 중국인은 그 배들이 청의 관선官船, mandarin junks[3]과 소금운반선이라며 나를 안심시켰다. 우리는 그들 중 한 명에게 가까이 다가가 마카오로 가는 길을 물었다. 그들은 아무 대답도 하지 않고 우리에게 해안으로 가라는 신호만 보냈다. 우리가 지나가자 큰 배가 노를 저으며 우리를 따라왔다. 그 배는 우리 배 곁으로 가까이 다가왔다. 그러자 배 밑바닥에 엎드려 있던, 야만적으로 보이는 악당 20여 명이 우리 배 위로 뛰어 올라왔다. 그들은 양손에 단검을 들고 있었는데, 하나는 우리의 목을, 다른 하나는 우리의 가슴을 겨누면서 베어야 할지 말아야 할지, 대장을 주시하며 명령을 기다리고 있었다. 우리가 아무런 저

---

3 정크는 배(chuen, 船)의 광동식 발음이다.

항도 할 수 없다는 것을 알아챈 대장은 칼을 내려놓았고, 부하들도 즉시 그를 따라 행동했다. 그리고 우리 배를 자신들의 배로 끌고 가서는 야만적인 환호성과 함께 우리를 자신들의 정크선에 태웠다. 배에 올라타자마자, 예상했던 대로 그들은 우리를 고문하고 잔인하게 죽이기 위해 주머니를 샅샅이 뒤지고, 목에 두른 손수건도 벗겨내고는 우리와 장총을 묶기 위해 무거운 쇠사슬을 가져왔다.

그때 배 한 척이 다가와 나와 나의 부하 한 명, 그리고 통역관을 데리고 두목의 배에 태웠다. 나는 두목 앞으로 끌려갔다. 그는 갑판 위의 큰 의자에 앉아 있었는데 보라색 비단 옷에 검은 터번을 쓰고 있었다. 나이는 서른 살 정도였고, 아주 건장해 보였다. 두목은 나의 외투를 잡고 바짝 끌어당기더니 통역관에게 우리가 누구이며, 이곳에 무슨 볼일이 있는지를 무뚝뚝하게 물었다. 나는 통역관에게 우리는 영국인이고 4일 동안 바다에서 식량도 없이 고초를 겪었다고 답하라고 했다. 두목은 그 말을 믿지 않고 우리를 악당이라며 우리 모두를 죽이겠다고 말했다. 그리고 몇몇 부하들에게 진실을 말할 때까지 통역관을 고문하도록 명령했다.

이때 영국에 가본 적이 있고 영어 몇 마디를 해본 경험이 있는 해적 한 명이 두목에게 다가가 우리가 정말 영국인이고 많은 돈을 가지고 있다고 말했다. 게다가 내 코트의 단추가 금이라고 덧붙였다. 그제서야 두목은 우리에게 거친 갈색의 밥을 갖다 주었다. 거의 4일 동안 시퍼런 오렌지 몇 개를 제외하고는 아무것도 먹지 못했던 우리에게는 꽤 괜찮은 식사였다. 식사를 하는 동안, 많은 해적이 우리 주위에 몰려들어 옷과 머리카락을 이리저리 살피며 아주 성가시게 굴었다. 그들 중 몇 명은 칼을 들고 우리의 목에 대고는 당장이라도 해안으로 데려가 토막을 내겠다는 몸짓을 보여주었다. 유감스럽게도 내가 포로로 잡혀 있는 동안 수백 명의 사람이 이러한 운명을 맞이했다.

나는 통역관과 이야기를 나누던 그 두목 앞으로 불려갔다. 그는 나에게 몸값 10만 달러를 보내지 않으면 열흘 안에 해적들이 우리 모두를 죽일 것이라는 편지를 선장에게 쓰라고 했다. 나는 두목에게 그보다 적은 액수의 돈을 요구하지 않는 한, 편지를 쓰는 것은 아무런 쓸모가 없을 것이라고 장담했다. 우리는 모두 가난한 사람들이고, 우리가 모을 수 있는 최대 액수는 2천 달러를 넘지 못한다고 말했지만 허사였다. 두목은 내 조언에 화를 냈다. 나는 어쩔 수 없이 구원의 가능성은 전혀 없어 보였지만, 우리의 불행한 상황을 사령관에게 알리기 위해 편지 제안을 받아들였다. 그들은 편지가 어선을 타고 마카오로 전달될 것이고, 내일 아침에는 답장을 받을 수 있다고 말했다. 그때 작은 배 한 척이 와서 편지를 가져갔다.

저녁 6시쯤 우리는 그들이 준 밥과 소금에 절인 작은 생선을 먹었는데 곧 그들은 우리에게 갑판에 누워 자라는 신호를 보냈다. 그러나 우리의 옷과 머리카락을 구경하기 위해 다른 배에서 끊임없이 건너오는 수많은 해적으로 인해 우리는 한시도 조용히 있을 수 없었다. 그들은 특히 내 코트에 달린 새 단추를 금이라고 생각했기 때문에 그 단추를 몹시도 원했다. 나는 더이상 방해받고 싶지 않아 코트를 벗어서 갑판 위에 올려놓았다. 코트는 밤새 사라졌고, 다음 날 나는 코트의 단추가 떼어진 것을 보았다.

9시경 배 한 척이 와서 두목의 배를 불렀다. 두목은 곧 주범主帆을 걸어 올렸고 배는 매우 어수선한 분위기 속에서 출항을 준비했다. 그들은 밤이 새도록 그리고 다음 날까지 계속해서 바람을 따라 항해를 이어갔고, 약 1시가 되어서야 란터우섬에 있는 한 만灣에 정박했다. 이곳에는 해적 총두목이 며칠 전 나포한 배 200여 척과 포르투갈 함정 한 척과 함께 정박해 있었다. 그들은 이미 선장과 선원 몇 사람을 살해했다.

23일 토요일 이른 아침에 한 어선이 함대로 와서 유럽 배 한 척을 나포했는지를 물었다. 그렇다는 대답에 그들은 내가 타고 있는 배로 왔다. 그들 중 한 명은 영어를 조금 할 줄 알았다. 그는 나에게 해적통행증 Ladrone pass을 가지고 있으며, 우리를 찾기 위해 케이 선장이 자신들을 보냈다고 말했다. 나는 그가 편지를 가지고 있지 않다는 사실에 오히려 놀랐다. 그는 장보와 잘 아는 사이인 것처럼 보였고, 하루 종일 그의 숙소에서 아편을 피우며 카드놀이를 했다.[4]

저녁에 나는 통역관과 함께 두목 앞으로 불려갔다. 그는 훨씬 부드러워진 어조로 이젠 우리가 영국인이라는 것을 믿으며 영국인과 친하게 지내고 싶다고 말했다. 그리고는 자신이 강 상류에 있는 배에서 돌아올 때까지 우리 측 선장이 그에게 7만 달러를 준다면, 그 보답으로 우리 모두를 마카오로 보낼 것이라고 했다. 나는 그에게 그 조건은 쓸모없을 것이라고 단언했다. 그리고 우리의 몸값이 빨리 합의되지 않으면 영국 함대는 곧 떠나버릴 것이고, 그렇게 되면 몸값을 더 받으려 애쓴 것 모두 허사가 될 것이라고 말했다. 그는 굳어진 상태로 편지를 보내지 않으면 우리를 붙잡아 놓고 서로 싸우게 하거나 아니면 죽이겠다고 말했다. 나는 편지를 써서 앞서 말한 그 배에 있던 사람에게 건네주었다. 그는 닷

---

4   해적들은 마카오의 Chow 박사처럼 육지에 가까운 지인들이 많았다.

새는 지나야 답장을 가지고 돌아올 수 있다고 말했다.

장보는 그제야 내가 처음 잡혔을 때 쓴 편지를 나에게 주었다. 나는 그가 이 편지를 지니고 있은 이유를 알 수 없었다. 내가 이해하는 바로는 아마도 총두목[5]의 허락 없이 우리의 몸값을 협상할 수 없었던 듯하다. 장보는 영국 배들이 청의 관선官船과 합류해 자신들을 공격할 것이라고 말했다.[6] 그리고 우리를 나포한 배의 대장에게 내키는 대로 우리를 처리하라고 말했다.

24일 월요일 끊임없이 내리치는 폭우와 함께 강풍이 불어 닥쳤다. 우리는 덮을 것이라고는 낡은 매트밖에 없는 갑판에 남아서 추위와 습기로 상당히 고생하고 있었다. 우리를 감시하던 해적은 그 매트마저도 걸핏하면 뺏어가 버렸다. 밤새 범선에 남겨졌던 포르투갈인들이 배에 타고 있던 해적들을 모두 살해하고, 닻줄을 끊은 후 운 좋게 어둠을 뚫고 탈출했다. 그 후 나는 그 배가 마카오 근처의 해안에 도착했다는 이야기를 들었다.

25일 화요일 동이 틀 무렵, 크기가 서로 다른 500여 척의 해적 함대가 강을 거슬러 올라가 성읍과 마을로부터 공물을 거둬들이려 했다. 나는 편지에 대한 답장을 받지 못한 채, 유럽인들이 발을 디딘 적 없는 중국

---

5   [역주] 여기서 말하는 총두목은 정일수로 추정된다.
6   해적들은 항상 유럽의 함선을 두려워했다. 우리는 중국 해적에 관한 다음의 기록을 발견했다. 이는 동인도 주택에서 발견된 문서에서 발췌한 것으로, 동인도 및 중국과의 무역에 관한 보고서 부록 C에 수록되었고, 1820년과 1821년(1829년 재인쇄)에 연달아 출간되었다. p.387.
"1808년, 1809년, 1810년 광둥강에 해적들이 출몰해 청 조정이 이들을 제압하려 했으나 실패했다. 해적들은 중국 관군을 완벽하게 무찔렀고, 강의 인근 지역을 모두 파괴했다. 그들은 광둥성을 공격하겠다고 위협했고, 강독에 있는 수많은 성읍과 촌락을 파괴했다. 그리고 주민들을 죽이거나 해적으로 만들기 위해 수천 명씩 끌고 갔다."
이 사건은 광둥의 상업에 극도로 불리한 상황을 조성했고, 상회의 화물관리인들은 해적들을 피해 단시간 내 순항(巡航)할 수 있는 작은 컨트리 쉽을 마련해야 했다.

의 내륙 마을까지 수백 마일을 계속해서 항해했다. 아마도 그곳에서 수개월은 머무르게 될 텐데, 그렇게 되면 몸값 협상을 위한 기회를 모두 날려버릴 것 같았다. 이런 중요한 시기에 내 감정이 어떤지 설명하는 것은 불가능하다. 유일한 연락 방법은 해적들에게서 통행권을 받은 배를 통하는 것뿐이다. 그들은 마카오에서 이십 마일 이상 떨어진 곳까지 오가는 모험을 감행하지 않았고, 청의 관군을 피해 한밤중에만 왕래했다. 어떤 배라도 해적들과 조금이라도 교류가 있다는 사실이 발각되면 당장 죽음을 면치 못했다. 심지어 범죄에 가담한 적 없는 천척들까지 모두 처벌을 받았다.[7] 이유는 가족 중 누구라도 그들의 범죄를 모방할 가능성이 있고, 그들의 죽음에 복수하도록 내버려둘 수 없다는 것이었다. 이러한 엄중성으로 인해 해적과 연락을 담당하는 일은 매우 위험한 일이었고, 그들은 대가로 큰 비용을 요구했다. 아마 어떤 배도 100 스페인달러보다 적은 돈으로 모험을 무릅쓰려고 하지 않을 것이다.

26일 수요일 동이 틀 무렵 우리는 춘포섬Chun Po에 정박해 있는 우리 배 앞을 지나갔다. 그때 두목이 나를 불러 우리 배를 가리키며, 다시는 배들을 볼 수 없을 것이니 마지막으로 봐 두라고 통역관을 통해 말했다. 정오 경 우리는 보그[8] 어구에서 서쪽으로 3, 4마일 떨어진 강어귀로 들어갔다. 우리는 해적들이 지배하는 아름다운 언덕 위의 성읍을 지나갔다. 주민들이 노래를 부르면서 그들을 맞이했다.

함대는 이제 두 개의 편대붉은색과 검은색, 즉 홍기방과 흑기방[9]로 나뉘어 각기 다

---

7   개인의 범죄로 인해 온 가족이 처벌받는다는 것은 모든 중국 형법 가운데 가장 잔인하고 어리석은 법인 것 같다.

8   후먼(Hoo mun), 또는 보카 티그리스(Bocca Tigirs)라고도 한다.

9   우리는 『정해분기』를 통해 이 "바다의 말벌들" — 말하자면 원영륜의 기술 — 이 원래 6개 편대

른 강의 지류를 따라 나아갔다. 한밤중에 편대들은 거대한 언덕 가까이에 정박했고, 언덕 꼭대기에서 불길이 타오르고 있었다. 새벽에 나는 그 불길이 중국인 막사에서 비롯됐다는 것을 알게 되었다. 물길이 언덕을 에워싸고 오렌지 나무숲으로 덮인 매우 아름다운 성읍이었다. 중국 세관chop-house(custom-house)[10]과 오두막 몇 채가 약탈당하고 불탔지만, 주민 대부분은 막사로 도망쳤다.

이제 해적들은 무서운 기세로 마을을 공격할 태세를 갖추었다. 큰 배에 딸린 노 젓는 배에 인원을 나눠 탔다. 해적들은 성읍에 사람을 보내 자신들의 요구에 응하지 않으면 마을로 쳐들어가, 집을 파괴하고 주민 모두를 죽여버리겠다고 말하면서, 해마다 1만 달러의 조공을 바칠 것을 요구했다. 만약 성읍이 공격하기 쉬운 위치에 있었다면, 해적들은 분명 자신들이 말한 대로 실행했을 것이다. 그러나 그 성읍은 해적들의 사정거리 밖에 있었다. 해적들은 어쩔 수 없이 마을 사람들에게 협상의 기회를 주었다. 주민들은 6천 달러를 바치는 데 동의했고, 우리가 강 아래로 돌아갈 때쯤 공납금을 거두기로 했다. 하지만 우리가 없는 동안 주민들은 오고가는 배를 한눈에 내려다볼 수 있는 언덕에 몇 대의 포를 설치했다. 우리가 돌아왔을 때 상납할 달러 대신 포탄으로 따뜻한 인사를 대신해 주었으니, 그들의 계략은 바람직한 결과를 가져왔다고 할 수 있다.

로 나뉘었음을 알 수 있다.

[역주] 원영륜이 광둥의 해적들을 '바다의 말벌들'이라고 지칭하지 않았다. 중문본에는 "바다를 지키던 제독 왕표(王標)가 사망하자, 적, 황, 청, 남, 흑, 백기를 내세운 해적 무리가 바다에 벌떼처럼 일어났다"고 기술되어 있다.

10 광둥에서 사용되는 야만적인 중국어-영어에서는 모든 것을 무분별하게 촙(chop)이라고 부른다. 촙하우스, 촙보트, 티촙, 차우차우 촙 등이 그렇다. 상거래상의 어음이나 합의를 하는 것은 중국어로 Cha tan이라고 부르는데 광둥어 발음 cha는 chop으로 촙은 어떤 글자에도 적용된다. 모리슨 박사의 영중사전의 'chop' 부분을 참조하라.

10월 1일 해적 함대는 밤에 출항해서 밀물을 타고 강 상류로 올라갔고, 빽빽한 숲으로 둘러싸인 성읍 앞에 조용히 정박했다. 이른 아침에 해적들은 노 젓는 배를 타고 마을에 상륙했다. 해적들은 상륙하자마자 큰 함성을 지르며, 손에 무기를 들고 마을을 향해 달려갔다. 주민들은 해적들의 수가 우세한 것을 보고 인근 언덕으로 도망쳤다. 우리는 이 불쌍한 사람들이 해적들에게 사로잡혀서 자신들의 집과 소중한 모든 것을 두고 떠나가며 느낄 공포심을 쉽게 상상할 수 있었다. 갓난아이를 품에 안고 있거나, 잔혹한 강도들에게 자비를 애원하며 눈물을 흘리는 여인을 바라보는 것은 너무나도 슬픈 일이었다. 도망가거나 저항할 수 없는 노인과 병자는 포로가 되거나, 가장 비인간적으로 도륙되었다! 배는 여러 차례 약탈품이나 피로 범벅이 된 남자들을 싣고서 해안을 재빠르게 오갔다. 250명의 여인과 아이 몇 명이 포로로 잡혀 각기 다른 배에 실렸다. 여인들은 발을 묶는 가증스런 풍습[11] 탓에 남자들과 함께 탈출할 수 없었다. 그들 중 몇몇은 옆 사람의 도움 없이는 움직일 수조차 없었는데, 사실상 그녀들은 걷는다기보다는 뒤뚱거린다고 말할 수 있었다. 이 불쌍한 여인들 중 스무 명이 내가 타고 있는 배로 이송됐는데, 해적들은 여자들의 머리채를 잡고 배에 올려 태웠고 아주 야만적으로 대우했다.

두목은 배에 올라탄 후, 사람들의 사정을 존중하며 심문했고, 포로의 경제적 사정에 따라 몸값으로 각각 6백 달러에서 6천 달러까지 요구했다. 두목은 포로들을 갑판, 즉 배의 뒷부분에 머물도록 명령했다. 그곳은 햇볕이나 비를 피할 수 있는 어떠한 장치도 없었다. 당시의 날씨는

---

11 [역주] 전족(纏足)을 가리킨다. 남송(南宋) 무렵부터 유행한 것으로 추정되는데, 중국 여인의 발을 인위적으로 작게 만들기 위해 어려서부터 발을 헝겊으로 묶던 풍습을 말한다.

아주 변덕스러워 낮은 너무 더웠고, 밤이면 폭우가 내려 몹시 추웠다. 그 성읍의 값진 물건은 몽땅 해적들에게 약탈당했고, 나머지는 화마에 휩싸여 아침 무렵에는 모두 잿더미로 변했다. 해적 함대는 3일 동안 그곳에 머무르면서 포로들의 몸값을 협상했고, 물고기와 채소를 약탈했다. 그 사이 100명 이하의 해적 무리들이 해안에 자주 출몰했지만, 언덕 위에 있던 마을 사람들은 절대로 언덕을 내려오는 위험을 무릅쓰려고 하지 않았다. 나는 언덕 위 사람들의 수가 해적의 10배는 넘었을 것이라고 확신한다.[12]

5일 해적 함대는 강의 또 다른 지류를 거슬러 올라가면서 공물을 거두기 위해 몇 개의 작은 마을에 들렀다. 공물은 보통 조스Joss, 그들이 숭배하는 신에게 제물로 바쳐질 큰 통구이 돼지 몇 마리와 달러나 설탕, 쌀로 거둬졌다.[13] 몸값을 받은 해적이라면 누구든 돼지 한 마리나 가금류 몇 마리를 바쳐야만 했는데, 제사장이 기도와 함께 이 제물들을 조스 앞에 바쳤다. 제물은 몇 시간 동안 제사상에 놓여졌다가, 무리들이 나누어 가졌다. 10일까지 해적과 청 관군 사이에 소규모 교전이 빈번하게 일어났던 것을 제외하고, 해안에서 특별한 일은 발생하지 않았다. 해적들은 내 부하들에게 해안으로 올라가서 우리가 나포될 때 가지고 있던 장총으로 싸워줄 것을 강요했다. 장총은 거대한 위력을 발휘했다. 중국인들은 전투 시 주로 활과 화살을 사용했다. 그들은 화승총을 가지고 있었지만,

---

12 다음은 고대 중국 서적에 기술된 광둥인의 특성이다. "광둥 사람들은 어리석고, 몸이 마르고 약하며 마음도 나약해 싸울 능력이 없다." 『인중수문(印中搜聞)』 19호(*The Indo-Chinese Gleaner*, No.19)

13 조스(Joss)는 포르투갈 디오스신의 중국식 표현이다. 조스 신상은 글래스풀이 삼파신(三婆神)을 언급한 글에 등장하는데, 삼파신은 원영륜의 글에도 언급되어 있다.

능숙하게 다루지는 못했다.

10일 우리는 흑기방과 연합했다. 넓고 아름다운 강을 따라 수마일 전진하는 동안 흑기방의 공격으로 폐허가 된 마을들을 통과했다.

17일 해적 함대는 마을을 방어하는 4개의 진흙 포대와 나란히 위치한 상태로 정박했다. 그곳은 크기를 가늠할 수 없을 정도로 큰 숲에 완벽히 에워싸여 있었다. 심한 폭풍우가 불어 날씨가 매우 흐렸다. 해적들은 이틀 동안 아주 조용했다.

사흘째 되는 날 요새로부터 몇 시간 동안 포화가 맹렬히 날아왔다. 해적들은 한 발도 대응하지 않다가 어둠을 타고 배를 움직여 강 아래로 내려갔다. 해적들이 마을을 공격하거나 대응 사격을 하지 않은 것은 그들이 숭배하는 조스Joss가 그들에게 전투의 성공을 약속하지 않았기 때문이었다. 해적들은 매우 미신적이었고, 그들이 하는 모든 일에 앞서 신에게 의견을 구했다. 만일 신이 좋은 징후를 내리면, 해적들은 아무리 대담한 일이라도 시행할 것이다.

해적 함대는 포로로 잡은 여인들의 폐허가 된 마을 맞은편에 정박했다. 여기서 우리는 대엿새 동안 머물렀다. 그동안 백여 명의 여인들이 몸값을 지불했다. 몸값을 지불하지 못한 나머지는 각각 40달러에 해적들에게 팔렸다. 해적에게 팔린 여인은 구매자의 합법적인 아내로 받아들여졌기에, 아내를 버리면 그 해적은 사형에 처해졌다. 여인들 가운데 몇 명은 수치스러운 처지로 타락하느니 차라리 바다로 뛰어내려 익사하는 길을 선택했다.[14]

---

14 원영륜은 자신의 역사책 마지막 부분에 아름다운 매영(梅英)의 기억할 만한 품행을 기록했다. 매영은 『정해분기』에 언급된 열녀이다.

이후 해적 함대는 앞서 언급한 성읍에서 요구했던 몸값을 받기 위해 닻을 올리고 강 하류 쪽으로 항해했다. 언덕을 지날 무렵, 마을 사람들이 우리를 향해 몇 발의 사격을 가했지만 아무런 피해가 없었다. 하지만 화가 난 해적들은 복수를 결심했고, 총격이 미치지 않는 곳에 이르자 닻을 내렸다. 백여 명의 해적들이 정크선을 나누어 타고 해안에 상륙했고, 벼를 베거나 오렌지 과수원을 파괴했다. 이러한 약탈행위는 강 아래 수 마일에 걸쳐 매우 효과적으로 자행되었다. 이곳에 머무는 동안 해적들은 벼를 가득 실은 배 9척이 강 후미에 있다는 정보를 얻었다. 해적들은 배를 타고 곧바로 그들을 뒤쫓았다.

다음 날 아침 이 (향민들이 타고 있던) 배들은 해적 함대로 옮겨졌는데, 배에는 열 명에서 열두 명의 남자들이 타고 있었다. 포로들은 아무런 저항을 하지 않았기 때문에 해적 두목은 만일 그들이 조스신 앞에서 관례대로 맹세의식[15]을 한다면 해적이 되는 것을 허락하겠노라고 말했다. 그들중 서너 명은 그 명령을 따르지 않았고, 다음과 같은 잔인한 방법으로 처벌을 받았다. 그들의 손은 등 뒤로 묶였고, 돛대의 밧줄이 그들의 팔을 묶은 밧줄을 관통해 그들을 갑판으로부터 3, 4피트 높이로 끌어 올렸다. 그리고 대여섯 명의 해적들이 세 가닥을 꼬아 만든 채찍으로 초죽음이 될 때까지 그들을 채찍질했다. 잠시 후, 돛대 꼭대기까지 끌어 올려 한 시간 가까이 매달아 놓았고, 다시 내려 고문을 가했다. 그들이 죽거나 맹세에 순응할 때까지 고문은 반복되었다.

20일 밤 쾌속선 한 정이 다가오더니, 거대한 청의 함대가 우리를 공격

---

15   [역주] 해적들은 입단하기 전, 삼파신 앞에서 입단의 맹세를 했다.

하기 위해 강을 거슬러 올라온다는 첩보를 알렸다. 해적 두목은 즉시 닻을 올리고, 큰 배 오십 척을 대동해 관군과 대적하기 위해 강 하류로 떠났다. 새벽 한 시쯤 되자, 해적들은 날이 샐 때까지 맹렬히 사격을 퍼부었다. 그때 함대에 있던 나머지 해적들을 합류시키기 위해 쾌속선이 파견되었다. 닻을 내리라는 명령이 내려온 지 한 시간 정도 지나자, 관군의 함대가 몰려왔다. 두세 시간 뒤, 해적 두목은 나포한 세 척의 배를 끌고 돌아왔다. 관선 중 두 척은 침몰시켰고, 83척은 달아났다. 청 관군의 제독은 해적들이 배에 오르려 하자 탄창 안으로 불붙은 성냥을 던져 배를 폭파시켰다. 배는 해안을 향해 달려갔고, 해적들은 배 안에 있던 총스무 자루를 얻는 데 성공했다. 이 교전에서 포로들은 거의 잡히지 않았다. 나포된 선박에 있던 관군들은 저항하다 잡히면 죽을 때까지 고통을 당하거나 잔혹하게 죽을 것이 확실했기 때문에 스스로 바다에 투신했다. 제독은 부사령관이었던 자신의 동생에게 함대 지휘권을 넘기고, 자신의 배로 란터우를 향해 떠났다. 수군 함대는 강에 남아서 벼를 수확하고 필요한 물자를 구했다.

28일 나는 어부가 가져온 케이 선장의 편지를 받았다. 그 어부는 우리 선장에게 3천 달러를 내면 우리를 돌려줄 것이라고 말했다. 그는 나에게 3천 달러를 내라고 제안했고 만약 수용하지 않는다면 몸값이 4천 달러로 늘어날 것이라고 했다. 그러나 처음부터 많은 액수를 주는 것은 좋은 생각이 아니기 때문에 받아들여서는 안된다고 생각했다. 게다가 우리가 풀려날 것을 장담 받아야 하므로 몸값은 그대로여야 했다. 나는 두목에게 3천 달러를 제안했고 그는 못마땅하다는 듯 장난치지 말라고 했다. 그리고 우리 측에서 만 달러와 대포 2대, 화약통을 보내지 않으면 우리 모두를 죽일 것이라고 했다. 나는 케이 선장에게 편지를 써서 해적 두목의 결정을 전달했고, 동시에 비 내리는 날씨에도 불구하고 7주 동안 늘 같은 옷을 입느라 힘드니 가능하면 옷 몇 벌을 보내 달라고 부탁했다.

11월 1일 함대는 좁은 강을 거슬러 올라갔고, 밤에 작은 황푸Little Wham -poa라고 불리는 성읍에서 2마일 떨어진 곳에 정박했다. 마을 앞에는 작은 요새가 있었고, 항구에는 몇 척의 배가 정박해 있었다. 해적 두목은 나에게 통역관을 보내, 아침이 되면 해안으로 진격해야 하니 부하들에게 탄약통과 장총을 정비해 미리 태세를 갖추게끔 하라고 말했다. 나는 통역관에게 해적들을 만족시키는 그런 명령 따위는 내리지 않을 것이라고 분명하게 말했다. 두목은 승선하자마자 만일 자신의 명령을 따르지 않으면 우리 모두를 잔인하게 죽이겠다고 위협했다. 나는 마음을 굳게 먹고 부하들에게 해적의 명령에 따르지 말라고 충고했다. 왜냐하면 해적들에게 우리의 효용가치를 높여야 한다고 생각했기 때문이다.

몇 시간 후, 두목이 다시 통역관을 보내 말하기를 만일 나와 장교가 그들이 대포를 쏠 수 있도록 돕고 나머지 사람들이 상륙해 마을을 점령하는데 성공한다면, 우리에게 마을 사람 머리 하나당 20달러를 줄 것이라고 했다. 나는 이 일이 우리의 석방에 도움이 되길 바라면서 이 제안을 기꺼이 받아들였다.

이른 아침에 3, 4천 명에 달하는 해적들이 상륙을 위해 노 젓는 배에 집결했다. 가장 큰 배들은 닻을 올리고 해안가로 가서 병력이 무사히 상륙할 수 있도록 엄호했다. 아홉 시경 전투가 시작되어 약 한 시간 동안 맹렬히 지속됐다. 요새의 성벽이 무너지고 엄청난 혼란이 발생하자 마을 사람들은 퇴각했다. 관군의 함대는 해적들의 배가 진입하는 것을 막기 위해 항구 입구를 봉쇄한 채, 계속해서 사격을 퍼부었다. 이에 격분한 해적 삼백 여명이 짧은 칼을 양팔에 단단히 묶어 고정한 후 헤엄쳐 해안으로 올라갔다. 그들은 피가 솟구치도록 강둑을 따라 달렸고, 다시 헤엄쳐 관군의 배에 올라탔다. 그때 공격을 퍼붓던 관군들이 배에서 뛰어내려 반대편 해안으로 가려 했다. 그러자 해적들도 뒤따라 뛰어내렸고, 물속에서 수많은 사람들을 토막냈다. 그러고 나서 해적들은 선박을 항구 밖으로 끌어냈고, 더욱 광분해 마을을 공격했다. 주민들은 약 15분 간 싸우다가 언덕으로 후퇴했으나, 이내 그곳에서 대량 살육 당했다.

그 뒤 해적들은 마을을 약탈하고, 짐을 싣고 떠나가는 모든 배를 약탈했다. 언덕 위에 있던 향민들은 대부분의 배가 떠나는 것을 보고는 다시 집결했다. 그리고 남아 있던 해적을 200명 가량 죽이고 마을을 재탈환했다. 불행하게도 내 부하 중 한 명이 이 끔찍한 대학살에서 목숨을 잃었다. 해적들은 두 번째로 상륙해 향민들을 마을에서 몰아냈다. 그리고 마을을 잿더미로 만든 후, 나이와 성별에 관계없이 모든 포로를 죽여버렸다!

나는 여기에서 일어난 (한편으로는 우스꽝스럽기도 하지만) 가장 끔찍한 상황을 언급하지 않을 수 없다. 해적들은 두목으로부터 자신들이 목을 벤 마을 사람의 머리 하나당 10달러씩 포상을 받았다. 길모퉁이를 돌던 내 부하 한 명이 마을 사람을 쫓아 맹렬히 달려오던 해적과 마주쳤다. 그 해적의 손에는 검이 들려 있었고, 목에는 머리채로 묶인 중국인 머리 두 개가 걸려 있었다. 나는 해적 중 몇 명은 향민의 머리 대여섯 개를 가져와 포상받는 것을 보았다.

4일 총두목으로부터 즉시 란터우섬Lantow으로 배를 몰고 오라는 명령이 떨어졌다. 란터우에는 해적 함대 두 척밖에 없었는데, 세 척의 포르투갈 함선과 한 척의 범선이 계속 그들을 성가시게 했다. 그리고 매일 중국 배들이 보였다. 해적 함대는 닻을 올리고 란터우를 향해 나아갔다. 린틴섬Lintin을 지날 때 세 척의 함선과 범선 한 척이 우리를 뒤쫓았다. 해적들은 난입할 태세를 갖추고 있었지만, 밤이 가까워지자 그 배들이 더 이상 보이지 않았다. 나는 그들이 항로를 바꿔 우리 곁을 떠났다고 확신한다. 이 함정들은 청 조정의 녹봉을 받고 있었는데 스스로를 무적함대라고 칭하며, 해적들을 소탕하기 위해 보카 티그리스를 순회했다.

5일 아침 붉은 편대홍기방는 란터우에 있는 만에 정박했다. 검은 편대흑기방는 동쪽을 향해 가고 있었다. 이 란터우만에서 해적들은 배의 바닥을 다듬고 수리했다.

8일 오후 네 척의 함선과 한 척의 범선, 그리고 스쿠너 한 정이 란터우만 입구에 나타났다. 해적들은 그 배가 우리를 구하러 온 영국 선박이라고 오해해 매우 놀랐다. 해적들 가운데 일부는 우리가 총에 맞을 수 있도록 돛대 머리 부분에 매달겠다고 위협했다. 따라서 우리는 그들이 포르투갈 사람들이라고 애써 설득했다. 해적들의 정크선 중 싸움에 참여할 수 있는 배는 겨우 일곱 척에 불과했다. 해적들은 배를 바깥으로 몰고 나가 란터우만을 향해 선체를 위치시킨 채 배를 정박시켰다. 그리고 승선 준비가 완료된 모든 수리선에 해적들을 배치했다.

이러한 움직임을 감지한 포르투갈인들은 배를 멈췄고, 서로 교신했다. 곧이어 그들은 돛을 올리고 지나가면서 함선마다 대포를 쏘아댔다. 하지만 사정거리가 너무 짧아 효력이 없었다. 해적들은 어떠한 대응 사격도 하지 않고, 선박기를 흔들고 포탄을 발사하며 그들이 더 가까이 다가오도록 유도했다. 내 짐작으로 해적들의 정크선은 24피트 정도 깊이의 물 위에 있었기 때문에 포르투갈 함선이 그들 가까이 다가간다면 그들에게 아주 유리해질 것이다. 마카오로 보낸 한 포르투갈인은 편지에서 얕은 수심으로 인해 해적들과 가까이서 교전하지 못한 것을 애석해하며, 청나라 관군의 함대가 도착하기 전에 해적들의 탈출을 막을 수있으리라 자신했다.

20일 이른 아침 란터우만을 향해 다가오는 거대한 청나라 관군의 함대를 발견했다. 관군의 함대는 우리에게 근접하자, 대열을 이루어 멈추어섰다. 우리를 향해 대포를 발사한 배들은 후방으로 가서 포를 재장전 했다. 그들은 약 2시간 동안 계속해서 발포했는데 가장 큰 배 중 한 척이 해적들이 던진 횃불로 폭파되었다. 그 후 그들은 더 거리를 벌려 간격을 유지했지만, 21일 밤까지 사격을 멈추지 않고 계속 퍼부었고, 이후 고요해졌다.

해적들은 대형 선박 일곱 척을 견인했는데, 거기에는 총 200여 척의 노 젓는 배가 실려 있었다. 어느덧 순풍이 불어오자, 해적들은 일제히 돛을 올리고 탈출했다. 해적들은 만으로 되돌아가 정박했다. 포르투갈인과 청나라 관군이 해적을 뒤쫓아왔고, 그날 밤부터 시작해 다음 날까지 맹렬한 포격을 퍼부었다. 내가 탄 배의 앞 돛대가 포격에 쓰러졌다. 그러자 해적들이 재빨리 작은 배로 돛대를 운반해 와서 신속하게 보충했다.

23일 저녁 다시 사방이 고요해졌다. 해적들은 상대방을 포위할 심산으로 15척의 정크선을 두 개 사단으로 나눠 견인해 갔다. 해적들이 배를 상대측 선박에 가까이 대고 올라타려 할 때 갑자기 순풍이 불어 작전은 성공했다. 그들이 나포한 선박에는 22대의 대포가 설치되어 있었다. 배의 선원들은 대부분 바다로 뛰어내렸고 60~70명은 그 자리에서 끌려가 사지가 토막나서 물에 던져 졌다. 이른 아침 해적들은 만으로 돌아와 전과 똑같은 장소에 정박했다. 포르투갈과 청나라 관군이 뒤쫓으면서 계속 포격을 가했다. 해적들은 대응 사격을 일체 하지 않았지만 항상 적군의 배에 올라탈 준비가 돼 있었고, 포르투갈인들은 해적들에게 그럴 기회를 주지 않으려고 각별히 신경 썼다.

28일 밤 포르투갈과 청의 연합군은 대포가 장착된 8척의 화선fire vessel 을 이끌고 왔는데, 만일 그 선박이 제대로 건조됐었다면 큰 위력을 발휘해 그들의 목적을 달성하는데 도움이 되었을 것이다. 강한 바람과 밀물이 만을 향해 불어오고 화선은 해적들 가까이 바짝 다가오고 있었다. 화선이 처음 나타났을 때 해적들은 청나라 관군의 배[16]가 불타는 줄 알고 늘 그렇듯이 함성을 질렀다. 하지만 이내 자신들이 잘못 알았다는 것을 깨달았다. 화선은 두 척씩 짝을 이루어 일정한 속도로 해적 함대 한 가운데로 접근했다. 그 화선 중 한 척이 내가 탄 배 옆으로 다가왔으나, 해적들이 그 배를 격퇴시키는 데 성공했다. 배는 약 30톤 정도 규모로 보였고, 그 안은 짚과 나무로 가득 채워져 있었다. 갑판에는 불에 타기 쉬운 작은 상자들이 있었다. 내가 탄 배 옆을 지날 때 작은 상자가 폭발했지만 우리에게 어떠한 피해도 입히지 못했다. 해적들은 이 배들을 모두 해안으로 끌고 갔다. 그곳에서 배의 불을 끄고 난 후 부수더니, 장작으

---

16 장룡(長龍)을 지칭한다.

로 사용했다. 포르투갈인들은 이 파괴적인 장치를 만든 것은 자신들의 공로라고 주장했다. 실제로 그들은 마카오 총독에게 편지를 보내 자신들이 만든 장치 덕분에 적어도 해적 함대의 3분의 1이 부서졌으니, 곧 해적들을 전멸시켜 목적을 달성하기를 바란다고 말했다.

11월 29일 출항 준비를 모두 마친 해적들은 닻을 올리고 93척의 전함, 6척의 포르투갈 함선, 한 척의 범선 그리고 스쿠너 한 정으로 구성된 무적의 포르투갈 함대와 청나라 함대에 대항하여 과감히 출항했다. 해적들은 즉시 닻을 올리고 모든 배를 띄웠다. 해적들은 2, 3시간 동안 포격을 가하면서 이들을 뒤쫓았다. 그러나 연합선을 따라잡을 수 없다고 판단되자 순풍을 타고 동쪽으로 배를 움직였다.

이렇게 해서 해적들은 9일 동안 지속된 봉쇄를 끝냈다. 이 기간에 그들은 배의 수리를 모두 마쳤다. 이 교전에서 해적의 배는 단 한 척도 파손되지 않았고 약 삼십에서 사십 명 정도 사망했을 뿐이었다. 미국인 한 명도 사망했는데 스쿠너에 납치된 8명 중 남아 있던 3명 가운데 하나였다. 나는 두 번의 아주 아슬아슬한 탈출을 시도했다. 첫 번째는 12파운드 무게의 포탄이 내 앞 3, 4피트 이내에 떨어졌을 때였고, 또 다른 한 번은 내가 서 있던 작은 놋쇠회전고리로부터 파편이 튈 때였다. 두목의 부인[17]은 나에게 마늘물을 자주 뿌려주었는데, 그들은 이것이 포탄을 막아주는 데 아주 효과적인 마법이라고 여겼다. 함대는 밤이 새도록 계속 동쪽으로 항해했다. 아침에 그들은 높고 메마른 산으로 둘러싸인 큰 만에 닻을 내렸다.

---

17 홍기방 전 두목 정일(鄭一)의 아내의 성이 석(石)씨 였다.

12월 2일 나는 아너러블 상회의 함선 앤텔로프호Antelope의 사령관 몬 Maughn 대위로부터 편지를 받았는데, 우리의 몸값을 지불하기 위해 우리의 항로를 따라 3일 동안 항해하고 있다는 내용이었다. 그리고 그는 몸값을 전달하는 가장 안전한 방법에 대해 내가 장보와 합의하기를 바랐다. 두목 장보는 작은 포함砲艦, gun-boat에 우리를 태워 앤텔로프호가 볼 수 있는 곳까지 보내는 데 동의했다. 그러면 매판의 배가 몸값을 가져와 우리를 데려갈 예정이었다. 나는 이 기쁜 소식을 듣고 너무 초조해져 몬 대위에게 내가 합의한 것들을 아주 힘겹게 두 세줄 휘갈겨 썼다. 부하들도 이 기쁜 소식에 너무 흥분해 잠들지 못했고, 모두 밤낮으로 배가 오는지 계속 주시했다.

6일 매판의 배가 몬 대위의 대답을 가지고 돌아왔다. 몬 대위는 함대만 아니라면 어떤 배라도 접근을 허락하겠다고 말했다. 그러자 두목 장보는 처음 제안대로 우리를 포함에 태울 것을 명령했고, 우리는 기쁜 마음으로 새벽 4시경 해적의 함대를 떠났다. 오후 1시에 앤텔로프호가 모든 돛을 올리고 우리를 향해 항해 중인 것을 보았다. 해적의 배는 즉시 닻을 내리고, 매판의 배에 몸값을 가져올 사람을 급파했다. 그리고 만약 함선이 자신들에게 접근하면 해적함대로 되돌아가겠다고 말했다. 매판의 배가 출발했고, 돛을 줄여 우리로부터 약 2마일 떨어진 곳에 닻을 내렸다. 우리 배는 강한 파도로 인해 오후 늦도록 매판의 배에 접근하지 못했다. 해적들은 몸값을 받고 막 어두워지기 전에 앤텔로프호를 떠났다. 육지에 숨어 정박해 있던 관선 한 척이 해적들의 움직임을 지켜보고 있다가 그들을 추격해서 몇십 피트 깊이까지 따라가다가, 해적들이 응답하는 불빛을 보고서 뱃머리를 돌렸다.

우리의 상황은 지금이 가장 위급했다. 몸값은 이미 해적들의 수중에 들어갔고, 매판은 관선의 두 번째 공격이 두려워 우리를 데리고 앤텔로프호에 접근하지 못하고 있었다. 해적들은 다음날 아침까지 그곳에 머무를 수 없었기 때문에 우리는 다시 해적들의 함대로 돌아올 수 밖에 없었다.

아침에 두목이 몸값을 확인했는데, 다음과 같은 물품들로 구성되어 있었다. 최상급 주홍색 천 두 꾸러미, 아편 두 상자, 화약 두 통, 망원경, 그리고 나머지는 달러였다. 그는 망원경이 새 것이 아닌 것에 불만을 품었다. 그래서 다른 망원경이 올 때까지 우리 중 한 명을 억류하거나, 아니면 망원경 대신 100달러를 더 보내야 한다고 말했다. 매판은 100달러를 추가하는 데 동의했다.

모든 일이 해결되자 두목 장보는 두 척의 포함에 우리를 태워 앤텔로프호 가까이 데려다주라고 명령했다. 해 질 녘이 되자 앤텔로프호를 발견했고, 해적들의 보트는 우리를 떠났다. 오후 7시, 앤텔로프호에 올라탔을 때 그 기쁨은 이루 말로 표현할 수 없었다. 우리는 진심으로 환대를 받았고, 11주 3일 동안 견뎌왔던 비참한 포로 생활로부터 안전하게 구조받은 다행스러운 상황에 대해 진정 어린 축하를 받았다.

(서명) RICHARD GLASSPOOLE

중국, 1809년 12월 8일

2) 해적Ladrones의 기원, 발전, 풍속 및 관습에 관한 짧은 글

해적은 반청 세력들로 청의 억압에 저항하는 종족이다. 이들은 처음에는 서부 해안코친차이나(Cochin-China)에서 각각 30~40명이 탄 작은 무역선을 공격하면서 약탈을 시작했다. 해적들은 이러한 방식으로 몇 년 동안 약탈을 지속하다가 마침내 그 수가 기하급수적으로 불어났다. 이들에 대한 청 조정의 억압은 오히려 해적의 수를 더 증가시키는 결과를 낳았다. 수백 명의 어부와 그밖의 사람들이 해적의 깃발을 향해 모여들었고, 수가 늘어남에 따라 해적들은 더욱 활개쳤다. 그들은 주요 강길을 모두 봉쇄하고 10~15포의 대포를 장착한 큰 정크선들을 공격했다.

해적들은 이러한 정크선을 가지고 매우 가공할 만한 함대를 형성했고, 이로 인해 작은 선박들은 해안에서 안전하게 거래 할 수 없었다. 그들은 작은 마을들도 약탈했는데 중국인들의 마음속에 공포를 불러일으킬 정도로 엄청나게 야만적인 행동을 가했다. 이러한 극악무도한 약탈 행위를 살피기 위해 청 조정은 18포에서 20포 가량의 대포를 장착한 제국의 전함war junk을 갖췄다. 첫 번째 전투에서 28척의 관선이 해적들을 공격했는데, 그중 일부는 재빨리 퇴각해 살아남았다.

병력과 8백 척의 대형 선박 그리고 노 젓는 배를 포함하여 1천 척에 가까운 소형 선박이 있었던 것으로 추정된다. 그들은 다섯 개의 편대로 나뉘었는데 서로 다른 색깔의 깃발로 구별되었다. 각 편대는 두목의 지휘를 받고 있었으며 두목들은 다시 그들의 총두목인 아주차이A-juo-chay, 칭이싸오의 명령을 받았다. 그는 가장 대담하고 진취적인 인물로 현 만주족 황제를 왕좌에서 몰아내고 고대 중국 왕조를 복원하겠다고 선언할 정도였다.

이 뛰어난 인물은 독립을 선언한 2인자의 시기심에 가로막히지 않았다면, 그리고 사면을 대가로 500척의 배와 함께 청 왕조에 항복하지 않았다면, 분명 정부의 근간을 흔들었을 것이다. 휘하의 두목들은 대부분 그를 따랐다. 아주차이는 몇 달 더 버티다가 결국 1만 6천 명의 해적과 함께 대사면을 조건으로 항복했고 영예를 얻게 되었다.

해적들은 해안에 정착하지 않고 계속해서 배 위에서 살았다. 배의 뒷부분은 두목과 그 아내를 위한 공간이었는데 보통 대여섯 명의 아내가 있었다. 부부간의 권리는 종교적으로 매우 엄격하게 정해졌다. 법에 따라 결혼하지 않으면 어떤 사람도 여자를 배에 태울 수 없었다. 모든 남성에게는 대략 사방 4피트에 달하는 작은 선실이 허용되며, 이곳에 아내 및 가족과 함께 머문다.

좁은 공간에 수많은 사람이 밀집해 있었기 때문에 지독히 더러운 건 당연한 일이었다. 실제로 배 안에는 온갖 해충이 득실거렸다. 특히 그들은 훌륭한 별미로 먹기 위해 쥐를 번식시켰는데,[18] 사실 그들이 먹지 못하는 생물체는 거의 없다. 포로로 잡혀있는 동안 우리는 쌀과 애벌레를 넣고 끓인 음식을 먹으면서 3주를 살았다. 그들은 도박에 심하게 중독되어 있으며 대부분의 여가 시간을 카드와 아편 흡연으로 보낸다.

끝

런던 링컨즈 인 필즈,
그레이트 퀸가 J. L. Cox 인쇄

---

18 중국 광둥에서는 특별한 쥐를 먹었는데, 크기가 매우 크고 하얀 색이었다.

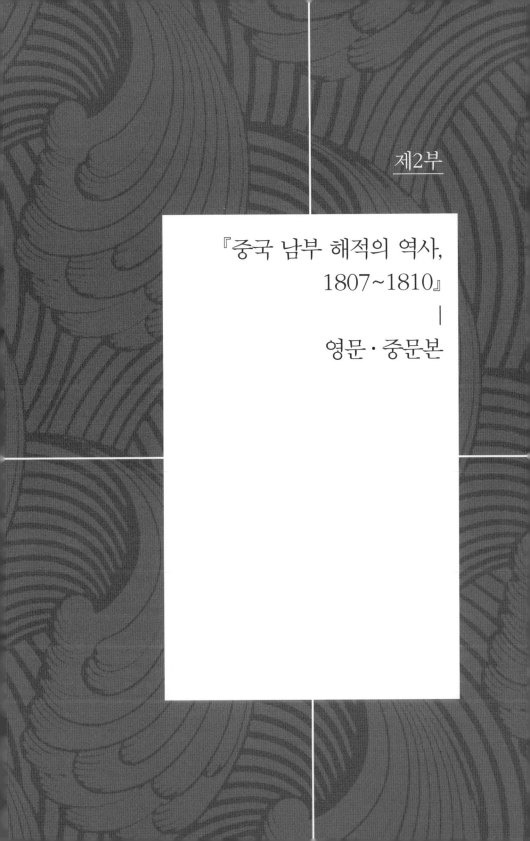

제2부

『중국 남부 해적의 역사,
1807~1810』
|
영문·중문본

靖海氛記

HISTORY

OF

THE PIRATES

WHO

INFESTED THE CHINA SEA,

From 1807 to 1810.

靖海氛記 Tsing Luh-Yuen

TRANSLATED FROM THE CHINESE ORIGINAL,

WITH

NOTES AND ILLUSTRATIONS,

BY

CHARLES FRIED. NEUMANN.

LONDON:
PRINTED FOR THE ORIENTAL TRANSLATION FUND,
And Sold by
J. MURRAY, ALBEMARLE STREET;
PARBURY, ALLEN, & CO., LEADENHALL STREET;
THACKER & CO., CALCUTTA; TREUTTEL & WÜRTZ, PARIS;
AND K. FLEISCHER, LEIPSIC.

1831.

HISTORY

OF

THE PIRATES

WHO

INFESTED THE CHINA SEA,

From 1807 to 1810.[*]

TRANSLATED FROM THE CHINESE ORIGINAL,

WITH

NOTES AND ILLUSTRATIONS,

BY

CHARLES FRIED. NEUMANN.

LONDON :

PRINTED FOR THE ORIENTAL TRANSLATION FUND,

And Sold by

J. MURRAY, ALBEMARLE STREET;

PARBURY, ALLEN, & CO., LEADENHALL STREET;

THACKER & CO., CALCUTTA; TREUTTEL & WÜRTZ, PARIS;

AND E. FLEISCHER, LEIPSIG.

1831.

LONDON

Printed by J. L. Cox, Great Queen Street,

Lincoln's-Inn Fields

---

[*]   https://archive.org/details/historyofpirates00yarich/page/n7/mode/2up

TRANSLATOR'S PREFACE

Conquerors are deemed successful robbers, while robbers are unsuccessful conquerors. If the founder of the dynasty of the Ming had failed in his rebellion against the Moguls, history would have called him a robber; and if any one of the various robber-chiefs, who in the course of the two last centuries made war against the reigning Manchow, had overthrown the government of the foreigners, the official historiographers of the "Middle empire" would have called him the far-famed, illustrious elder father of the new dynasty.

Robbers or pirates are usually ignorant of the principles concerning human society. They are not aware that power is derived from the people for the general advantage, and that when it is abused to a certain extent, all means of redress resorted to are legitimate. But they feel most violently the abuse of power. The fruit of labour is too often taken out of their hands, justice sold for money, and nothing is safe from their rapacious and luxurious masters. People arise to oppose, and act according to the philosophical principles of human society, without having any clear idea about them. Robbers and pirates are, in fact, the opposition party in the despotical empires of the East; and their history is far more interesting than that of the reigning despot.[1] The sameness which is to be observed in the history of all Asiatic governments, presents a great difficulty to any historian who wishes to write a history of any nation in Asia for the general reader.

The history of the transactions between Europeans and the Chinese is intimately connected with that of the pirate chiefs who appeared from time to time in the Chinese Sea, or Southern Ocean. The Europeans themselves, at their first appearance in the middle empire, only became known as pirates. Simon de Andrada, the first Portuguese who (1521) tried to establish any regular trade with China, committed violence against the merchants, and bought young Chinese to use them as slaves; and it is known that it was the policy of the civilized foreigners from the "Great Western Ocean" which is the Chinese name for

Europe to decry their competitors in trade as pirates and outlaws.

The footing which Europeans and Americans now enjoy in China, originated from the assistance given by the Portuguese to the Manchow against the Patriots, otherwise called pirates, who would not submit to the sway of foreigners. Macao, the only residence (or large prison) in which foreigners are shut up.is not considered by the Chinese Government as belonging exclusively to the Portuguese. The Dutch, on not being allowed to remain in Macao, complained to the Chinese Government, and the authorities of the middle empire commanded the Portuguese to grant houses to the newly arrived Holan or Hollander, "since Macao was to be considered as the abode of all foreigners trading with China." The edicts concerning this transaction are stated to be now in the archives of the Dutch factory at Macao.

It is one of the most interesting facts in the history of the Chinese empire, that the various barbarous tribes, who subdued either the whole or a part of this singular country, were themselves ultimately subdued by the peculiar civilization of their subjects. The Kitans, Moguls, and Manchow, became, in the course of time, Chinese people; like the Ostro, and Visigoths, and Longobards-Romans. But we may remark, that both the Chinese and the Roman civilization under the

Emperors recommended itself to the conquerors, as connected with a despotism which particularly suited the views of the conquerors. Though this large division of the human race, which we are accustomed to call Tatars, never felt a spark of that liberty which everywhere animated the various German nations and tribes, and the Khakhans, in consequence of this, were not in need of any foreign policy to enslave their compatriots; yet it may be said, that neither Moguls nor Manchow were able to establish a despotic form of government which worked so well for a large nation as that of the Chinese.

The extremes of both despotism and democracy acknowledge no intermediary power or rank. The sovereign is the vice-regent of heaven, and all in all; he is the only rule of right and wrong, and commands both what shall be done in this world and thought of concerning the next. It may be easily imagined, that the Jesuits, on their first arrival in China, were delighted with such a perfect specimen of government according to their political sentiments. They tried all that human power could command to succeed in the conversion of this worldly paradise. The fathers disguised themselves as astronomers, watchmakers, painters, musicians, and engineers.[2] They forged inscriptions[3] and invented miracles, and almost went to the extent of canonizing Confucius. But this cunning deference to Chinese customs involved the Jesuits in a dispute with their more pious but less prudent competitors; and notwithstanding all the cleverness of the Jesuits, the Chinese saw at last, that in becoming Roman Catholic Christians they must cease to be Chinese, and obey a foreign sovereign in the Great Western Ocean. Toland affirms, that the Chinese and the Irish, in the time of their heathen monarch Laogirius, were the only nations in which religious persecutions never existed;[4] this praise now refers exclusively to Ireland. Roman Catholicism is at this moment nearly extinguished in China. To become a Christian is considered high-treason, and the only Roman Catholic priest at Canton at the present time, is compelled to hide himself under the mask of shopkeeper. In their successful times, during the seventeenth century, the Roman Catholic Missionaries published in Europe, that no nation was more virtuous, nor any government more enlightened than that of the Chinese; these false eulogies were the source of that high opinion in which the Chinese were formerly held in Europe.

The merchants and adventurers who came to China "to make money" found both the government and people widely different from descriptions given by the Jesuits. They found that the Chinese officers of government, commonly called Mandarins, would think themselves defiled by the least intercourse with foreigners, particularly merchants; and that the laws are often interpreted quite differently before and after receiving bribes. The Europeans were proud of their civilization and cleverness in mercantile transactions, and considered the inhabitants of all the other parts of the world as barbarians; but they found, to their astonishment and disappointment, the Chinese still more proud and cunning. We may easily presume that these deluded merchants became very irritated, and in their anger they reported to their countrymen in Europe that the Chinese were the most treacherous and abandoned people in the world,[5] that "they were only a peculiar race of savages," and required to be chastised in one way or another; which would certainly be very easy. Commodore Anson, with a single weather－beaten sixty－gun ship.in fact, set the whole power of the Chinese Government at defiance.

The Translator of the History of the Pirates ventures to affirm, that the Chinese system of government is by far the best that ever existed in Asia; not excepting any of the different monarchies founded by the followers of Alexander, the government of the Roman Prætors and of Byzantine Dukes, or that of Christian Kings and Barons who reigned in various parts of the East during the middle ages. The principles of Chinese govern -ment are those of virtue and justice; but they are greatly corrupted by the passions and vices of men. The greater part of their laws are good and just, though the practice is often bad; but unfortunately this is generally not known to the "Son of Heaven." It is the interest of the Emperor to deal out justice to the lowest of his subjects; but, supposing it were possible that one man could manage the government of such an immense empire, who either could or would dare to denounce every vicious or unjust act of the officers employed by government? The Chinese themselves are a clever shrewd sort of people; deceit and falsehood are, perhaps, more generally found in the "flowery empire" than any where else; but take them all in all, they rank high in the scale of nations, and the generality of the people seem to be quite satisfied with their government; they may wish for a change of masters, but certainly not for an entire change of the system of government.

There has existed for a long period, and still exists, a powerful party in the Chinese Empire, which is against the dominion of the Manchow; the different mountainous tribes maintain, even now, in the interior of China, a certain independence of the Tay tsing dynasty. The Meao tsze, who were in Canton some years ago, stated, with a proud feeling, that they were Ming jin, people of Ming; the title of the native sovereigns of China before the conquest of the Manchow. It is said, that the whole disaffected party is united in a society ― generally called the Triade-Union ― and that they aimed at the overthrow of the Tatars, parti -cularly under the weak government of the late Emperor; but the rebels totally failed in their object both by sea and land.

It has been falsely reported in Europe, that it is not allowed by the laws of China to publish the transactions of the reigning dynasty. It is true that the history written by the official or imperial historians is not published; but there is no statute which prohibits other persons from writing the occurrences of their times. It may be easily imagined that such authors will take especial care not to state any thing which may be offensive to persons in power. There is, however, no official court in China to regulate the course of the human understanding, there is nothing like that tribunal which in the greater part of the Continent of Europe is called the Censorship. Fear alone is quite sufficient to check the rising spirits of the liberals in the middle empire. The reader, therefore, should not expect that either the author of the "History of the Rebellions in the Interior of China," or the writer of the "Pacification of the Pirates," would presume to state that persons whom government is pleased to style robbers and pirates, are in reality enemies of the present dynasty; neither would they state that government, not being able to quell these rebellions, are compelled to give large recompenses to the different chiefs who submit. These facts are scarcely hinted at in the Chinese histories. The government officers are usually delineated as the most excellent men in the world. When they run away, they know before-hand that fighting will avail nothing; and when they pardon, they are not said to be compelled by necessity, but it is described as an act of heavenly virtue! From what we learn by the statements of a Chinese executioner, we should be led to form a bad opinion of the veracity of these historians, and the heavenly virtue of their government; for it is said, that one Chinese executioner beheaded a thousand pirates in one year.[6]

The author of the following work is a certain Yung lun yuen, called Jang sëen,[7] a native of the city or market town Shun tih, eighty le southerly from Canton. The great number of proper names, of persons and places, to be found in the "History of the Pacification of the Pirates," together with the nicknames and thieves' slang employed by the followers of Ching yĭh, presented peculiar difficulties in the translation of Yuen's publication. The work was published in November 1830 at Canton; and it is to be regretted, for the fame of the author in the Great Western Ocean, that he used provincial and abbreviated characters. I will not complain that by so doing he caused many difficulties to his translator, for a native of Shun tih would not trouble himself on that point; but I have reason to believe that the head schoolmaster of Kwang tung will think it an abomination that Yung lun yuen should dare take such liberties in a historical composition. Schoolmasters have a greater sway in China than any where else, and they like not to be trifled with. These are particularly the men, who, above all others, oppose any innovation or reform; scholars, who presume to know every thing between heaven and earth : and they may certainly satisfy every man, who will rest satisfied by mere words. These learned gentlemen are too much occupied with their own philosophical and literary disquisitions, to have any time, or to think it worth their notice, to pay attention to surrounding empires or nations. If we consider the scanty and foolish notices which are found in recent Chinese publications regarding those nations with which the Chinese should be well acquainted, we cannot but form a very low estimate of the present state of Chinese literature. How far otherwise are the accounts of foreign nations, which are to be found in the great work of Matuanlin! It will, perhaps, be interesting to the European reader to learn, what the Chinese know and report concerning the nations of Ta se yang, or the Great Western Ocean. I therefore take an opportunity here to give some extracts from a Chinese publication relative to European nations, printed last year at Canton.

The fifty-seventh book of the Memoirs concerning the South of the Mei ling Mountains, contains a history of all the Southern barbarians (or foreigners); and here are mentioned — with the Tanka people and other barbarous tribes of Kwang tung and Kwang se — the Siamese, the Mahome -tans, the French, Dutch, English, Portuguese, Austrians, Pru- ssians, and Americans. The work was published by the command of Yuen, the ex-Governor-General of Canton, who is considered one of the principal living literary characters of China, and it consists chiefly of extracts from the voluminous history of the province Kwang tung, published by his Excellency :

The Religion of the Hwy hwy, or Mahometans. "This religion is professed by various sorts of barbarians who live southerly beyond Chen ching[Tséamba, or Zeampa], to the Se yu. Their doctrines originated in the kingdom of Me tih no[Medina]. They say that heaven is the origin of all things; they do not use any images. Their country is close to Tëen choo[India]; their customs are quite different from those of the Buddhists; they kill living creatures, but they do not eat indiscriminately all that is killed; they eat not hog's flesh, and this is the essence of the doctrine of Hwy hwy. They have now a foreign pagoda[fan tă], near the temple of the compassionate saint[in Canton], which exists since the time of the Tang. It is of a spiral form, and 163 cubits high.[8] They go every day therein to say prayers."

By the kindness of Dr. Morrison, the translator had the plea
-sure to converse with a member of the Mahometan clergy at
Canton. He stated, that in the Mosque at Canton is a tablet,
whereon it is written, that the religion of the Prophet of Mecca
was brought to China, Tang ching yuen san nëen, that is, in the
third year of the period called Ching yuen, under the Tang
dynasty, i.e. 787 of our era.[9] The compilers of the Memoirs, &c.
have taken their extract from the historical work of Ho[4051, M.];
they seem not to have any knowledge of Matuanlin, where the
Arabs are spoken of under the name of Ta she. See the notes
to my translation of the Chronicle of Vahram, p.76. During the
time the translator was at Canton, there arrived a pilgrim from
Pekin on his way to Mecca.

The Fa lan se, Francs and Frenchmen.

"The Fa lan se are also called Fo lang se, and now Fo lang ke.
In the beginning they adopted the religion of Buddha, but
afterwards they received the religion of the Lord of Heaven.
They are assembled together and stay in Leu song[Spain?]; they
strive now very hard with the Hung maou or red-haired
people[the Dutch], and the Ying keih le[English]; but the Fa lan se have
rather the worst of it. These foreigners, or barbarians[e jin] wear
white cap.and black woollen hats; they salute one another by

taking off the hat. Regarding their garments and eating and drinking, they have the same customs as the people of Great Leu song and Small Leu song[Spain and Manilla]."

This extract is taken from the *Huang tsing chih kung too*, or *the Register of the Tribute as recorded under the present dynasty*[Memoirs, l. c. p. 10 v., p. 11 r]. I am not sure if Ke tsew[10,869] keu[6,063] Leu song, can really be translated by the words — they are assembled together and stay in Leu song. The use of tsew in the place of tseu[10,826] is confirmed by the authorities in Kang he; but does Leu song really mean Spain? The Philippinas are called Leu song[Luzon], from the island whereon Manilla is, and in opposition to Spain[Ta Leu song, the great L. s.], Seao Leu song, the small Leu song. It may be doubted whether Leu song without Ta, great, can be taken for Spain. The Chinese have moreover learned from Matthæus Ricci the proper name of Spain, and write it She pan ya. The Dutch, the English, and the Germans, are, from a reddish colour of their hair, called Hung maou. This peculiar colour of the hair found among people of German origin, is often spoken of by the ancient Roman authors; as for instance in Tacitus, Germania, c. 4. Juvenal says, Sat. XIII. v. 164,

Cærula quis stupuit Germani lumina? flavam

Cæsariem, et madido torquentem cornua cirro?

It would carry us too far at present to translate the statements of the Chinese concerning the Portuguese and Dutch. Under the head of Se yang, or Portugal, may be read an extract of the account of Europe^Gow lo pa the Chinese received by Paulus Matthæus Ricci^Le ma paou. The Chinese know that the European Universities are divided into four faculties; and his Excellency Yuen is aware of the great similarity between the ceremonies of the Buddhists and those of the Roman Catholic church^l. c. 17 v. The present Translator of the "History of the Pirates" intends to translate the whole of the 57th book of the often-quoted Memoirs, and to subjoin copious extracts of other works, particularly from the *Hae kwŏ hëen këen lăh*, or "Memoirs concerning the Empires surrounded by the Ocean." This very interesting small work is divided into two books; one containing the text, and the other the maps. The text consists of eight chapters, including a description of the sea-coast of China, with a map, constructed on a large scale, of the nations to the east, the south-east, and the south; then follows a topography of Portugal and Europe generally. Concerning England we find :

The Kingdom of the Ying keih le, or English.

"The kingdom of the Ying keih le is a dependent or tributary state[10] to Ho lan[Holland]. Their garments and manners in eating and drinking are the same. This kingdom is rather rich. The males use much cloth and like to drink wine. The females, before marriage, bind the waist, being desirous to look slender; their hair hangs in curls over the neck; they use a short garment and petticoats, but dress in a larger cloth when they go out. They take snuff out of boxes made from gold and threads."

This extract is taken from the "*Register of the Tribute as recorded under the present dynasty*".

"Ying keih le is a kingdom composed of three islands : it is in the middle of four kingdoms, called Lin yin[11] : Hwang ke, the yellow flag[Denmark], Ho lan, and Fo lang se. The Great Western Ocean[Europ.]worship.the Lord of Heaven; and there are, firstly, She pan ya[Spain], Poo keăh ya[Portugal], the yellow flag, &c; but there are too many kingdoms to nominate them one by one. Ying keih le is a kingdom which produces silver, woollen cloths,[12] camlets, peih ke, or English cloth, called long ells,[13] glass, and other things of this kind."

This extract is taken from the *Hae kwŏ hëen këen läh*, book i. p.34

v. 35 r; and I am sorry to see that in the "Memoirs" it is abbre
-viated in such a manner that the sense is materially changed.

"Ying keih le," says the author of the *Hae kwo hëen këen läh*[l. c.], "is
a realm composed out of three islands. To the west and the
north of the four kingdoms of Lin yin, the Yellow flag, Holan,
and Fo lang se, is the ocean. From Lin yin the ocean takes its
direction to the east, and surrounds Go lo sse[Russia]; and from Go
lo sse, yet more to the east, Se me le[Siberia?]. Through the
northern sea you cannot sail; the sea is frozen, and does not
thaw, and for this reason it is called the Frozen Ocean. From Lin
yin, to the south, are the various empires of the Woo and
Kwei[Crows and Demons], and they all belong to the red-haired people
of the Great Western Ocean. On the west and on the north there
are different barbarians under various names;

but they are, in one word, similar to the Go lo sse[Russians], who
stay in the metropolis[Pekin]. It is said that the Kaou chun peih
mow? are similar to the inhabitants of the Middle Empire; they
are of a vigorous body and an ingenious mind. All that they
produce is fine and strong; their attention is directed to making
fire-arms. They make researches in astronomy and geography,
and generally they do not marry. Every kingdom has a particular
language, and they greet one another by taking off the hat. They

worship," &c.^{The same as p.xxx.}

My copy of the *Hae kwŏ hëen këen läh* was printed in the province Che keang, in the year 1794.

"In the narrative regarding foreign countries, and forming part of the history of the Ming, the English are called Yen go le; in the *Hae kwŏ hëen këen lŭh*, Ying ke le[5272, 6950]; but in the map, the name is now always written Ying keih le[5018, 6947]. In expressing the sound of words we sometimes use different characters. This kingdom lies to the west of Gow lo pa[Europa], and was originally a tributary state to Ho lan[Holland]; but in the course of time it became richer and more powerful than Ho lan, and revolted. These kingdoms are, therefore, enemies. It is not known at what time the Ying keih le grasped the country of North O mŏ le kea[America], which is called Kea no[Canada]. Great Ying keih le is a kingdom of Gow lo pa[Europe].[14] In the twelfth year of Yung ching [1735], they came the first time to Canton for trade. Their country produces wheat, with which they trade to all the neighboring countries. They are generally called Keang heŏ[that is, English ships from India, or country ships], and there arrive many vessels."

This extract is taken from the *Tan chay hëen këen läh*, and it is all that we find regarding England in the Memoirs concerning the south of the Mei ling Mountains[P.18 r. v.]. In the latter extract, the author appears to confound the country trade of India and China with that of the mother country. England is again mentioned in the notice regarding Me le keih[America], taken out of Yuen's History of Canton. It is there said, that the Me le keih passed, in the 52nd year of Këen lung[1788], the Bocca Tigris, and that they then separated from the Ying keih le[P.19 r.] At the end of the extract concerning the Americans[P.190] we read the following words :

"The characters which are used in the writings of these realms are, according to the statements of Ma lo ko, twenty-six; all sounds can be sufficiently expressed by these characters. Every realm has large and small characters; they are called La ting characters, and La te na[Latin] characters."

It is pleasing to observe that his Excellency Yuen had some knowledge of Dr. Morrison's Dictionary. In the third part of his Dictionary, Dr. Morrison has given, in Chinese, a short and clear notice concerning the European alphabet. Yuen seems to have taken his statements from this notice, and to have written the name of the author, by a mistake, Ma lo ko, for Ma le so, as Dr.

Morrison is generally called by the Chinese.

The Man ying, the Double Eagle, or Austrians.

"The Man ying passed the Bocca Tigris the first time in the 45th year of Këen lung[1781], and are called Ta chen[Teutchen]. They have accepted the religion of the Lord of Heaven. In customs and manners they are similar to the Se yang, or Portuguese; they are the brethren of the Tan ying, or Single eagle kingdom[Prussia]; in difficulties and distress they help one another. Their ship which came to Canton had a white flag, on which an eagle was painted with two heads."

This extract is taken from the History of Yuen. I take the liberty to observe, that the Chinese scholar must be careful not to take the Sui chen, or Chen kwŏ[the Swedes], for the Ta chen[the Teutchen]. In the Memoirs, l. c. p.19 v., we read the following notice on the Chen kwŏ[the Swedes]:

"The Chen realm is also called Tan[Denmark] realm, and now the yellow flag. This country is opposite to that of the Ho lan, and a little farther off from the sea. There are two realms called Sui chen, and they border both on the Go lo sse, or Russia. They passed the Bocca Tigris the first year of Këen lung[1765]."

The Tan ying, the Single Eagle or Prussians.

"The Tan ying passed the Bocca Tigris the 52d year of Këen lung[1788]. They live to the west and north of the Man ying[Austrians]. In customs and manners they are similar to them. On their ship, flies a white flag, on which an eagle is painted."

This last extract is also taken from the History of Canton, published by his Excellency Yuen.

If we consider how easily the Chinese could procure information regarding foreign countries during the course of the two last centuries, and then see how shamefully they let pass all such opportunities to inform and improve themselves, we can only look upon these proud slaves of hereditary customs with the utmost disgust and contempt. The ancient Britons and Germans had no books; yet what perfect descriptions of those barbarian nations have been handed down to us by the immortal genius of Tacitus! Montesquieu says, that "in C æ sar and Tacitus we read the code of barbarian laws; and in the code we read C æ sar and Tacitus." In the statement of the modern Chinese regarding foreign nations, we see, on the contrary, both the want of enquiry, and the childish remarks of unenlightened and uncultivated minds.[15]

YING HING SOO's PREFACE

In the summer of the year Ke sze[1809],[16] I returned from the capital, and having passed the chain of mountains,[17] I learned the extraordinary disturbances caused by the Pirates. When I came home I saw with mine own eyes all the calamities; four villages were totally destroyed; the inhabitants collected together and made preparations for resistance. Fighting at last ceased on seas and rivers : families and villages rejoiced, and peace was every where restored. Hearing of our naval transactions, every man desired to have them written down in a history; but people have, until this day, looked in vain for such a work.

Meeting once, at a public inn in Whampo,[18] with one Yuen tsze, we conversed together, when he took a volume in his hand, and asked me to read it. On opening the work, I saw that it contained a History of the Pirates; and reading it to the end, I found that the occurrences of those times were therein recorded from day to day, and that our naval transactions are there faithfully reported. Yuen tsze supplied the defect I stated before, and anticipated what had occupied my mind for a long time. The affairs concerning the robber Lin are described by the non-official historian Lan e, in his Tsing yĭh ke, viz. in the

History of the Pacification of the Robbers.[19] Respectfully looking to the commands of heaven, Lan e made known, for all future times, the faithful and devoted servants of government. Yuen tsze's work is a supplement to the History of the Pacification of the Robbers, and you may rely on whatever therein is reported, whether it be of great or little consequence. Yuen tsze has overlooked nothing; and I dare to say, that all people will rejoice at the publication. Having written these introductory lines to the said work, I returned it to Yuen tsze.[20]

Written at the time of the fifth summer moon, the tenth year of Tao kwang, called Kăng yin[September 1830].

A respectful Preface of Ying hing Soo, from Peih keang.

KING CHUNG HO's PREFACE[21]

My house being near the sea, we were, during the year Ke sze of Këa king[1809], disturbed by the Pirates. The whole coast adjoining to our town was in confusion, and the inhabitants dispersed; this lasting for a long time, every man felt annoyed at it. In the year Kăng yin[1830] I met with Yuen tsze yung lun at a public inn within the walls of the provincial metropolis[Canton]. He showed me his History of the Pacification of the Pirates, and asked me to write a Preface to the work; having been a schoolfellow of his in my tender age, I could not refuse his request. Opening and reading the volume, I was moved with recollections of occurrences in former days, and I was pleased with the diligence and industry of Yuen keun[22] The author was so careful to combine what he had seen and heard, that I venture to say it is an historical work on which you may rely.

We have the collections of former historians, who in a fine style described things as they happened, that by such faithful accounts the world might be governed, and the minds of men enlightened. People may learn by these vast collections[23] what should be done, and what not. It is, therefore, desirable that facts may be arranged in such a manner, that books should give a faithful account of what happened. There are magistrates who risk their life, excellent females who maintain their virtue, and celebrated individuals who protect their native places with a strong hand; they behave themselves valiantly, and overlook private considerations, if the subject concerns the welfare of the people at large. Without darkness, there is no light; without virtue, there is no splendour. In the course of time we have heard of many persons of such qualities; but how few books exist by which the authors benefit their age!

This is the Preface respectfully written by King chung ho, called Sin joo min,[24] at the time of the second decade, the first month of the autumn, the year Kăng yin[September 1830] of Tao kwang.[25]

THE HISTORY OF THE CHINESE PIRATES
: BOOK FIRST

There have been pirates from the oldest times in the eastern sea of Canton; they arose and disappeared alternately, but never were they so formidable as in the years of Këa king,[26] at which time, being closely united together, it was indeed very difficult to destroy them. Their origin must be sought for in Annam.[27] In the year fifty-six of Këen lung[1792], a certain Kwang ping yuen, joined by his two brothers, Kwang e and Kwang kwŏ, took Annam by force, and expelled its legitimate king Wei ke le.[28] Le retired into the province Kwang se, and was made a general by our government. But his younger brother Fuh ying came in the sixth year of Këa king[1802] with an army from Siam and Laos,[29] and killed Kwang ping in a great battle. The son of the usurper, called King shing, went on board a ship with the minister Yew kin meih, and Meih joined the pirates, Ching tsih, Tung hae pa, and others, who rambled about these seas at this time. The pirate Ching tsih was appointed a king's officer, under the name of master of the stables. King shing, relying on the force of his new allies, which consisted of about two hundred vessels, manned with a resolute and warlike people, returned in the twelfth moon of the same year[1803] into that country with an armed force, and joined by Ching tsih, at night time took possession of the bay of Annam. The legitimate king Fuh ying collected an army, but being beaten repeatedly, he tried in vain to retire to Laos.

Ching tsih being a man who had lived all his life on the water, behaved himself, as soon as he got possession of the bay of Annam, in a tyrannical way to the inhabitants; he took what he liked, and, to say it in one word, his will alone was law. His followers conducted themselves in the same manner; trusting to their power and strength, they were cruel and violent against the people; they divided the whole population among them -selves, and took their wives and daughters by force. The inhabitants felt very much annoyed at this behaviour, and attached themselves more strongly to Fuh ying. They fixed a day on which some of the king's officers should make an attack on the sea-side, while the king himself with his general was to fight the van of the enemy, the people to rise en masse, and to run to arms, in order that they should be overwhelming by their numbers. Fuh ying was delighted at these tidings, and on the appointed day a great battle was fought, in which Ching tsih not being able to superintend all from the rear-guard to the van, and the people pressing besides very hard towards the centre, he was totally vanquished and his army destroyed. He himself died of a wound which he received in the battle. His younger brother Ching yĭh, the usurper, King shing, and his nephew Pang shang, with many others ran away. Ching yĭh, their chief, joined the pirates with his followers, who in these times robbed and plundered on the ocean indiscriminately. This was a very prosperous period for the pirates. So long as Wang pĕaou remained admiral in these seas, all was peace and quietness both on the ocean and the sea-shore. The admiral gained repeated victories over the bandits; but as soon as Wang pĕaou died, the pirates divided themselves into different squadrons, which sailed under various colours. There existed six large squadrons, under different flags, the red, the yellow, the green, the blue, the black, and the white. These wasps of the ocean were called after their different commanders, Ching yĭh, Woo che tsing, Meih yew kin, O po tai, Lĕang paou, and Le shang tsing. To every one of these large squadrons belonged smaller ones, commanded by a deputy. Woo che tsing, whose nickname was Tung hae pa, the Scourge of the Eastern Sea,[30] was commander of the yellow flag, and Le tsung hoo his deputy. Meih yew kin and Nĕaou shih, who for this reason was called Bird and stone, were the commanders of the blue flag, and their deputies Meih's brethren, Yew kwei and Yew kĕe. A certain Hae kang and another person Hwang ho, were employed as spies.

O po tai, who afterwards changed his name to Lustre of ins
-truction,[31] was the commander of the black flag, and Ping
yung ta, Chang jih këaou, and O tsew he, were his deputies.
Lëang paou, nicknamed Tsung ping paou, The jewel of the
whole crew, was the commander of the white flag. Le shang
tsing, nicknamed The frog's meal, was the commander of the
green; and Ching yïh of the red flag. Every flag was appointed
to cruise in a particular channel. There was at this time a gang
of robbers in the province Fo këen, known by the name of Kwei
këen[6760, 5822]; they also joined the pirates, who became so
numerous that it was impossible to master them. We must in
particular mention a certain Chang paou, a notorious character
in after-times. Under Chang paou were other smaller squa
-drons, commanded by Suh ke lan (nicknamed Both odour and
mountain) Lëang po paou, Suh puh gow, and others. Chang paou
himself belonged to the squadron of Ching yïh saou, or the wife
of Ching yïh,[32] so that the red flag alone was stronger than all
the others united together.

There are three water passages or channels along the sea-
shore, south of the Mei ling mountains;[33] one goes eastward to
Hwy and Chaou;[34] the other westward to Kao, Lëen, Luy, Këung,
Kin, Tan, Yae and Wan;[35] and a third between these two, to
Kwang and Chow.[36] The ocean surrounds these passages, and

here trading vessels from all the world meet together, wherefore this track is called "The great meeting from the east and the south." The piratical squadrons dividing between them the water passages and the adjoining coasts, robbed and carried away all that fell into their hands. Both the eastern and the middle passage have been retained by the three piratical squadrons, Ching yĭh saou, O po tae, and Leang paou; the western passage was under the three others, nicknamed Bird and stone, Frog's meal, and the Scourge of the eastern sea. Peace and quietness was not known by the inhabitants of the sea-coast for a period of ten years. On the side from Wei chow and Neaou chow[37] farther on to the sea, the passage was totally cut off; scarcely any man came hither. In this direction is a small island, surrounded on all sides by high mountains, where in stormy weather a hundred vessels find a safe anchorage; here the pirates retired when they could not commit any robberies. This land contains fine paddy fields, and abounds in all kinds of animals, flowers, and fruits. This island was the lurking-place of the robbers, where they stayed and prepared all the stores for their shipping.

Chang paou was a native of Sin hwy, near the mouth of the river,[38] and the son of a fisherman. Being fifteen years of age, he went with his father a fishing in the sea, and they were consequently taken prisoners by Ching yĭh, who roamed about the mouth of the river, ravaging and plundering. Ching yĭh saw Paou, and liked him so much, that he could not depart from him. Paou was indeed a clever fellow — he managed all business very well; being also a fine young man, he became a favourite of Ching yĭh,[39] and was made a head-man or captain. It happened, that on the seventeenth day of the tenth moon, in the twentieth year of Këa king about the end of 1807, Ching yĭh perished in a heavy gale, and his legitimate wife Shĭh placed the whole crew under the sway of Paou; but so that she herself should be considered the Commander of all the squadrons together, — for this reason the division Ching yĭh was then called Ching yĭh saou, or the wife of Ching yĭh.[40] Being chief captain, Paou robbed and plundered incessantly, and daily increased his men and his vessels. He made the three following regulations :

First : If any man goes privately on shore, or what is called transgressing the bars, he shall be taken and his ears be perforated in the presence of the whole fleet; repeating the same act, he shall suffer death.

Second : Not the least thing shall be taken privately from the stolen and plundered goods. All shall be registered, and the pirate receive for himself, out of Page 14, ten parts, only two; eight parts belong to the storehouse, called the general fund; taking any thing out of this general fund, without permission, shall be death.

Third : No person shall debauch at his pleasure captive women taken in the villages and open places, and brought on board a ship.he must first request the ship's purser for permission, and then go aside in the ship's hold. To use violence against any woman, or to wed her without permission, shall be punished with death.[41]

That the pirates might never feel want of provisions, Chang paou gained the country people to their interest. It was ordered, that wine, rice, and all other goods, should be paid for to the villagers; it was made capital punishment to take any thing of this kind by force or without paying for it. For this reason the pirates were never in want of gunpowder, provisions, and all other necessaries. By this strong discipline the whole crew of the fleet was kept in order.

The wife of Ching yĭh was very strict in every transaction; nothing could be done without a written application. Anything which had been taken, or plundered, was regularly entered on the register of the storehouse. The pirates received out of this common fund what they were in need of, and nobody dared to have private possessions. If on a piratical expedition any man left the line of battle, whether by advancing or receding, every pirate might accuse him at a general meeting, and on being found guilty, he was beheaded. Knowing how watchful Chang paou was on every side, the pirates took great care to behave themselves well.

The pirates used to call the purser, or secretary of the store -house, Ink and writing master; and they called their piratical plunder only a transhipping of goods.

There was a temple in Hwy chow dedicated to the spirits of the three mothers,[42] near the sea-coast, and many came thither to worship. The pirates visited this place whenever they passed it with their vessels, pretending to worship; But this was not the case — they thought of mischief, and had only their business to attend. Once they came with the commander at their head, as if to worship, but they laid hold on the image or statue to take it away. They tried in vain from morning to the evening, — they were all together not able to move it. Chang paou alone[43] was able to raise the image, and being a fair wind, he gave order to bring it on board a ship. All who were concerned in this transaction feared to find, from the wrath of the spirit, their death in the piratical expeditions. They all prayed to escape the vengeance of heaven.

On the seventh moon of the thirteenth year, the naval officer of the garrison at the Bocca Tigris,[44] Kwŏ lang lin, sailed into the sea to fight the pirates.[45] Chang paou was informed by his spies of this officer's arrival, and prepared an ambush in a sequestered bay. He met Kwŏ lang on a false attack, with a few vessels only; but twenty-five vessels came from behind, and the pirates surrounded Kwŏ lang's squadron in three lines near Ma chow yang.[46] There followed a fierce battle, which lasted from the morning to the evening; it was impossible for Kwŏ lang to break through the enemy's lines, and he determined to die fighting. Paou advanced; but Lang fought exceedingly hard against him. He loaded a gun and fired it at Paou, who perceiving the gun directed against him, gave way. Seeing this, the people thought he was wounded and dying; but as soon as the smoke vanished Paou stood again firm and upright, so that all thought he was a spirit. The pirates instantly grappled Kwŏ lang's ship; Paou was the foremost, and Leang po paou the first to mount the vessel; he killed the helmsman, and took the ship. The pirates crowded about; the commander Kwŏ lang engaging with small arms, much blood was shed. This murderous battle lasted till night time; the bodies of the dead surrounded the vessels on all sides, and there perished an immense number of the pirates. Between three and five o'clock the pirates had destroyed or sunk three of our vessels. The other officers of

Kwŏ being afraid that they also might perish in the sea, displayed not all their strength; so it happened that the pirates making a sudden attack, captured the whole remaining fifteen vessels. Paou wished very much that Kwŏ lang would surrender, but Lang becoming desperate, suddenly seized the pirate by the hair, and grinned at him. The pirate spoke kindly to him, and tried to soothe him. Lang, seeing himself deceived in his expectation, and that he could not attain death by such means, committed suicide, — being then a man of seventy years of age. Paou had really no intention to put Kwŏ lang to death, and he was exceedingly sorry at what happened. "We others," said Paou, "are like vapours dispersed by the wind; we are like the waves of the sea, roused up by a whirlwind; like broken bamboo-sticks on the sea, we are floating and sinking alternately, without enjoying any rest. Our success in this fierce battle will, after a short time, bring the united strength of government on our neck. If they pursue us in the different windings and bays of the sea — they have maps of them[47] — should we not get plenty to do? Who will believe that it happened not by my command, and that I am innocent of the death of this officer? Every man will charge me with the wanton murder of a commander, after he had been vanquished and his ships taken? And they who have escaped will magnify my cruelty.[48] If I am charged with the murder of this officer, how could I venture, if I should wish in future times, to submit myself? Would I not be treated according to the supposed cruel death of Kwŏ lang?"

At the time that Kwŏ lang was fighting very bravely, about ten fisher-boats asked of the major Pang noo of the town Hëang shan,[49] to lend them the large guns, to assist the commander; but the major being afraid these fishermen might join the pirates,[50] refused their request. And thus it happened, that the commander himself perished with many others. There were in the battle three of my friends : the lieutenant Tao tsae lin, Tseŏ tang hoo, and Ying tang hwang, serving under the former. Lin and Hoo were killed, but Hwang escaped when all was surrounded with smoke, and he it was who told me the whole affair.

On the eighth moon the general Lin fa went out as commander to make war against the pirates; but on seeing that they were so numerous, he became afraid, and all the other officers felt apprehensions; he therefore tried to retire, but the pirates pursued after, and came up with him near a place called Olang pae.[51] The vessels in the front attacked the pirates, who were not able to move, for there happened to be a calm. But the pirates leaped into the water, and came swimming towards our vessels. Our commander not being able to prevent this by force, six vessels were taken; and he himself, with ten other men, were killed by the pirates.

A very large trading vessel called Teaou fa, coming back laden with goods from Annam and Tung king,[52] had a desperate skirmish with the pirates. Chang paou, knowing very well that he could not take her by force, captured two ferry boats, and the pirates concealed themselves therein. Under the mask of ferrymen the pirates pursued after, and called upon Teaou fa to stop. Fa, confident in her strength, and that victory would be on her side, let the ferrymen come near, as if she had not been aware of the deceit. But as soon as the pirates laid hold of the ropes to board her, the trader's crew made a vigorous resistance, and the pirates could not avail themselves of their knives and arrows—guns they had not—the vessel being too large. There were killed about ten hands in attacking this vessel, and the pirates retired to their boat; a circumstance which never happened before.

On the second moon of the fourteenth year, the admiral Tsuen mow sun went on board his flag vessel, called Mih teng, and proceeded with about one hundred other vessels to attack the pirates. They were acquainted with his design by their spies, and gathered together round Wan shan;[53] the admiral following them in four divisions. The pirates, confident in their numbers, did not withdraw, but on the contrary spread out their line, and made a strong attack. Our commander looked very lightly on them, yet a very fierce battle followed, in which many were killed and wounded. The ropes and sails having been set on fire by the guns,[54] the pirates became exceeding afraid and took them away. The commander directed his fire against the steerage, that they might not be able to steer their vessels. Being very close one to the other, the pirates were exposed to the fire of all the four lines at once. The pirates opened their eyes in astonishment and fell down; our commander advanced courageously, laid hold of their vessels, killed an immense number of men, and took about two hundred prisoners. There was a pirate's wife in one of the boats, holding so fast by the helm that she could scarcely be taken away. Having two cutlasses, she desperately defended herself, and wounded some soldiers; but on being wounded by a musket-ball, she fell back into the vessel and was taken prisoner.

About this time, when the red squadron was assembled in Kwang chow wan, or the Bay of Kwang chow, Tsuen mow sun went to attack them; but he was not strong enough. The wife of Ching yĭh remained quiet; but she ordered Chang paou to make an attack on the front of our line with ten vessels, and

Lëang po paou to come from behind. Our commander fought in the van and in the rear, and made a dreadful slaughter; but there came suddenly two other pirates, Hëang shang url, and Suh puh king, who surrounded and attacked our commander on all sides. Our squadron was scattered, thrown into disorder, and consequently cut to pieces; there was a noise which rent the sky; every man fought in his own defence, and scarcely a hundred remained together. The squadron of Ching yĭh overpowered us by numbers; our commander was not able to protect his lines, they were broken, and we lost fourteen vessels.

Our men of war, escorting some merchant vessels, in the fourth moon of the same year, happened to meet the pirate nicknamed The Jewel of the whole crew, cruizing at sea near a place called Tang pae kĕ, outside of Tsëaou mun. The traders became exceedingly frightened, but our commander said : "This not being the red flag, we are a match for them, therefore we will attack and conquer them." Then ensued a battle; they attacked each other with guns and stones, and many people were killed and wounded. The fighting ceased towards the evening, and began again next morning. The pirates and the men of war were very close to each other, and they boasted mutually about their strength and valour. It was a very hard fight; the sound of cannon and the cries of the combatants were heard some le[55] distant. The traders remained at some distance; they saw the pirates mixing gun-powder in their beverage, — they looked instantly red about the face and the eyes, and then fought desperately[56] This fighting continued three days and nights incessantly; at last becoming tired on both sides, they separated.

On the eighth day of the fifth moon the pirates left their lurking place, attacked Kan chuh han, and burned and plundered the houses. On the tenth they burned and plundered Kew këang, Sha kow, and the whole sea-coast; they then turned about to Këe chow, went on shore, and carried away fifty-three women by force. They went to sea again the following day, burned and plundered on their way about one hundred houses in Sin hwy and Shang sha, and took about a hundred persons of both sexes prisoners.

On the sixth moon, the admiral Ting kwei heu went to sea. Wishing to sail eastward, but falling in with heavy rains for some days, he stopped near Kwei këa mun,[57] and engaged in settling concerning his ballast. On the eighth day of this moon, Chang paou, availing himself of the bad weather, explored the station in a small boat and passed the place. Ting kwei was right in thinking that the pirates would not undertake any thing during these heavy rains; but he was careless regarding what might happen after it. Indeed, as the weather cleared up on the morning of the ninth, Chang paou appeared suddenly before the admiral, and formed a line of two hundred vessels. Ting kwei having no sails ready, and all the ships being at anchor, could by no means escape the pirates. The officers, being afraid of the large number of the enemy, stood pale with apprehension near the flagstaff, unwilling to fight. The admiral spoke to them in a very firm manner, and said : "By your fathers and mothers, by your wives and children, do your duty; fight and destroy these robbers. Every man must die : but should we be so happy as to escape, our rewards from government will be immense. Should we fall in the defence of our country, think that the whole force of the empire will be roused, and they will try by all means to destroy these banditti." They now all united together in a furious attack, and sustained it for a long time : Ting kwei fired his great guns,[58] and wounding the ringleader, nicknamed The Jewel of the whole crew, he fell down dead.

The pirates were now at a loss how to proceed; but they received succour, while the force of our commander dimi -nished every moment. About noon Paou drew nearer to the vessel of Ting kwei, attacked her with small arms, and sustained a great loss. But Lëang po paou suddenly boarded the vessel, and the crew was thrown into disorder. Ting kwei seeing that he was unable to withstand, committed suicide; while an immense number of his men perished in the sea, and twenty-five vessels were lost.

Our former deputy-governor Pih ling was about this time removed from his situation in the three Këang to become governor-general of the two Kwang.[59] People said, now that Pih comes we shall not be overpowered by the pirates. Old men crowded about the gates of the public offices to make enquiries; the government officers appeared frightened and held consultations day and night, and the soldiers were ordered by a public placard to hold themselves ready to march. "Since the death of Wang pëaou," it was said, "all commanders were unfortunate. Last year Kwǒ lang lin was killed in the battle at Ma chow; Tsuen mow sun was unlucky at Gaou kow, Url lin ran away like a coward at Lang pae, and now Ting kwei has again been routed at Kwei këa. If the valiant men let their spirits droop, and the soldiers themselves become frightened at these repeated defeats, the pirates will certainly overpower us at last; we can really not look for any assistance to destroy them. We must try to cut off all provisions, and starve them." In consequence of this, all vessels were ordered to remain, or to return into harbour, that the pirates might not have any opportunity to plunder, and thus be destroyed by famine. The government officers being very vigilant about this regulation, the pirates were not able to get provisions for some months; they became at last tired of it, and resolved to go into the river itself.[60]

The pirates came now into the river by three different passages.[61] The wife of Ching yĭh plundered about Sin hwy, Chang paou about Tung kwan,[62] and O po tae about Fan yu[63] and Shun tih, and all other smaller places connected with Shun tih; they were together explored by the pirates, who guarded the passage from Fan to Shun.

On the first day of the seventh moon, O po tae came with about a hundred vessels and burnt the custom-house of Tsze ne. On the second day he divided his squadron into four divisions, extending to Peih këang, Wei yung, Lin yo, Shĭh peih, and other villages. The Chang lung division[64] surrounded the whole country from Ta wang yin to Shwy sse ying. The Ta chow, or large-vessel division, blockaded Ke kung shĭh, which is below the custom-house of Tsze ne. The pirates sent to the village Tsze ne, demanding ten thousand pieces of money[65] as tribute; and of San shen, a small village near Tsze ne on the right side, they demanded two thousand. The villagers differed in opinion; one portion would have granted the tribute, another would not. That part who wished to pay the tribute said : "The pirates are very strong; it is better to submit ourselves now, and to give the tribute that we may get rid of them for awhile; we may then with leisure think on means of averting any misfortunes which may befall us. Our villages are near the coast, we shall be surrounded and compelled to do what they like, for no passage is open by which we can retire. How can we, under such circumstances, be confident and rely on our own strength?"

The other part, who would not grant the tribute, said : "The pirates will never be satisfied; if we give them the tribute now, we shall not be able to pay it on another day. If they should make extortions a second time, when should we get money to comply with their demands? Why should we not rather spend the two thousand pieces of money to encourage government officers and the people? If we fight and happen to be victorious, our place will be highly esteemed; but if, what heaven may prevent, we should be unlucky, we shall be everywhere highly spoken of." The day drew to its end, and they could not agree in what they should determine on, when one villager arose and said : "The banditti will repeatedly visit us, and then it will be impossible to pay the tribute; we must fight."

As soon as it was resolved to resist the demands of the pirates, weapons were prepared, and all able men, from sixteen years and upwards to sixty, were summoned to appear with their arms near the palisades. They kept quiet the whole of the second day, and proceeded not to fighting; but the people were much disturbed, and did not sleep the whole night. On the following day they armed and posted themselves on the sea-coast. The pirates, seeing that the villagers would not pay the tribute, became enraged, and made a severe attack during the night; but they could not pass the ditch before the village. On the morning of the fourth, O po tae headed his men, forced the ditch, took the provisions, and killed the cattle. The pirates in great numbers went on shore; but the villagers made such a vigorous resistance that they began to withdraw. O po tae therefore surrounded the village on both sides, and the pirates took possession of the mountain in the rear; they then threw the frightened villagers into disorder, pursued them, and killed about eighty. After this the pirates proceeded with their van to the sea-shore, without encountering any resistance from the front. The villagers were from the beginning very much alarmed for their wives and daughters; they collected them in the temple and shut it up. But the pirates being victorious, opened the temple, and carried the women by force all away on board ship.

One pirate set off with two very fine women; a villager, on seeing this, pursued after and killed him in a hidden place. He then took the women and carried them safe through the water, —this was a servant. A great number of the pirates were killed and wounded, and the villagers lost about two thousand persons. What a cruel misfortune! it is hard indeed only to relate it.

On the third day of the moon the people of Ta ma chow, hearing that the pirates were coming near, ran away. The pirates plundered all that was left behind, clothes, cattle, and provisions. On the sixth day they came so far as Ping chow and San shan. On the eighth they retired to Shaou wan, made an attack upon it on the ninth, but could not take it. On the tenth they ascended the river with the tide, went on shore, and burned Wei shih tun. On the eleventh day they came to our village, but retired again at night on command. On the twelfth they attacked Hwang yung, and left it again on the thirteenth. They retired on the fourteenth, and stopped at Nan pae. On the fifteenth they sailed out of the Bocca Tigris,[66] and on the twenty-sixth attacked the ship which bring the tribute from Siam,[67] but were not strong enough to capture them. On the twenty-ninth they attacked the places Tung hwan and Too shin, and killed nearly a thousand men.

The pirates tried many stratagems and frauds to get into the villages. One came as a country gentleman to take charge of the government guns; another came in a government vessel as if to assist the village; after which they on a sudden attacked and plundered all, when people were not aware of them. One pirate went round as a pedlar, to see and hear all, and to explore every place. The country people became therefore at last enraged, and were in future always on their guard. If they found any foreigner, they took him for a pirate and killed him. So came once a government officer on shore to buy rice; but the inhabitants thought he was a pirate and killed him. There was every where a degree of confusion, which it is impossible to explain.

On the sixteenth day of the seventh moon, the pirates attacked a village near Tung kwan. The villagers knowing what would happen, made fences and palisades, and obstructed the passage with large guns. Armed with lances and targets they hid themselves in a secret place, and selected ten men only to oppose the pirates. The pirates seeing that there were so few people, went on shore to pursue them. As soon as they came near the ambuscade the guns were fired; the pirates became alarmed and dared not advance farther. Not being hurt by the fire, they again advanced; but three pirates presuming that there was an ambush, thought of retreating, and being very hard pressed by the enemy, they gave a sign to their comrades to come on shore. The ten villagers then retired near the ambush, and when the pirates pursued them, about a hundred were killed by their guns, and the whole force of the banditti was brought into disorder. The villagers pursued them killing many; those also who had been taken alive were afterwards beheaded. They captured one small and two large vessels.[68]

On the eighteenth day of the eighth moon the wife of Ching yĭh came with about five hundred vessels from Tung kwan and Sin hwy, and caused great commotion in the town Shun tih, Hëang shan, and the neighbouring places. The squadron stopped at Tan chow, and on the twentieth Chang pao was ordered to attack Shaou ting with three hundred vessels. He carried away about four hundred people, both male and female; he came also to the palisades of our village, but could not penetrate inside. The twenty-first he came to Lin tow, and the twenty-second to Kan shin; he made an attack, but could not overpower the place; he then returned to Pwan pëen jow, and lay before its fence. The inhabitants of Chow po chin, knowing that the pirates would make an attack, assembled behind the wall to oppose them. The pirates fired their guns and wounded some, when the villagers ran away. The pirates then went on shore, but the villagers crowded together and fired on them;

the pirates cast themselves on the ground, and the shots passed over their heads without doing any harm. Before the gunners could again load, the pirates sprang up and put them to death. Out of the three thousand men who were in the battle, five hundred were carried away by the pirates. One of the most daring pirates, bearing the flag, was killed by the musket of a villager; a second pirate then took the flag, and he also was killed. The pirates now pressed against the wall and advanced. There was also a foreign pirate[69] engaged in the battle with a fowling-piece. The pirates assembled in great numbers to cut the wall with their halberts, but they were disappointed on seeing they could not attain their object in such a manner. The pirates lost their hold, fell down, and were killed. The engagement now became general, and great numbers were killed and wounded on both sides. The villagers at last were driven from their fortifications, and the pirates pursued them to Mih ke, or the rocks about Mih, where they were hindered from going farther by foggy weather; they retired and burned about twenty houses, with all they contained. On the following day the pirates appeared again on the shore, but the inhabitants made a vigorous resistance, and being driven back, they retired to the citadel Chih hwa, where a thousand of them fought so hard that the pirates withdrew. It was reported that ten of them were killed, and that the villagers lost eight men. On the twenty-third the wife of Ching yĭh ordered O po tae to go up the river with about eighty vessels : he stopped at Show ke and Kung shih. On the twenty-fourth Chang paou and po tae divided this district between themselves, and robbed and burned all. Pao had to plunder the north part to Fo shin; he carried away about ten thousand stones of rice,[70] and burned down about thirty houses; on the twenty-fifth he went to Se shin. O po tae came and burnt San heung keih; he then plundered Hwang yung, and came to Këen ke, but did not make an attack against it. He afterwards returned and laid waste Cha yung.

On the twenty-sixth Chang paou went up the river to Nan hae[71] and Lan shĭh. In the harbour of the place were six rice vessels; and as soon as Paou was in Lan shĭh he made prepa-rations to capture these vessels. The military officer, seeing that the pirates were numerous, remained however on his station, for the instant he would have moved, Paou would have attacked and captured him. Paou proceeded then against the village itself; but the officer Ho shaou yuen headed the inhabitants, and made some resistance. The pirates, nevertheless, mounted the banks; and the villagers seeing their strength, did not stay to fight — they became frightened and ran away : all the others ran away without making any resistance : Ho shaou yuen alone opposed the banditti with a handful of people; but he at last fell fighting, and the pirates burnt four hundred shop.and houses, and killed about ten persons. After the pirates had retired, the inhabitants held in high esteem the excellent behaviour of Ho shaou yuen; they erected him a temple, and the deputy-governor Han fung performed sacrifices to his memory.

Shaou yuen was commanding officer in the citadel of Lan shih; he was of an active spirit, and erected strong fences. Before the pirates arrived, this was his daily discourse when he spoke to the people : "I know that I shall be glorified this year by my death." Half the year being already passed, it could not be seen how this prophecy was to be fulfilled. When the pirates came, he encouraged the citizens to oppose them vigorously; he himself girded on his sword and brandished his spear, and was the most forward in the battle. He killed many persons; but his strength failed him at last, and he was himself killed by the pirates. The villagers were greatly moved by his excellent behaviour; they erected him a temple, and said prayers before his effigy. It was then known what he meant, that "he would be glorified in the course of the year." Now that twenty years are passed, they even honour him by exhibiting fire-works. I thought it proper to subjoin this remark to my history.[72]

On the twenty-seventh, Lin sun mustered about forty vessels, and went out to fight with the pirates in order to protect the water passage. He remained at Kin kang^{which is near Shaou wan hae}, hid himself westerly of that place the whole day, and removed then to Tsze ne. Chang paou ordered his vessels to remove to Shaou ting, and his men to go on shore in the night-time. Sun, seeing with sorrow that the pirates were so numerous, and that he could not make any effectual resistance, ran away eastwards and hid himself at Peih keang. At daylight the following morning the pirates sailed to Tsze ne to attack our commander, but not finding him, they stopped at Shaou ting; for this being the time when the autumnal winds begin to blow, they were afraid of them, and made preparations to retire. But we shall soon find the different flags returning to the high sea to fight both with extraordinary courage and great ferocity.[73]

On the twenty-ninth they returned to plunder Kan shin; they went into the river with small vessels, and the inhabitants opposing them, wounded two pirates, which all the pirates resented. They next came with large vessels, surrounded the village, and made preparations to mount the narrow passes. The inhabitants remained within the intrenchments, and dared not come forward. The pirates then divided their force according to the various passes, and made an attack. The inhabitants prepared themselves to make a strong resistance near the entrance from the sea on the east side of the fence; but the pirates stormed the fence, planted their flag on the shore, and then the whole squadron followed. The inhabitants fought bravely, and made a dreadful slaughter when the pirates crossed the entrance at Lin tow. The boxing-master, Wei tang chow, made a vigorous resistance, and killed about ten pirates. The pirates then began to withdraw, but Chang paou himself headed the battle, which lasted very long. The inhabitants were not strong enough. Wei tang was surrounded by the pirates; nevertheless that his wife fought valiantly by his side. On seeing that they were surrounded and exhausted, the father of the lady[74] rushed forward and killed some pirates. The pirates then retired in opposite directions, in order to surround their opponents in such a manner that they might not escape, and could be killed without being able to make any resistance; and thus it happened, the wife of Wei tang being slain with the others.

The pirates now pursued the inhabitants of the place, who cut the bridge and retired to the neighbouring hills. The pirates swam through the water and attacked the inhabitants, who were unable to escape. The whole force of the pirates being now on shore, the inhabitants suffered a severe loss, —it is supposed about a hundred of them were killed; the loss of the pirates also was considerable.

The pirates went in four divisions to plunder; they took here an immense quantity of clothes and other goods, and carried away one thousand one hundred and forty captives of both sexes. They set on fire about ten houses; the flames could not be extinguished for some days; in the whole village you could not hear the cry of a dog or a hen. The other inhabitants retired far from the village, or hid themselves in the fields. In the paddy fields about a hundred women were hidden, but the pirates on hearing a child crying, went to the place and carried them away. Mei ying, the wife of Ke choo yang, was very beautiful, and a pirate being about to seize her by the head, she abused him exceedingly. The pirate bound her to the yard-arm; but on abusing him yet more, the pirate dragged her down and broke two of her teeth, which filled her mouth and jaws with blood. The pirate sprang up again to bind her. Ying allowed him to approach, but as soon as he came near her, she laid hold of his garments with her bleeding mouth, and threw both him and herself into the river, where they were drowned, The remaining captives of both sexes were after some months liberated, on having paid a ransom of fifteen thousand leang or ounces of silver.

Travelling once to Pwan pĕen jow I was affected by the virtuous behaviour of Mei ying, and all generous men will, as I suppose, be moved by the same feelings. I therefore composed a song, mourning her fate :

Chĕn kĕ kīn seāou hĕĕ,
Chúy szē chūng soó mĕèn.
Tāng shĕ shwăy fàn leĭh,
Yĕw nèu tăh nāng tsūy;
Tsĕĕn hĕuĕ yīng kwáng nĕĕ,[75]
Yuĕn keă yuĕn shwăy weī.
Shwūy hwăn p.shàng heà,
Yīng lĕe sháng pèi hwūy.

Cease fighting now for a while!
Let us call back the flowing waves!
Who opposed the enemy in time?
A single wife could overpower him.
Streaming with blood, she grasped the mad offspring of guilt,
She held fast the man and threw him into the meandering stream.
The spirit of the water, wandering up and down on the waves,
Was astonished at the virtue of Ying.

My song is at an end!

Waves meet each other continually.

I see the water green as mountain Peih,

But the brilliant fire returns no more![76]

How long did we mourn and cry![77]

BOOK SECOND

On the thirteenth day of the ninth moon our Admiral Tsuen mow sun mustered about eighty vessels to go to Shaou wan, and obstruct the passage. The pirates heard of these preparations, and on the night of the fourteenth every vessel of the different flags was ordered to go to Shaou wan. Their order was, that being within ten le from the place, they should stop and prepare themselves to begin the battle when it was dark. From the first night watch the cannon began to fire, and only ceased with daylight. At the end of the day the cannon were again roaring without any intermission, and the country people mounted on the green Lo shang, to look at the progress of the fight. They saw the wrecks of vessels floating on the sea, the waves were rolling, the bullets flying, and the cries of dying people mounted to the skies. The vallies re-echoed the noise; beasts and birds[78] started alarmed, and found no place where they might repose themselves. The vessels were thrown into disorder, and our army was pressed down by the overpowering force of the enemy. Our commander lost four vessels, but the palisade before the village could not be taken, by which means it was protected against pillage. Our admiral said, "Since I cannot conquer these wicked pirates, I will blow myself up." In this manner the admiral and many other officers met their death.

On the twenty-fifth the pirates went to Hëang shan and to great Hwang po;[79] they took possession of the inside and the outside passage of Hwang po, so that the boat-people,[80] who stay outside on the coast, retired and came up to the town with their boats. The military officer Ting gaou ho being made acquainted with the arrival of the pirates, requested ten fishing boats from the town Hëang shan to assist the citizens and to help them in opposing the enemy. He posted himself before the town to protect it. Ting gaou behaved valiantly on the river; he headed his small fleet of fishing boats and opposed the pirates. There was incessant fighting day and night; but at last the numerous vessels of the pirates surrounded him on all sides, and Ting gaou ho received a severe wound in the back. He then addressed his comrades in the following words :

Being on the military station before this town, it was my intention to destroy the pirates, and for this reason I united with all the principal men to oppose them, without considering my own safety; —joyful I went to oppose the enemy. But not being able to destroy this immense number of banditti, I am now surrounded with all my principal men; and being deficient in power, I will die.

Death could not move me, but I fear the cruel behaviour of the banditti; I fear that if the battle come to its highest summit, our fathers and mothers, our wives and sons, will be taken captives. United with the principal men of the town, we cannot destroy the pirates, neither protect the country, our families, nor our own firesides, —but the circumstances being desperate, we must do our utmost.[81]

They now again rushed against the pirates and killed many of them; but their strength being exhausted, the ten fishing boats were taken, and great Hwang po given up to be plundered. The citizens retired to their intrenchments, and made such vigorous resistance that the pirates could not make them captives. Chang paou therefore ordered O po tae and Lëang po paou to make an attack on both sides, on the front and the rear at once; so the citizens sustained a great defeat, and about a hundred of them were killed. A placard was then posted up in the town, admonishing the citizens that they being unable to resist the enemy, must, under these cruel circumstances, send messengers to make terms with the pirates. This being done, the pirates withdrew.

The wife of Ching yih then ordered the pirates to go up the river; she herself remaining with the larger vessels in the sea to blockade the different harbours or entrances from the sea-side; but the government officers made preparations to oppose her. There were about this time three foreign vessels returning to Portugal.[82] Yĭh's wife attacked them, took one vessel, and killed about ten of the foreigners; the two other vessels escaped. The Major Pang noo of Hëang shan about this time fitted out a hundred vessels to attack the pirates; he had before hired six foreign vessels, and the two Portuguese ships, which had before run away, united also with him. Yĭh's wife, seeing that she had not vessels enough, and that she might be surrounded, ordered a greater number to her assistance. She appointed Chang paou to command them, and sail up the river; but to keep quiet with his squadron till he saw the Chang lung, or government vessels come on. On the third of the tenth moon the government vessels went higher up the river, and Chang paou following and attacking them, the foreign vessels sustained a great loss, and all the other vessels then ran away. The foreigners showed themselves very courageous; they petitioned the mayor of Hëang shan to place himself at the head of the foreign vessels, to go and fight the pirates. Pang noo having for some time considered their request, inspected on the tenth of the same month the six foreign vessels, their arms and provisions, and went out into the sea to pursue the pirates.

About this time Chang paou had collected his force at Ta yu shan near Chih leih keŏ, and the foreign vessels went thither to attack him. About the same time the admiral, Tsuen mow sun, collected a hundred vessels, and joined the foreigners to attack the pirates. On the thirteenth they spread out their lines, and fought during two days and two nights, without either party proving victorious. On the fifteenth one of the officers went forward with some large vessels to attack the pirates, but he was very much hurt by the fire of the guns; his vessel was lost, and about ten men were killed and many others wounded, — after this, the whole fleet retired. They however again commenced fighting on the sixteenth, but being unable to withstand the pirates, one vessel more was lost.[83]

The Admiral Tsuen mow sun was exceedingly eager to destroy the pirates, but he was confident that he was not strong enough to vanquish them, and he spoke thus to his people : "The pirates are too powerful, we cannot master them by our arms; the pirates are many, we only few; the pirates have large vessels, we only small ones; the pirates are united under one head, but we are divided, — and we alone are unable to engage with this overpowering force. We must therefore now make an attack, when they cannot avail themselves of their number, and contrive something besides physical strength, for by this alone it is impossible for us to be victorious. The pirates are now all assembled in Ta yu shan, a place which is surrounded by water. Relying on their strength, and thinking that they will be able to vanquish us, they will certainly not leave this place of retirement. We should therefore from the provincial city^{Canton} assemble arms and soldiers as many as we can, surround the place, and send fire-vessels among their fleet. It is probable that in such a manner we may be able to measure our strength with them."

In consequence of this determination all commanders and officers of the different vessels were ordered to meet on the seventeenth at Chih leih keŏ, to blockade the pirates in Ta yu shan, and to cut off all supplies of provisions that might be sent to them. To annoy them yet more, the officers were ordered to prepare the materials for the fire-vessels. These fire-vessels were filled with gunpowder, nitre, and other combustibles; after being filled, they were set on fire by a match from the stern, and were instantly all in a blaze. The Major of Hëang shan, Pang noo, asked permission to bring soldiers with him, in order that they might go on shore and make an attack under the sound of martial music, during the time the mariners made their preparation. On the twentieth it began to blow very fresh from the north, and the commander ordered twenty fire-vessels to be sent off, when they took, driven by the wind, an easterly direction; but the pirate's entrenchments being protected by a mountain, the wind ceased, and they could not move farther on in that direction; they turned about and set on fire two men of war. The pirates knowing our design were well prepared for it; they had bars with very long pincers, by which they took hold of the fire-vessels and kept them off, so that they could not come near. Our commander, however, would not leave the place; and being very eager to fight, he ordered that an attack should be made, and it is presumed that about three hundred pirates were killed. Pao now began to be afraid, and asked the Spirit of the three Po, or old mothers, to give a prognostic. The Păh, or lot for fighting, was disastrous; the Păh, or lot to remain in the easterly entrenchment, was to be happy. The Păh, or lot for knowing if he might force the blockade or not on leaving his station tomorrow, was also happy,[84] three times one after another.

There arose with the day-light on the twenty-second a light southerly breeze; all the squadrons began to move, and the pirates prepared themselves joyfully to leave their station. About noon[85] there was a strong southerly wind, and a very rough sea on. As soon as it became dark the pirates made sail, with a good deal of noise, and broke through the blockade, favoured by the southerly wind. About a hundred vessels were upset, when the pirates left Ta yu shan. But our commander being unaware that the pirates would leave their entrenchments, was not prepared to withstand them. The foreign vessels fired their guns and surrounded about ten leaky vessels, but could not hurt the pirates themselves; the pirates left the leaky vessels behind and ran away. After this they assembled outside at Hung chow in the ocean.

Notwithstanding that the pirates had broken through the blockade, Tsuen mow sun desisted not from pursuing them; he followed the pirates into the open sea in order to attack them. On the fifth of the eleventh moon he met the pirates near Nan gaou, and prepared his vessels[86] to attack them. The pirates spread out all their vessels one by one, so that the line of their fleet reached the forces of our commander; they then tried to form a circle and surround our admiral. Our commander, in order to prevent this, divided his force, — he separated from him eighty vessels, which had orders to join him afterwards. Before they united again, a great battle took place between the two fleets; the firing lasted from three till five in the afternoon; our crew fought exceedingly hard and burnt three pirate-vessels. The pirates retreated, and our navy declined pursuing them, because it would carry them too far out of the way. Our crew being still elated at this transaction, the pirates on a sudden returned, roused them out of their sleep and constrained them to fight a second time. The commander had no time to make preparations, so that two vessels were burnt by the fire of the pirates, and three were captured.

At the time when Chang paou was blockaded in Chih leih keŏ, and was afraid that he should not be able to come out again, he sent to O po tae, who was at Wei chow, to rescue him. His message was in the following words: "I am harassed by the government's officers outside in the sea; lips and teeth must help one another, if the lips are cut away the teeth will feel cold. How shall I alone be able to fight the government forces? You should therefore come at the head of your crew, to attack the government squadron in the rear, I will then come out of my station and make an attack in front; the enemy being so taken in the front and rear, will, even supposing we cannot master him, certainly be thrown into disorder."

Ever since the time Paou was made chieftain there had been altercations between him and O po tae. Had it not have been out of respect for the wife of Ching yĭh they would perhaps have made war against each other. Till now they only showed their mutual dislike in their plundering expeditions on the ocean, and in consequence of this jealousy po tae did not fulfil the orders of Paou. Paou and his whole crew felt very much annoyed at this conduct, and having been able to break through the blockade, he resolved to measure his strength with Tae. He met him at Neaou chow, and asked him : "Why did you not come to my assistance?"

O po tae answered : "You must first consider your strength and then act; you must consider the business and then go to work. How could I and my crew have been sufficient against the forces of the admiral. I learnt your request, but men being dependent upon circumstances, I could not fulfil it; I learnt your request, but I was dependent on circumstances, and men cannot act otherwise.[87] And now concerning this business — to give or not give assistance — am I bound to come and join your forces?"

Paou became enraged and said : "How is this, will you then separate from us?"

Tae answered : "I will not separate myself."

Paou : "Why then do you not obey the orders of the wife of Ching yĭh and my own? What is this else than separation, that you do not come to assist me, when I am surrounded by the enemy? I have sworn it that I will destroy thee, wicked man, that I may do away with this soreness on my back."

There passed many other angry words between them, till they

at length prepared to fight and destroy each other. Chang paou was the first to begin the battle; but having fired his guns, and being deficient in strength, Tae went against him with all his well prepared forces. Paou was not able to make any effectual resistance to his enemy; he received a severe defeat, he lost sixteen vessels, and three hundred men were taken prisoners. The prisoners were all killed from mutual hatred.

O po tae remained then at the head of his forces without any opposition, since Paou withdrew. There was now a meeting held under these banditti; when Chang jih kao arose and said : "If Paou and we should again measure our strength against each other, our force will not be found sufficient; we are only one to ten. It is to be feared that they will collect all their forces together to exterminate us. They may on a sudden come against us and make an attack, — our small body must certainly be in fear of their vast number. There is Lëang po paou, an experienced pirate on the sea; if he should on a sudden turn his vessels against us, there is not one among us who would be able to resist him. He is a very zealous worshipper of the spirit of the three Po or Mothers, and protected by them; nay, and protected by them in a supernatural manner. But if we perform sacrifices, they remain without shadow and echo.[88] And then it may also be added that we are no more able to withstand with our short arms their long ones, than dogs are able to chase fierce tigers. But do we not every where see government placards inviting us to submit, why do we not then send somebody to make the offer? The government will pardon and not destroy us sea-monsters,[89] and we may then reform our previous conduct. Why should we not therefore come to a determi -nation to that effect?"

Fung yung fa said : "How then if government should not trust our word?"

Chang jih kao answered : "If government should learn that we recently fought Chang paou, and destroyed the banditti, — it would be hard indeed if that were not enough to make them trust us?"

Go tsew he said : "If government should not act towards us, as it is stated in the placard, after having made our submission, we may then again use violence. But they will hear, that we attacked the others, like fishes their food; that we alone made a beginning in destroying the pirates, and then tendered our submission, — they will feel that they can employ us to destroy the other pirates. He who is not of the same opinion as mine may let his hand hang down."

O po tae was of the same opinion, and the purser was

ordered to frame the offer of submission to government. The petition concerning the offer was couched in the following terms : "It is my humble opinion that all robbers of an overpowering force, whether they had their origin from this or any other cause, have felt the humanity of government at different times. Leang shan who three times plundered the city, was nevertheless pardoned and at last made a minister of state.[90] Wa kang often challenged the arms of his country and was suffered to live, and at last made a corner-stone of the empire. Joo ming pardoned seven times Mang hwŏ; and Kwan kung three times set Tsaou tsaou at liberty.[91] Ma yuen pursued not the exhausted robbers; and Yŏ fei killed not those who made their submission. There are many other instances of such transactions both in former and recent times, by which the country was strengthened and government increased its power. We now live in a very populous age; some of us could not agree with their relations, and were driven out like noxious weeds. Some after having tried all they could, without being able to provide for themselves, at last joined bad society. Some lost their property by shipwrecks; some withdrew into this watery empire to escape from punishment. In such a way those, who in the beginning were only three or five, were in the course of time increased to a thousand or ten thousand, and so it went on increasing every year. Would it not have been wonderful if such a multitude, being in want of their daily bread, should not have resorted to plunder and robbery to gain their subsistence, since they could not in any other manner be saved from famine? It was from necessity that the laws of the empire were violated, and the merchants robbed of their goods. Being deprived of our land and of our native places, having no house or home to resort to, and relying only on the chances of wind and water, even could we for a moment forget our griefs, we might fall in with a man-of-war, who with stones, darts and guns, would blow out our brains."

"Even if we dared to sail up a stream and boldly go on with anxiety of mind under wind, rain, and stormy weather, we must every where prepare for fighting. Whether we went to the east, or to the west, and after having felt all the hardships of the sea, the night dew was our only dwelling, and the rude wind our meal. But now we will avoid these perils, leave our connexions, and desert our comrades; we will make our submission. The power of government knows no bounds; it reaches to the islands in the sea, and every man is afraid and sighs. Oh we must be destroyed by our crimes, none can escape who opposeth the laws of government. May you then feel compassion for those who are deserving of death; may you sustain us by your humanity!"

The chief officers of government met joyfully together at Canton. The governor-general of the southern district ever loved the people like himself; and to show his benevolence he often invited them by public placards to make submission:— he really felt compassion for these lower sort of men, who were polluted with crimes. The way of compassion and benevolence is the way of heaven, which is pleased with virtue; it is the right way to govern by righteousness. Can the bird remain quiet with strong wings, or will the fish not move in deep water? Every person acts from natural endowments, and our general would have felt compassion even for the meanest creature on earth, if they would have asked for pardon. He therefore redeemed these pirates from destruction, and pardoned their former crimes.[92]

After this period the country began to assume a new appearance. People sold their arms and bought oxen to plough their fields; they burned sacrifices, said prayers on the top of the hills, and rejoiced themselves by singing behind screens during day-time. There were some people who endeavoured to act with duplicity, and wished to murder the pirates, but the general on seeing the petition said to his assistants: "I will pull down the vanguard of the enemy to use it for the destruction of the remaining part. I may then employ it against the over-spreading power of the pirates; with the pirates I will destroy the pirates. Yŏ fu mow destroyed in this manner Yang tay : let us not act with duplicity, that we may the better disperse their comrades and break their power; let us therefore accept their submission."

In the agreement it was stipulated that the ship should assemble together in the open sea near Kwei shen hĕen[93] to make their surrender. The Governor-general was to come to that place to receive O po tae, his vessels, his men, and all other things which were pointed out in the petition. The Governor-general being exceedingly pleased, ordered his adjutant Kung gaou to examine the list. He found eight thousand men, one hundred and twenty-six vessels, five hundred large guns, and five thousand six hundred various military weapons. The towns Yang keang and Sin gan were appointed for this people to live in.[94] — This happened in the twelfth month of the fourteenth year of Kĕa king — and so the black squadron was brought into subjection. O po tae changed his name to Heŏ bĕen, "The lustre of instruction," and the general made him a Patsung[95] to reward his services in defeating Chang paou.

On the twelfth moon Chang paou went with his different squadrons into the river and attacked Ke chow. It was near the end of the year, and the pirates assembled along the mountain ridge Laou ya[96] to make a festival : they made a great noise during the night with crackers, and their gongs were heard at a great distance.[97] At daybreak the flags were spread out, and the drums sounded; they were cheerful the whole day; they eat and drank and made a great noise, which was heard many les off.

On the second day of the same month they attacked the village, and on the third day about ten men went on shore. The villagers made their escape, so that the pirates could not take them. Having some time before made preparations to fortify Ma king yun.[98] they now retired to it. The pirates knowing that the villagers were well provided for defence, waited until they had every thing ready. On the fourth the pirates landed; it was in vain that the villagers opposed them, they had two men wounded, and were finally defeated. The Governor-general ordered Ching chuy loo to proceed at the head of a large body of soldiers to the town Shun tih, and prepare for an attack. Meeting the pirates at Ke chow, the Major attacking them on a sudden, the pirates sustained a great loss, and returned to their vessels. The Major also was struck by a shot from a musket. There were daily skirmishes at the neighbouring places; the inhabitants were generally defeated and ran away. The Major Loo came with his forces and placed them on the sea-coast behind the intrenchments of Sin ne, to protect them against the fire of the enemy. The guns of the pirates were directed against the place, the bullets fell in Sin ne, but without hurting any one, which again calmed and encouraged the inhabitants. The pirates coming a second time before Ke chow and Ta leang, and not being able to accomplish their designs, thought fit to retire.

The wife of Ching yĭh, on seeing that O po tae was made a government officer after his submission, and that he did well, thought also of making her submission. "I am," said she, "ten times stronger than O po tae, and government would perhaps, if I submit, act towards me as they did with O po tae." But remembering their former crimes, and the opposition they made to many officers, these pirates were apprehensive and felt undetermined in their resolutions. A rumour went about, that the red squadron wished to tender their submission, and, in consequence, the vigilant magistrates hearing of this, invited them to do so. The magistrate of Tsze ne, Yu che chang, ordered a certain Fei hëung chow to make enquiries about the matter. Fei hëung chow was a physician of Macao, and being well acquainted with the pirates, he was not in need of any introduction to obtain access to them. This was the ground on which Yu chi chang particularly selected him, when he tried to bring the pirates to submission.

When Fei hëung chow came to Paou, he said : "Friend Paou, do you know why I come to you?"

Paou : "Thou hast committed some crime and comest to me for protection?"

Chow : "By no means."

Paou : "You will then know, how it stands concerning the report about our submission, if it is true or false?"

Chow : "You are again wrong here, Sir.[99] What are you in comparison with O po tae?"

Paou : "Who is bold enough to compare me with O po tae?"

Chow : "I know very well that O po tae could not come up to you, Sir; but I mean only, that since O po tae has made his submission, since he has got his pardon and been created a government officer, — how would it be, if you with your whole crew should also submit, and if his Excellency should desire to treat you in the same manner, and to give you the same rank as O po tae? Your submission would produce more joy to government than the submission of O po tae. You should not wait for wisdom to act wisely; you should make up your mind to submit to the government with all your followers. I will assist you in every respect, — it would be the means of securing your own happiness and the lives of all your adherents."

Chang paou remained like a statue without motion, and Fei

hĕung chow went on to say : "You should think about this affair in time, and not stay till the last moment. Is it not clear that O po tae, since you could not agree together, has joined government. He being enraged against you, will fight, united with the forces of the government, for your destruction; and who could help you, so that you might overcome your enemies? If O po tae could before vanquish you quite alone, how much more can he now when he is united with government? O po tae will then satisfy his hatred against you, and you yourself will soon be taken either at Wei chow or at Neaou chow. If the merchant-vessels of Hwy chaou, the boats of Kwang chow, and all the fishing-vessels unite together to surround and attack you in the open sea, you will certainly have enough to do. But even supposing they should not attack you, you will soon feel the want of provisions, to sustain you and all your followers. It is always wisdom to provide before things happen; stupidity and folly never think about future events. It is too late to reflect upon events when things have happened; you should, therefore, consider this matter in time!"

Paou held a deliberation with the wife of Ching yĭh, and she said : "The Doctor Chow is certainly right in all that he says; Paou may agree with him." Paou then asked the Doctor : "Have you any commission about this matter, or not?" The Doctor answered, "How could I trifle with the sentiments of government; this would be declared an improper behaviour. Neither can I see through the intentions of the wife of Ching yĭh nor through those of the officers of government; you can clear up all doubts, if you will collect your vessels about Shao kĕŏ, outside the Bocca Tigris, you may yourself hear the orders."

Paou consented to this proposal, and the Doctor returned to Yu che chang. Yu che chang acquainted the Governor-general with this matter. The general was anxious to meet the pirates and to clear the western passage, as he had already cleared the eastern passage; he therefore was very happ.at hearing the offer of surrender. The magistrate of Tsze ne, Yu che chang, took the government proclamation and went to the pirates to see how things stood. The wife of Ching yĭh on seeing Yu che chang, ordered Chang paou to prepare a banquet. Chang paou explained his intentions. Yu che chang remained the whole night on board ship, and stated that government was willing to pardon them, and that they had nothing to fear after having made their submission. Paou was very much rejoiced at this; and on the next morning he went with Yu che chang to inspect the vessels, and ordered all the captains to pay their respects to the government officer. The wife of Ching yĭh stated to Yu che chang that it was her earnest wish to submit to government;

and Chang paou himself assured the officer of his firm intention to surrender without the least deceit. The governor then ordered Yu che chang to visit the pirates a second time, accompanied by Pang noo, in order to settle all with them regarding their submission. Chang paou requested that those pirates who had been condemned to death should be placed in ten vessels, in order that he might ransom them. Yu che chang reported this, and the Governor said : "It shall be so, whether Chang paou submit himself or not. But being exceedingly desirous that the pirates may surrender, I will go myself and state my intentions, to clear up all doubts."

He ordered the Doctor Fei hëung chow to acquaint the pirates with his design. The Governor-general then embarked in a vessel with Pang noo and Yu che chang to meet the pirates, where they were assembled; — their vessels occupied a space of about ten le. On hearing that the Governor-general was coming, they hoisted their flags, played on their instruments, and fired their guns, so that the smoke rose in clouds, and then went to meet him. From the other side the people all became alarmed, and the Governor-general himself was very much astonished, being yet uncertain what could be the meaning of all this alarm. Chang paou, accompanied by the wife of Ching yǐh, by Pang chang ching, Lëang po paou, and Soo puh gaou, mounted the governor's ship, and rushed through the smoke to the place where the governor was stationed. The Governor-general on seeing Paou and his followers falling on their hands and knees, that they shed tears on account of their former crimes, and sued penitently for their lives, was induced by his extreme kindness to declare that he would again point out to the rebels the road to virtue. Paou and his followers were extremely affected, knocked their heads on the ground, and swore that they were ready to suffer death. But the Governor replied : "Since you are ready to submit yourselves with a true heart, I will lay aside all arms and disperse the soldiery; to say it in one word, I give you three days to make up a list of your vessels and all your other possessions. Are you satisfied with this proposal or not?" Paou and his followers said "yes, yes," and retired accordingly.

It happened that about the same time some Portuguese vessels were about to enter the Bocca Tigris, and that some large men-of-war took their station at the same place. The pirates became exceedingly alarmed at this fleet, and apprehended that the Governor had made an agreement with the foreign vessels to destroy them. They immediately weighed their anchors and steered away. On seeing the pirates running away, Pang noo, Yu che chang, and the others, not knowing what could be the reason of all this, became afraid that they might have changed their mind, and that an attack on the Governor was contemplated. All parties became frightened that the meeting had failed, and made preparations to go off. The inhabitants of the neighbouring country hearing of this, ran away, and the Governor-general himself went back to Canton.

When the pirates ascertained that the foreign vessels were traders going into the river, and that the Governor-general had no communication with them, they again became pacified. But considering that the Governor-general went back to Canton without the business of their submission being quite settled, they held a consultation together and Paou said : "His Excellency is gone back, and probably in doubt about our intentions; if we tender our submission again, his Excellency will not trust us, and if we do not submit we shall insult the good intentions of government. What is to be done under these circumstances?"

The wife of Ching yĭh said : "His Excellency behaved himself towards us in a candid manner, and in like manner we must behave towards him. We being driven about on the ocean, without having any fixed habitation; ― pray let us go to Canton to inform government, to state the reason of the recoiling waves, to clear up all doubts, and to agree on what day or in what place we shall make our submission. His Excellency may then explain to us whether he will come a second time to accept our submission, or whether he will decline it."

The whole crew was of opinion, that "the designs of govern-ment were unfathomable, and that it would not be prudent to go so hastily on." But the wife of Ching yĭh replied : "If his Excellency, a man of the highest rank, could come quickly to us quite alone, why should I a mean woman not go to the officers of government? If there be any danger in it, I will take it on myself, no person among you will be required to trouble himself about it."

Lëang po paou said : "If the wife of Ching yĭh goes, we must fix a time when she shall return. If this time be past without our obtaining any certain information, we should collect all our forces and go before Canton.[100] This is my opinion; if you think otherwise, let us retire; but let me hear your opinion?" They all answered : "Friend Paou, we have heard thy opinion, but we think it rather better to wait for the news here on the water, than to send the wife of Ching yĭh alone to be killed." This was the result of the consultation.

Yu che chang and Fei hëung chow, on seeing that nothing was settled about the submission to government, became alarmed, and sent Chao kaou yuen to Chang paou to enquire what was the reason of it. On learning that they ran away from fear of the foreign vessels, Yu che chang and Fei hëung chow made another visit to the pirates, in order to correct this mistake.

"If you let slip this opportunity," said they, "you will not be accepted, perhaps, should you even be willing to make your submission. The kindness of his Excellency is immense like the sea, without being mixed with any falsehood; we will pledge ourselves that the wife of Ching yĭh, if she would go, would be received with kindness."

The wife of Ching yĭh said : "You speak well, gentlemen; I will go myself to Canton with some other ladies, accompanied by Yu che chang."

Chang paou said, laughingly : "I am sorry his Excellency should have any doubt regarding us, for this reason, therefore, we will send our wives to settle the affair for us."

When the wives and children appeared before him, the Governor-general said to them : "You did not change your mind, but ran away, being deceived by a false impression; for this reason I will take no notice of it. I am commanded by the humanity of his Majesty's government not to kill but to pardon you; I therefore now pardon Chang paou."

In consequence of this, Chang paou came with his wives and children, and with the wife of Ching yĭh, at Foo yung shao near the town of Hëang shan to submit himself to government. Every vessel was provided with pork and wine, and every man received at the same time a bill for a certain quantity of money. Those who wished it, could join the military force of government for pursuing the remaining pirates; and those who objected, dispersed and withdrew into the country. This is the manner by which the red squadron of the pirates was pacified.

After the submission of Chang paou, the Governor-general said : "Now that we have cleared, both the eastern and the middle passage, we are ready to reduce the pirates of the western passage." He held a consultation about this matter with the deputy-governor Han fung, and then ordered the principal officer of the public granary, Mwan ching che, and the military commandant of Luy chow foo, Kang chow foo, and Këung chow foo, called Chuh url kang gïh,[101] to proceed at the head of the forces and drive the pirates away. It was presumed that they would retire more westerly to Annam; a message was therefore sent to the king of that country to have ready an armed force to repulse the pirates, whenever they should appear on the rivers or on the mainland.[102] Chang paou was ordered on the vanguard.

By the tenth day of the fourth moon the vessels and the crew were quite ready, and fell in on the twelfth of the same month with the yellow flag quite alone at Tse sing yang. Our commander valiantly attacked this squadron, and defeated it entirely. The captain Le tsung chaou, with three hundred and ninety of his people, were taken prisoners. Meeting a division of the green flag, consisting of ten pirate vessels, our commander attacked them. The pirates being afraid, ran away; but our commander pursued after and killed them. Those who were taken alive were beheaded.

On the tenth day of the fifth moon the Governor-general went to Kaou chow to make preparations for fighting. Our commander pursued after the pirates with a great and strong body of troops; he met Neaou shǐh url at Tan chow, and they fought a great battle. Neaou shǐh url saw that he was not strong enough to withstand them, and tried to escape; but the Major, Fei teaou hwang,[103] gave orders to surround the pirates. They fought from seven o'clock in the morning till one at noon, burnt ten vessels, and killed an immense number of the pirates. Neaou shǐh url was so weakened that he could scarcely make any opposition. On perceiving this through the smoke, Chang paou mounted on a sudden the vessel of the pirate, and cried out : "I Chang paou am come," and at the same moment he cut some pirates to pieces; the remainder were then hardly dealt with. Paou addressed himself in an angry tone to Neaou shǐh url, and said : "I advise you to submit, will you not follow my advice, what have you to say?" Neaou shǐh url was struck with amazement, and his courage left him. Lëang po paou advanced and bound him, and the whole crew were then taken captives.

Seeing that Neaou shĭh url was taken, his elder brother Yew kwei would have run away in all haste; but the admirals Tung and Tsuen mow sun pursued, attacked, and took him prisoner. The government officers Kung gao and Hoo tso chaou took the younger brother of Neaou shĭh url, called Mih yew keih, and all the others then made their submission. Not long after this the Scourge of the eastern ocean surrendered voluntarily, on finding himself unable to withstand; the Frog's meal withdrew to Luzon or Manilla. On the twentieth of the same month, the Governor-general came to Luy chow, and every officer was ordered to bring his prizes into the harbour or bay of Man ke. There were taken fighting five hundred pirates, men and women; three thousand four hundred and sixty made their submission; there were eighty-six vessels, two hundred and ninety-one guns, and one thousand three hundred and seventy-two pieces of various military weapons. The Governor-general ordered one of his officers to kill[104] the pirate Neaou shĭh url with eight others outside the northern entrance of Hae kăng hëen,[105] and to behead Hwang hŏ with one hundred and nineteen of his followers. The Scourge of the eastern sea submitting himself voluntarily was not put to death.

There was much talk concerning a man at Hae kăng hëen, whose crime was of such a nature that it could not be overlooked. When this man was carried away to suffer death, his wife pressed him in her arms, and said with great demonstration of sorrow, "Because thou didst not follow my words, it is even thus. I said before what is now come to pass, that thou fighting as a pirate against the officers of government would be taken and put to death. This fills my mind with sorrow. If thou hadst made thy submission like O po tae and Chang paou, thou wouldst have been pardoned like them; thou art now given up to the law, not by any power of man, but by the will of fate." Having finished these words, she cried exceedingly. The Governor-general was moved by these words, and commuted the punishment of that pirate into imprisonment.

In this manner the western passage was cleared from the green, yellow, and blue squadrons, and smaller divisions. The rest of the pirates, who remained about Hae kăng, at Hae fung, at Suy ke and Hŏ poo, were gradually destroyed.**106** The Governor-general ordered Chuh url kang gĭh and Mwan ching che to go with an armed force and sweep away those pirates, who hid themselves in the recesses of Wei chow and Neaou chow. And thus finished this meritorious act of the Pacification of the pirates.

By an edict of the "Son of Heaven," the Governor-general of Kwang tung and Kwang se Pih, ling was recompensed for his merits. He was created a secondary guardian of the Prince, allowed to wear peacock's-feathers with two eyes, and favoured with an hereditary title. The services of the different officers and commanders were taken into consideration, and they received adequate recompenses. Chang paou was appointed to the rank of Major; Tung hae pa, or the Scourge of the eastern sea, and all others, were pardoned, with the permission to retire wherever they wished. From that period till now ship pass and repass in tranquillity. All is quiet on the rivers, the four seas are tranquil, and people live in peace and plenty.

APPENDIX

The Translator supposing that the readers of the History of the Chinese Pirates might perhaps find it interesting to compare the account of the followers of The wife of Ching yĭh, drawn up by an European, with the statements of the non-official Chinese historian; he has therefore thought fit to subjoin a Narrative of the captivity and treatment amongst the Ladrones, written by Mr. Richard Glasspoole, of the Hon. Company's ship Marquis of Ely, and published in Wilkinson's Travels to China. The Translator in vain endeavoured to obtain another Narrative, regarding the Chinese pirates, which is said to be printed in an English periodical.

1) A brief Narrative of my captivity and treatment amongst the Ladrones

On the 17th of September 1809, the Honourable Company's ship Marquis of Ely anchored under the Island of Sam Chow, in China, about twelve English miles from Macao, where I was ordered to proceed in one of our cutters to procure a pilot, and also to land the purser with the packet. I left the ship at 5 P.M. with seven men under my command, well armed. It blew a fresh gale from the N. E. We arrived at Macao at 9 P.M., where I delivered the packet to Mr. Roberts, and sent the men with the boat's-sails to sleep under the Company's Factory, and left the boat in charge of one of the Compradore's men; during the night the gale increased. ─ At half-past three in the morning I went to the beach, and found the boat on shore half-filled with water, in consequence of the man having left her. I called the people, and baled her out; found she was considerably damaged, and very leaky. At half-past 5A.M., the ebb-tide making, we left Macao with vegetables for the ship.

One of the Compradore's men who spoke English went with us for the purpose of piloting the ship to Lintin, as the Mandarines, in consequence of a late disturbance at Macao, would not grant chops for the regular pilots. I had every reason to expect the ship in the roads, as she was preparing to get under weigh when we left her; but on our rounding Cabaretta-Point, we saw her five or six miles to leeward, under weigh, standing on the starboard-tack : it was then blowing fresh at N. E. Bore up, and stood towards her; when about a cable's-length to windward of her, she tacked; we hauled our wind and stood after her. A hard squall then coming on, with a strong tide and heavy swell against us, we drifted fast to leeward, and the weather being hazy, we soon lost sight of the ship.Struck our masts, and endeavoured to pull; finding our efforts useless, set a reefed foresail and mizen, and stood towards a country-ship at anchor under the land to leeward of Cabaretta-Point. When within a quarter of a mile of her she weighed and made sail, leaving us in a very critical situation, having no anchor, and drifting bodily on the rocks to leeward. Struck the masts : after four or five hours hard pulling, succeeded in clearing them.

At this time not a ship in sight; the weather clearing up, we saw a ship to leeward, hull down, shipped our masts, and made sail towards her; she proved to be the Honourable Company's ship Glatton. We made signals to her with our handkerchiefs at the mast-head, she unfortunately took no notice of them, but tacked and stood from us. Our situation was now truly distressing, night closing fast, with a threatening appearance, blowing fresh, with hard rain and a heavy sea; our boat very leaky, without a compass, anchor or provisions, and drifting fast on a lee-shore, surrounded with dangerous rocks, and inhabited by the most barbarous pirates. I close-reefed my sails, and kept tack and tack 'till day-light, when we were happy to find we had drifted very little to leeward of our situation in the evening. The night was very dark, with constant hard squalls and heavy rain.

Tuesday the 19th no ships in sight. About ten o'clock in the morning it fell calm, with very hard rain and a heavy swell; —

struck our masts and pulled, not being able to see the land, steered by the swell. When the weather broke up, found we had drifted several miles to leeward. During the calm a fresh breeze springing up, made sail, and endeavoured to reach the weather-shore, and anchor with six muskets we had lashed together for that purpose. Finding the boat made no way against the swell and tide, bore up for a bay to leeward, and anchored about one A.M. close under the land in five or six fathoms water, blowing fresh, with hard rain.

Wednesday the 20th at day-light, supposing the flood-tide making, weighed and stood over to the weather-land, but found we were drifting fast to leeward. About ten o'clock perceived two Chinese boats steering for us. Bore up, and stood towards them, and made signals to induce them to come within hail; on nearing them, they bore up, and passed to leeward of the islands. The Chinese we had in the boat advised me to follow them, and he would take us to Macao by the leeward passage. I expressed my fears of being taken by the Ladrones. Our ammunition being wet, and the muskets rendered useless, we had nothing to defend ourselves with but cutlasses, and in too distressed a situation to make much resistance with them, having been constantly wet, and eat nothing but a few green oranges for three days.

As our present situation was a hopeless one, and the man assured me there was no fear of encountering any Ladrones, I complied with his request, and stood in to leeward of the islands, where we found the water much smoother, and apparently a direct passage to Macao. We continued pulling and sailing all day. At six o'clock in the evening I discovered three large boats at anchor in a bay to leeward. On seeing us they weighed and made sail towards us. The Chinese said they were Ladrones, and that if they captured us they would most certainly put us all to death! Finding they gained fast on us, struck the masts, and pulled head to wind for five or six hours. The tide turning against us, anchored close under the land to avoid being seen. Soon after we saw the boats pass us to leeward.

Thursday the 21st, at day-light, the flood making, weighed and pulled along shore in great spirits, expecting to be at Macao in two or three hours, as by the Chinese account it was not above six or seven miles distant. After pulling a mile or two perceived several people on shore, standing close to the beach; they were armed with pikes and lances. I ordered the interpreter to hail them, and ask the most direct passage to Macao. They said if we came on shore they would inform us; not liking their hostile appearance I did not think proper to comply with the request. Saw a large fleet of boats at anchor close under the opposite shore. Our interpreter said they were fishing-boats, and that by going there we should not only get provisions, but a pilot also to take us to Macao.

I bore up, and on nearing them perceived there were some large vessels, very full of men, and mounted with several guns. I hesitated to approach nearer; but the Chinese assuring me they were Mandarine junks[1] and salt-boats, we stood close to one of them, and asked the way to Macao? They gave no answer, but made some signs to us to go in shore. We passed on, and a large row-boat pulled after us; she soon came along-side, when about twenty savage-looking villains, who were stowed at the bottom of the boat, leaped on board us. They were armed with a short sword in each hand, one of which they laid on our necks, and the other pointed to our breasts, keeping their eyes fixed on their officer, waiting his signal to cut or desist. Seeing we were incapable of making any resistance, he sheathed his sword, and the others immediately followed his example. They then dragged us into their boat, and carried us on board one of their junks, with the most savage demonstrations of joy, and as we supposed, to torture and put us to a cruel death. When on board the junk, they searched all our pockets, took the handkerchiefs from our necks, and brought heavy chains to chain us to the guns.

At this time a boat came, and took me, with one of my men and the interpreter, on board the chief's vessel. I was then taken before the chief. He was seated on deck, in a large chair, dressed in purple silk, with a black turban on. He appeared to be about thirty years of age, a stout commanding-looking man. He took me by the coat, and drew me close to him; then questioned the interpreter very strictly, asking who we were, and what was our business in that part of the country. I told him to say we were Englishmen in distress, having been four days at sea without provisions. This he would not credit, but said we were bad men, and that he would put us all to death; and then ordered some men to put the interpreter to the torture until he confessed the truth.

Upon this occasion, a Ladrone, who had been once to England and spoke a few words of English, came to the chief, and told him we were really Englishmen, and that we had plenty of money, adding, that the buttons on my coat were gold. The chief then ordered us some coarse brown rice, of which we made a tolerable meal, having eat nothing for nearly four days, except a few green oranges. During our repast, a number of Ladrones crowded round us, examining our clothes and hair, and giving us every possible annoyance. Several of them brought swords, and laid them on our necks, making signs that they would soon take us on shore, and cut us in pieces, which I am sorry to say was the fate of some hundreds during my captivity.

I was now summoned before the chief, who had been conversing with the interpreter; he said I must write to my captain, and tell him, if he did not send an hundred thousand dollars for our ransom, in ten days he would put us all to death. In vain did I assure him it was useless writing unless he would agree to take a much smaller sum; saying we were all poor men, and the most we could possibly raise would not exceed two thousand dollars. Finding that he was much exasperated at my expostulations, I embraced the offer of writing to inform my commander of our unfortunate situation, though there appeared not the least probability of relieving us. They said the letter should be conveyed to Macao in a fishing-boat, which would bring an answer in the morning. A small boat accordingly came alongside, and took the letter.

About six o'clock in the evening they gave us some rice and a little salt fish, which we eat, and they made signs for us to lay down on the deck to sleep; but such numbers of Ladrones were constantly coming from different vessels to see us, and examine our clothes and hair, they would not allow us a moment's quiet. They were particularly anxious for the buttons of my coat, which were new, and as they supposed gold. I took it off, and laid it on the deck to avoid being disturbed by them; it was taken away in the night, and I saw it on the next day stripped of its buttons.

About nine o'clock a boat came and hailed the chief's vessel; he immediately hoisted his mainsail, and the fleet weighed apparently in great confusion. They worked to windward all night and part of the next day, and anchored about one o'clock in a bay under the island of Lantow, where the head admiral of Ladrones was lying at anchor, with about two hundred vessels and a Portuguese brig they had captured a few days before, and murdered the captain and part of the crew.

Saturday the 23d, early in the morning, a fishing-boat came to the fleet to inquire if they had captured an European boat; being answered in the affirmative, they came to the vessel I was in. One of them spoke a few words of English, and told me he had a Ladrone-pass, and was sent by Captain Kay in search of us; I was rather surprised to find he had no letter. He appeared to be well acquainted with the chief, and remained in his cabin smoking opium, and playing cards all the day.[2]

In the evening I was summoned with the interpreter before the chief. He questioned us in a much milder tone, saying, he now believed we were Englishmen, a people he wished to be friendly with; and that if our captain would lend him seventy thousand dollars 'till he returned from his cruize up the river, he would repay him, and send us all to Macao. I assured him it was useless writing on those terms, and unless our ransom was speedily settled, the English fleet would sail, and render our enlargement altogether ineffectual. He remained determined, and said if it were not sent, he would keep us, and make us fight, or put us to death. I accordingly wrote, and gave my letter to the man belonging to the boat before-mentioned. He said he could not return with an answer in less than five days.

The chief now gave me the letter I wrote when first taken. I have never been able to ascertain his reasons for detaining it, but suppose he dare not negotiate for our ransom without orders from the head admiral, who I understood was sorry at our being captured. He said the English ships would join the mandarines and attack them.[3] He told the chief that captured us, to dispose of us as he pleased.

Monday the 24th, it blew a strong gale, with constant hard rain; we suffered much from the cold and wet, being obliged to remain on deck with no covering but an old mat, which was frequently taken from us in the night, by the Ladrones who were on watch. During the night the Portuguese who were left in the brig murdered the Ladrones that were on board of her, cut the cables, and fortunately escaped through the darkness of the night. I have since been informed they run her on shore near Macao.

Tuesday the 25th, at day-light in the morning, the fleet, amounting to about five hundred sail of different sizes, weighed, to proceed on their intended cruize up the rivers, to levy contributions on the towns and villages. It is impossible to describe what were my feelings at this critical time, having received no answers to my letters, and the fleet under-way to sail, — hundreds of miles up a country never visited by Euro-peans, there to remain probably for many months, which would render all opportunities of negotiating for our enlargement totally ineffectual; as the only method of communication is by boats, that have a pass from the Ladrones, and they dare not venture above twenty miles from Macao, being obliged to come and go in the night, to avoid the Mandarines; and if these boats should be detected in having any intercourse with the Ladrones, they are immediately put to death, and all their relations, though they had not joined in the crime,[4] share in the punishment, in order that not a single person of their families should be left to imitate their crimes or revenge their death. This severity renders communication both dangerous and expensive; no boat would venture out for less than a hundred Spanish dollars.

Wednesday the 26th, at day-light, we passed in sight of our ships at anchor under the island of Chun Po. The chief then called me, pointed to the ships, and told the interpreter to tell us to look at them, for we should never see them again. About noon we entered a river to the westward of the Bogue,[5] three or four miles from the entrance. We passed a large town situated on the side of a beautiful hill, which is tributary to the Ladrones; the inhabitants saluted them with songs as they passed.

The fleet now divided into two squadrons[the red and the black][6] and sailed up different branches of the river. At midnight the division we were in anchored close to an immense hill, on the top of which a number of fires were burning, which at day-light I perceived proceeded from a Chinese camp. At the back of the hill was a most beautiful town, surrounded by water, and embellished with groves of orange-trees. The chop-house[custom-house][7] and a few cottages were immediately plundered, and burnt down; most of the inhabitants, however, escaped to the camp.

The Ladrones now prepared to attack the town with a formidable force, collected in row boats from the different vessels. They sent a messenger to the town, demanding a tribute of ten thousand dollars annually, saying, if these terms were not complied with, they would land, destroy the town, and murder all the inhabitants; which they would certainly have done, had the town laid in a more advantageous situation for their purpose; but being placed out of the reach of their shot, they allowed them to come to terms. The inhabitants agreed to pay six thousand dollars, which they were to collect by the time of our return down the river. This finesse had the desired effect, for during our absence they mounted a few guns on a hill, which commanded the passage, and gave us in lieu of the dollars a warm salute on our return.

October the 1st, the fleet weighed in the night, dropped by the tide up the river, and anchored very quietly before a town surrounded by a thick wood. Early in the morning the Ladrones assembled in row-boats, and landed; then gave a shout, and rushed into the town, sword in hand. The inhabitants fled to the adjacent hills, in numbers apparently superior to the Ladrones. We may easily imagine to ourselves the horror with which these miserable people must be seized, on being obliged to leave their homes, and every thing dear to them. It was a most melancholy sight to see women in tears, clasping their infants in their arms, and imploring mercy for them from those brutal robbers! The old and the sick, who were unable to fly, or to make resistance, were either made prisoners or most inhumanly butchered! The boats continued passing and repassing from the junks to the shore, in quick succession, laden with booty, and the men besmeared with blood! Two hundred and fifty women, and several children, were made prisoners, and sent on board different vessels. They were unable to escape with the men, owing to that abominable practice of cramping their feet : several of them were not able to move without assistance, in fact, they might all be said to totter, rather than walk. Twenty of these poor women were sent on board the vessel I was in; they were hauled on board by the hair, and treated in a most savage manner.

When the chief came on board, he questioned them respecting the circumstances of their friends, and demanded ransoms accordingly, from six thousand to six hundred dollars each. He ordered them a berth on deck, at the after-part of the vessel, where they had nothing to shelter them from the weather, which at this time was very variable, — the days excessively hot, and the nights cold, with heavy rains. The town being plundered of every thing valuable, it was set on fire, and reduced to ashes by the morning. The fleet remained here three days, negotiating for the ransom of the prisoners, and plundering the fish-tanks and gardens. During all this time, the Chinese never ventured from the hills, though there were frequently not more than a hundred Ladrones on shore at a time, and I am sure the people on the hills exceeded ten times that number.[8]

October the 5th, the fleet proceeded up another branch of the river, stopping at several small villages to receive tribute, which was generally paid in dollars, sugar and rice, with a few large pigs roasted whole, as presents for their joss^{the idol they worship}.[9] Every person on being ransomed, is obliged to present him with a pig, or some fowls, which the priest offers him with prayers; it remains before him a few hours, and is then divided amongst the crew. Nothing particular occurred 'till the 10th, except frequent skirmishes on shore between small parties of Ladrones and Chinese soldiers. They frequently obliged my men to go on shore, and fight with the muskets we had when taken, which did great execution, the Chinese principally using bows and arrows. They have match-locks, but use them very unskilfully.

On the 10th, we formed a junction with the Black-squadron, and proceeded many miles up a wide and beautiful river, passing several ruins of villages that had been destroyed by the Black-squadron. On the 17th, the fleet anchored abreast four mud batteries, which defended a town, so entirely surrounded with wood that it was impossible to form any idea of its size. The weather was very hazy, with hard squalls of rain. The

Ladrones remained perfectly quiet for two days. On the third day the forts commenced a brisk fire for several hours : the Ladrones did not return a single shot, but weighed in the night and dropped down the river.

The reasons they gave for not attacking the town, or returning the fire, were, that Joss had not promised them success. They are very superstitious, and consult their idol on all occasions. If his omens are good, they will undertake the most daring enterprizes.

The fleet now anchored opposite the ruins of the town where the women had been made prisoners. Here we remained five or six days, during which time about an hundred of the women were ransomed; the remainder were offered for sale amongst the Ladrones, for forty dollars each. The woman is considered the lawful wife of the purchaser, who would be put to death if he discarded her. Several of them leaped over-board and drowned themselves, rather than submit to such infamous degradation.[10]

The fleet then weighed and made sail down the river, to receive the ransom from the town before-mentioned. As we passed the hill, they fired several shot at us, but without effect. The Ladrones were much exasperated, and determined to revenge themselves; they dropped out of reach of their shot, and anchored. Every junk sent about a hundred men each on shore, to cut paddy, and destroy their orange-groves, which was most effectually performed for several miles down the river. During our stay here, they received information of nine boats lying up a creek, laden with paddy; boats were imme -diatcly dispatched after them.

Next morning these boats were brought to the fleet; ten or twelve men were taken in them. As these had made no resistance, the chief said he would allow them to become Ladrones, if they agreed to take the usual oaths before Joss. Three or four of them refused to comply, for which they were punished in the following cruel manner : their hands were tied behind their back, a rope from the mast-head rove through their arms, and hoisted three or four feet from the deck, and five or six men flogged them with three rattans twisted together 'till they were apparently dead; then hoisted them up to the mast-head, and left them hanging nearly an hour, then lowered them down, and repeated the punishment, 'till they died or complied with the oath.

October the 20th, in the night, an express-boat came with the information that a large mandarine fleet was proceeding up the river to attack us. The chief immediately weighed, with fifty of the largest vessels, and sailed down the river to meet them.

About one in the morning they commenced a heavy fire till day-light, when an express was sent for the remainder of the fleet to join them : about an hour after a counter-order to anchor came, the mandarine-fleet having run. Two or three hours afterwards the chief returned with three captured vessels in tow, having sunk two, and eighty-three sail made their escape. The admiral of the mandarines blew his vessel up.by throwing a lighted match into the magazine as the Ladrones were boarding her; she ran on shore, and they succeeded in getting twenty of her guns.

In this action very few prisoners were taken : the men belonging to the captured vessels drowned themselves, as they were sure of suffering a lingering and cruel death if taken after making resistance. The admiral left the fleet in charge of his brother, the second in command, and proceeded with his own vessel towards Lantow. The fleet remained in this river, cutting paddy, and getting the necessary supplies.

On the 28th of October, I received a letter from Captain Kay, brought by a fisherman, who had told him he would get us all back for three thousand dollars. He advised me to offer three thousand, and if not accepted, extend it to four; but not farther, as it was bad policy to offer much at first : at the same time assuring me we should be liberated, let the ransom be what it would. I offered the chief the three thousand, which he disdainfully refused, saying he was not to be played with; and unless they sent ten thousand dollars, and two large guns, with several casks of gunpowder, he would soon put us all to death. I wrote to Captain Kay, and informed him of the chief's deter mination, requesting if an opportunity offered, to send us a shift of clothes, for which it may be easily imagined we were much distressed, having been seven weeks without a shift; although constantly exposed to the weather, and of course frequently wet.

On the first of November, the fleet sailed up a narrow river, and anchored at night within two miles of a town called Little Whampoa. In front of it was a small fort, and several mandarine vessels lying in the harbour. The chief sent the interpreter to me, saying, I must order my men to make cartridges and clean their muskets, ready to go on shore in the morning. I assured the interpreter I should give the men no such orders, that they must please themselves. Soon after the chief came on board, threatening to put us all to a cruel death if we refused to obey his orders. For my own part I remained determined, and advised the men not to comply, as I thought by making ourselves useful we should be accounted too valuable.

A few hours afterwards he sent to me again, saying, that if

myself and the quarter-master would assist them at the great guns, that if also the rest of the men went on shore and succeeded in taking the place, he would then take the money offered for our ransom, and give them twenty dollars for every Chinaman's head they cut off. To these proposals we cheerfully acceded, in hopes of facilitating our deliverance.

Early in the morning the forces intended for landing were assembled in row-boats, amounting in the whole to three or four thousand men. The largest vessels weighed, and hauled in shore, to cover the landing of the forces, and attack the fort and mandarine-vessels. About nine o'clock the action commenced, and continued with great spirit for nearly an hour, when the walls of the fort gave way, and the men retreated in the greatest confusion.

The mandarine vessels still continued firing, having blocked up the entrance of the harbour to prevent the Ladrone boats entering. At this the Ladrones were much exasperated, and about three hundred of them swam on shore, with a short sword lashed close under each arm; they then ran along the banks of the river 'till they came a-breast of the vessels, and then swam off again and boarded them. The Chinese thus attacked, leaped over-board, and endeavoured to reach the opposite shore; the Ladrones followed, and cut the greater number of them to pieces in the water. They next towed the vessels out of the harbour, and attacked the town with increased fury. The inhabitants fought about a quarter of an hour, and then retreated to an adjacent hill, from which they were soon driven with great slaughter.

After this the Ladrones returned, and plundered the town, every boat leaving it when laden. The Chinese on the hills perceiving most of the boats were off, rallied, and retook the town, after killing near two hundred Ladrones. One of my men was unfortunately lost in this dreadful massacre! The Ladrones landed a second time, drove the Chinese out of the town, then reduced it to ashes, and put all their prisoners to death, without regarding either age or sex!

I must not omit to mention a most horrid^{though ludicrous} circumstance which happened at this place. The Ladrones were paid by their chief ten dollars for every Chinaman's head they produced. One of my men turning the corner of a street was met by a Ladrone running furiously after a Chinese; he had a drawn sword in his hand, and two Chinaman's heads which he had cut off, tied by their tails, and slung round his neck. I was witness myself to some of them producing five or six to obtain payment!!!

On the 4th of November an order arrived from the admiral for the fleet to proceed immediately to Lantow, where he was lying with only two vessels, and three Portuguese ships and a brig constantly annoying him; several sail of mandarine vessels were daily expected. The fleet weighed and proceeded towards Lantow. On passing the island of Lintin, three ship.and a brig gave chase to us. The Ladrones prepared to board; but night closing we lost sight of them : I am convinced they altered their course and stood from us. These vessels were in the pay of the Chinese government, and style themselves the Invincible Squadron, cruizing in the river Tigris to annihilate the Ladrones!

On the fifth, in the morning, the red squadron anchored in a bay under Lantow; the black squadron stood to the eastward. In this bay they hauled several of their vessels on shore to bream their bottoms and repair them.

In the afternoon of the 8th of November, four ships, a brig and a schooner came off the mouth of the bay. At first the pirates were much alarmed, supposing them to be English vessels come to rescue us. Some of them threatened to hang us to the mast-head for them to fire at; and with much difficulty we persuaded them that they were Portuguese. The Ladrones had only seven junks in a fit state for action; these they hauled outside, and moored them head and stern across the bay; and manned all the boats belonging to the repairing vessels ready for boarding.

The Portuguese observing these man[oe]uvres hove to, and communicated by boats. Soon afterwards they made sail, each ship firing her broadside as she passed, but without effect, the shot falling far short : The Ladrones did not return a single shot, but waved their colours, and threw up rockets, to induce them to come further in, which they might easily have done, the outside junks lying in four fathoms water which I sounded myself : though the Portuguese in their letters to Macao, lamented there was not sufficient water for them to engage closer, but that they would certainly prevent their escaping before the mandarine fleet arrived!

On the 20th of November, early in the morning, discovered an immense fleet of mandarine vessels standing for the bay. On nearing us, they formed a line, and stood close in; each vessel as she discharged her guns tacked to join the rear and reload. They kept up a constant fire for about two hours, when one of their largest vessels was blown up by a firebrand thrown from a Ladrone junk; after which they kep.at a more respectful distance, but continued firing without intermission 'till the 21st at night, when it fell calm.

The Ladrones towed out seven large vessels, with about two hundred row-boats to board them; but a breeze springing up, they made sail and escaped. The Ladrones returned into the bay, and anchored. The Portuguese and mandarines followed, and continued a heavy cannonading during that night and the next day. The vessel I was in had her foremast shot away, which they supplied very expeditiously by taking a mainmast from a smaller vessel.

On the 23d, in the evening, it again fell calm; the Ladrones towed out fifteen junks in two divisions, with the intention of surrounding them, which was nearly effected, having come up with and boarded one, when a breeze suddenly sprung up The captured vessel mounted twenty-two guns. Most of her crew leaped overboard; sixty or seventy were taken immediately, cut to pieces and thrown into the river. Early in the morning the Ladrones returned into the bay, and anchored in the same situation as before. The Portuguese and mandarines followed, keeping up a constant fire. The Ladrones never returned a single shot, but always kept in readiness to board, and the Portuguese were careful never to allow them an opportunity.

On the 28th, at night, they sent in eight fire-vessels, which if properly constructed must have done great execution, having every advantage they could wish for to effect their purpose; a strong breeze and tide directly into the bay, and the vessels lying so close together that it was impossible to miss them. On their first appearance the Ladrones gave a general shout, supposing them to be mandarine vessels[11] on fire, but were very soon convinced of their mistake. They came very regularly into the centre of the fleet, two and two, burning furiously; one of them came alongside of the vessel I was in, but they succeeded in booming her off. She appeared to be a vessel of about thirty tons; her hold was filled with straw and wood, and there were a few small boxes of combustibles on her deck, which exploded alongside of us without doing any damage. The Ladrones, however, towed them all on shore, extinguished the fire, and broke them up for fire-wood. The Portuguese claim the credit of constructing these destructive machines, and actually sent a dispatch to the Governor of Macao, saying they had destroyed at least one-third of the Ladrones' fleet, and hoped soon to effect their purpose by totally annihilating them.

On the 29th of November, the Ladrones being all ready for sea, they weighed and stood boldly out, bidding defiance to the invincible squadron and imperial fleet, consisting of ninety-three war-junks, six Portuguese ships, a brig, and a schooner. Immediately the Ladrones weighed, they made all sail. The Ladrones chased them two or three hours, keeping up a constant fire; finding they did not come up with them, they hauled their wind and stood to the eastward.

Thus terminated the boasted blockade, which lasted nine days, during which time the Ladrones completed all their repairs. In this action not a single Ladrone vessel was destroyed, and their loss about thirty or forty men. An American was also killed, one of three that remained out of eight taken in a schooner. I had two very narrow escapes : the first, a twelve-pounder shot fell within three or four feet of me; another took a piece out of a small brass-swivel on which I was standing. The chief's wife[12] frequently sprinkled me with garlic-water, which they consider an effectual charm against shot. The fleet continued under sail all night, steering towards the eastward. In the morning they anchored in a large bay surrounded by lofty and barren mountains.

On the 2nd of December I received a letter from Lieutenant Maughn, commander of the Honourable Company's cruizer Antelope, saying that he had the ransom on board, and had been three days cruizing after us, and wished me to settle with the chief on the securest method of delivering it. The chief agreed to send us in a small gun-boat, 'till we came within sight of the Antelope; then the Compradore's boat was to bring the ransom and receive us.

I was so agitated at receiving this joyful news, that it was with considerable difficulty I could scrawl about two or three lines to inform Lieutenant Maughn of the arrangements I had made. We were all so deeply affected by the gratifying tidings, that we seldom closed our eyes, but continued watching day and night for the boat. On the 6th she returned with Lieutenant Maughn's answer, saying, he would respect any single boat; but would not allow the fleet to approach him. The chief then, according to his first proposal, ordered a gun-boat to take us, and with no small degree of pleasure we left the Ladrone fleet about four o'clock in the morning.

At one P.M. saw the Antelope under all sail, standing toward us. The Ladrone boat immediately anchored, and dispatched the Compradore's boat for the ransom, saying, that if she approached nearer, they would return to the fleet; and they were just weighing when she shortened sail, and anchored about two miles from us. The boat did not reach her 'till late in the afternoon, owing to the tide's being strong against her. She received the ransom and left the Antelope just before dark. A mandarine boat that had been lying concealed under the land, and watching their man[oe]uvres, gave chace to her, and was within a few fathoms of taking her, when she saw a light, which the Ladrones answered, and the Mandarine hauled off.

Our situation was now a most critical one; the ransom was in the hands of the Ladrones, and the Compradore dare not return with us for fear of a second attack from the mandarine boat. The Ladrones would not remain 'till morning, so we were obliged to return with them to the fleet.

In the morning the chief inspected the ransom, which consisted of the following articles : two bales of superfine scarlet cloth; two chests of opium; two casks of gunpowder; and a telescope; the rest in dollars. He objected to the telescope not being new; and said he should detain one of us 'till another was sent, or a hundred dollars in lieu of it. The Compradore however agreed with him for the hundred dollars.

Every thing being at length settled, the chief ordered two gun-boats to convey us near the Antelope; we saw her just before dusk, when the Ladrone boats left us. We had the inexpressible pleasure of arriving on board the Antelope at 7 P.M., where we were most cordially received, and heartily congratulated on our safe and happy deliverance from a miserable captivity, which we had endured for eleven weeks and three days.

(Signed) RICHARD GLASSPOOLE.

China, December 8th, 1809

2) A few Remarks on the Origin, Progress, Manners, and Customs of the Ladrones

The Ladrones are a disaffected race of Chinese, that revolted against the oppressions of the mandarines. — They first commenced their depredations on the Western coast[Cochin-China], by attacking small trading vessels in row-boats, carrying from thirty to forty men each. They continued this system of piracy several years; at length their successes, and the oppressive state of the Chinese, had the effect of rapidly increasing their numbers. Hundreds of fishermen and others flocked to their standard; and as their number increased they consequently became more desperate. They blockaded all the principal rivers, and attacked several large junks, mounting from ten to fifteen guns each.

With these junks they formed a very formidable fleet, and no small vessels could trade on the coast with safety. They plundered several small villages, and exercised such wanton barbarity as struck horror into the breasts of the Chinese. To check these enormities the government equipped a fleet of forty imperial war-junks, mounting from eighteen to twenty guns each. On the very first rencontre, twenty-eight of the imperial junks struck to the pirates; the rest saved themselves by a precipitate retreat.

These junks, fully equipped for war, were a great acquisition to them. Their numbers augmented so rapidly, that at the period of my captivity they were supposed to amount to near seventy thousand men, eight hundred large vessels, and nearly a thousand small ones, including row-boats. They were divided into five squadrons, distinguished by different coloured flags : each squadron commanded by an admiral, or chief; but all under the orders of A-juo-chay^{Ching yĭh saou}, their premier chief, a most daring and enterprising man, who went so far as to declare his intention of displacing the present Tartar family from the throne of China, and to restore the ancient Chinese dynasty.

This extraordinary character would have certainly shaken the foundation of the government, had he not been thwarted by the jealousy of the second in command, who declared his independence, and soon after surrendered to the mandarines with five hundred vessels, on promise of a pardon. Most of the inferior chiefs followed his example. A-juo-Chay^{Ching yĭh saou} held out a few months longer, and at length surrendered with sixteen thousand men, on condition of a general pardon, and himself to be made a mandarine of distinction.

The Ladrones have no settled residence on shore, but live constantly in their vessels. The after-part is appropriated to the captain and his wives; he generally has five or six. With respect to conjugal rights they are religiously strict; no person is allowed to have a woman on board, unless married to her according to their laws. Every man is allowed a small berth, about four feet square, where he stows with his wife and family.

From the number of souls crowded in so small a space, it must naturally be supposed they are horridly dirty, which is evidently the case, and their vessels swarm with all kinds of vermin. Rats in particular, which they encourage to breed, and eat them as great delicacies;[13] in fact, there are very few creatures they will not eat. During our captivity we lived three weeks on caterpillars boiled with rice. They are much addicted to gambling, and spend all their leisure hours at cards and smoking opium.

THE END.

LONDON :
Printed by J. L. Cox, Great Queen Street,
Lincoln's Inn Fields.

FOOT NOTES

1 The Chinese have particular histories of the robbers and pirates who existed in the middle empire from the most ancient times; these histories form a portion of every provincial history. The three last books(the 58th, 59th, and 60th) of the *Memoirs concerning the South of the Meihling Mountains*(see the *Catechism of the Shahmans*, p.44) are inscribed Tsing fun(10987, 2651), and contain the Robber history from the beginning of Woo wang, of the dynasty Chow. The Memoirs only give extracts of former works; the extracts to the three last books are taken from *the Great History of Yuĕ*, or Province of Kwang tang(*Yuĕ ta ke*), from *the Old Transactions of the Five Realms*(*Woo kwŏ koo sse*), *the Old Records of Yang ching*, a name of the ancient city of Kwang tung(*Yang ching koo chaou*), *the Official Robber History*(*Kwŏ she yĭh shin chuen*), &c.

2 We are chiefly indebted to the Jesuits that the Russians had not conquered part of China about the middle of the seventeenth century. See the passage of Muller in Burney's Voyages of Discovery to the North-East Passage, p.55. The Manchow destroyed the Chinese patriots by the cannon cast by the Rev. Father Verbiest.—Le Comte, Nouvelles Observations sur la Chine.

3 We have a learned dissertation, pleading for the authenticity of the famous inscription of Se ngan foo, by a well-known Sinologue. May we not be favoured with another Oratio pro domo concerning the many crosses which had been found in Fuh këen, and on the "Escrevices de Mer, qui estans encore en vie, lors mesme qu'elles estoient cuites?" See Relation de la Chine par Michel Boym, de la Compagnie de Jesus, in Thévenot, et Relations de divers Voyage, vol. ii, pp.6 and 14.

4 Toland, *History of the Druids*, p.51.
"This justice, therefore, I would do to Ireland, even if it had not been my country, viz. to maintain that this tolerating principle, this impartial liberty (of religion), ever since unexampled there as well as elsewhere, China excepted, is far greater honour to it," &c.
Never was a man more calumniated than Confucius by the Jesuit Couplet. *Confucius Sinarum Philosophus* was printed in the year 1687, shortly after Louis XIV. abolished the Edict of Nantes, and persecuted the most industrious part of his subjects. The Jesuit is bold enough to affirm, in his *Epistola Dedicatoria ad Ludovicum magnum*, that the Chinese philosopher would be exceedingly rejoiced in seeing the piety of the great king.
"Quibus te laudibus efferret, cum haeresin, hostem illam avitae fidei ac regni florentissimi teterrimam, proculcatam et attritam, edicta quibus vitam ducere videbatur, abrogata; disjecta templa, nomen ipsum sepultum, tot animarum millia pristinis ab erroribus ad veritatem, ab exitio ad salutem tam suaviter(!) tam fortiter(!),

tam feliciter(!) traducta."

5 *Toreen's Voyage behind Osbeck,* II. 239, English translation.

6 *The Canton Register, 1829,* No. 20.

7 Jang sëen is his Tsze, or title. The numbers which are to be found on the margin of the translation, refer to the pages of the Chinese printed text.

8 The cubit at Canton is 14 inches 625 dec. Morrison, under the word Weights, in his Dictionary, English and Chinese.

9 We see by this statement that Couplet is wrong in saying(*Confucius Sinarum philosophus.* Proemialis declaratio, p.60) : "Mahometani, qui una cum suis erroribus ante annos fere septingentos(Couplet wrote 1683) magno numero et licentia ingressi in Chinam."

10 This statement is so extraordinary, that the Translator thought it necessary to compare many passages where the character shăh(8384 M.) occurs. Shăh originally means, according to the Shwŏ wăn, near, joining; and Shăh kwŏ, are, according to Dr. Morrison, "small states attached to and dependent on a larger one : tributary states." The character shăh is often used in the same signification in the 57th book of our work. The description of the Peninsula of Malacca begins(Mem. b. 57, p.15 r.) with the following words : "Mwan lă kea(Malacca) is in the southern sea, and was originally a tributary state(shăh kwŏ) of Sëen lo, or Siam; but the officer who there had the command revolted and founded a distinct kingdom." In the war which the Siamese some years back carried on against the Sultan of Guedah, they always affirmed that the King of Siam is, by his own right, the legitimate sovereign of the whole peninsula of Malacca, and that the Sultan must only be considered as a rebel against his liege. The statement of the Chinese author, therefore, corroborates the assertions of the Siamese.

11 On the *General Map of the Western Sea(Se hae tsung too)* Lin yin takes the place of Sweden. I cannot conceive what can be the cause of that denomination. Lin yin, perhaps, may mean the island Rugen?

12 The common word for cloth, to lo ne, seems to be of Indian origin; it is certainly not Chinese. The proper Chinese name is jung.

13 Peih ke is written with various characters. See Morrison's Dictionary, under the word Peih, 8509.

14 The syllable lo is not in the Chinese text, as it is supposed, by a mistake of the printer.

15 It may be remarked, that Cosmas, about the middle of the sixth century, had a better idea concerning the Chinese empire, or the country of Tsin, than the Chinese have even now of Europe. Such an advantage was it to be born a Greek and not a Chinese. Cosmas seems very well informed concerning the articles of trade which the Chinese generally bring to Serendib, or Serendwîp.(Ceylon). He remarks, that farther than China there exists no other country; that on the east it is surrounded by the ocean; and that Ceylon is nearly as far from the Persian gulf as from Tziniza or China. See the description of Taprobane, taken from the Christian Topography, and printed in Thévenot, "Relations de divers Voyages" vol. i. pp.2, 3, and 5. The Chinese about Canton have a custom of ending every phrase with a long a(a is pronounced like a in Italian) which is merely euphonic, like yay(11980) in the Mandarine dialect. If a Chinese should be asked about his country, he would answer according to the different dynasties, Tsin-a, Han-a, Tang-a, Ming-a, &c. Tsin-a is probably the origin of Tziniza. It is a little strange that Rennel takes no notice of the statements of Cosmas.(See the Geographical System of Herodotus I. 223, Second Edition, London, 1830.) Is it not very remarkable, that this merchant and monk seems to have also had very correct information concerning the north-west frontier of China, and of the conquest which the Huns (in Sanscrit Hūna) have made in the north-west part of Hindostan? He reckons from China, through Tartary and Bactria to Persia, 150 stations, or days' journies. About the time of Cosmas, an intercourse commenced between China and Persia.

16 In prefaces and rhetorical exercises, the Chinese commonly call the years by the names employed in the well-known cycle of sixty years. The first cycle is supposed to have begun with the year 2697 before Christ. In the year 1804, the ninth year of Këa kĭng, was the beginning of the thirty-sixth cycle. −Histoire générale de la Chine, XII. p.3 and 4.

17 The Mei ling mountains, which divide the province Kwang tung from the province Këang se. See Note in the beginning of the History of the Pirates.

18 The place where European ship.lie at anchor in the river of Canton, and one of the few spots which foreigners are allowed to visit.

19 I translate the Chinese words Wae she, by non-official historian, in opposition to the Kwŏ she, or She kwan, the official historiographers of the empire. Both Yuen tsze, author of the following History of the Pirates, and Lan e, author of the work which is referred to in the preface, are such Public historians, who write —like most of the historians of Europe — the history of their own times, without being appointed to or paid for by government.

Lan e gives the history of the civil commotions under Këa king, which continued from the year 1814 to 1817, in six books; the work is printed in two small volumes, in the first year of Tao kwang(1820), and the following contains the greater part of the preface :

"In the spring of the year Kea su(1814), I went with other people to Peking; reaching the left side of the (Mei ling) mountains we met with fellow travellers, who joined the army, and with many military preparations. In the capital I learned that the robber Lin caused many disturbances; I took great care to ascertain what was said by the people of the court, and by the officers of government, and I wrote down what I heard. But being apprehensive that I might publish truth and falsehood mixed together, I went in the year Ting chow(1817) again to the metropolis, and read attentively the imperial account of the Pacification of the Robber-bands, planned the occurrences according to the time in which they happened, joined to it what I heard from other sources, and composed out of these various matters a work in six books, on the truth of which you may rely."

Lan e begins his work with the history of those rebels called Têen le keaou(the Doctrine of Nature). They were divided into eight divisions, according to the eight Kwas, and placed under three captains, or chiefs, of whom the first was called Lin tsing—the same Lin who is mentioned in the preface of Soo. These followers of the doctrine of Nature believed implicitly in an absurd book written by a robber, in which it was stated, that the Buddha who should come after Shakia (in Chinese called Me lĭh, in Sanscrit Maëtreya) is in possession of three seas, the blue, the red, and the white. These seas are the three Kalpas; we now live in the white Kalpa. These robbers, therefore, carried white banners. *Tsing yih ke*, B. i., p.i.

20 The Translator thinks it his duty to observe, that this preface, being printed in characters written in the current hand, he tried in vain to make out some abbreviations; he is, therefore, not quite certain if the last phrase beginning with the words : "Yuen tsze has overlooked nothing," &c. be correctly translated.

21 The names of authors of Prefaces, as well as of works themselves, which are not authorized by government, are often fictitious. Who would dare to publish or recommend any thing under his own name, which could displease any of the officers of the Chinese government? The author of the following Preface has a high-sounding title : "He, whose heart is directed towards the people."

22 Keun, or Tsze, are only titles, like those of Master and Doctor in the European languages. Keun is, in the Canton dialect, pronounced Kwa, which, placed behind the family names of the Hong, or Hing(3969) merchants, gives How qwa, or How kwa, Mow kwa, &c., which literally means "Mr. How, Mr. Mow."

23 I presume that the author of the Preface alludes to the twenty-three large historical collections, containing the official publications regarding history and general literature. I have brought with me from Canton this vast collection of works, which are now concluded by the History of the Ming. It must be acknowledged that no other nation has, or had, such immense libraries devoted to history and geography. The histories of ancient Greece and Rome are pamphlets in comparison with the Url shih

san she of the Chinese.

24 See the first Note to this preface.

25 In the original Chinese now follows a sort of Introduction, or Contents(Fan le), which I thought not worth translating. It is written by the author of the *History of the Pacification of the Pirates*, who signs by his title Jang sëen.

26 This prince was declared Emperor on the 8th February 1796, by his father the Emperor Këen lung, who then retired from the management of public affairs. — Voyage of the Dutch Embassy to China, in 1794-1795; London edition, I. 223. Këa king died on the 2d of September 1820, being sixty-one years of age. His second son ascended the Imperial throne six days after the death of his father; the years of his reign were first called Yuen hwuy, but soon changed to Taou kwang—Illustrious Reason. Indo-Chinese Gleaner, vol. iii. 41.

27 Annam(Chinese, Annan) comprehends the country of Cochin-China and Tung king. There have been many disturbances in these countries within the last fifty years. The English reader may compare the interesting historical sketch of modern Cochin-China in Barrow's *Voyage to Cochin-China*, p.250.

28 The origin of this family may be seen in a notice of Cochin-China and Tung king by father Gaubil, in the "Lettres Edifiantes," and in the last volume of the French translation of the Kang mäh. Annam had been conquered by Chinese colonies, and its civilization is therefore Chinese. This was already stated in Tavernier's masterly description of Tunking, "Recueil de plusieurs Relations," Paris, 1679, p.168. Leyden, not knowing Chinese, has made some strange mistakes in his famous dissertation regarding the languages and literature of Indo-Chinese nations. *Asiatic Researches*, vol. x. 271, London edition, 1811.

29 In Chinese Lung lae(7402, 6866 Mor.); this name is taken from the metropolis of this kingdom, called by the European travellers in the beginning of the seventeenth century, Laniam, Laniangh, or Lanshang. Robt. Kerr, *General History and Collection of Voyages and Travels*, Edinburgh, 1813, vol. viii. 446, 449. —The Burmas call this country Layn-sayn; "Buchanan on the Religion and Literature of the Burmas." *Asiatic Researches*, vol. ii. 226, London edition, 1810, 4to. The kingdom of Laos was conquered about the end of the year 1828, by the Siamese; the king, his two principal wives, his sons, and grandsons, amounting in all to fourteen persons, were cruelly killed at Bangkok. The Protestant missionaries, Thomlin and Guzlaff, saw nine of the relations of the king in a cage at Bangkok, the 30th of January, 1829. *The First Report of the Singapore Christian Union*, Singapore, 1830, Appendix xv. Is Lang lae a mistake for Lăh lae, which is mentioned in the *Hae kwŏ hëen këen*, p.214? There occurs no Lung lae in this work; where the Indo-Chinese nations are described under the title Nan yan she; i.e. *History* *of the Southern ocean.*

30 People living in the same state of society, have usually the same customs and manners. It is said of the celebrated Buccaneers, that they laid aside their surnames, and assumed nicknames, or martial names. Many, however, on their marrying, took care to have their real surnames inserted in the marriage contract; and this practice gave occasion to a proverb still current in the French Antilles, a man is not to be known till he takes a wife. See *the Voyages and Adventures of William Dampier*, and *History of the Buccaneers*, p.87. Women cut the characters for common Chinese books; and, therefore, the Chinese say, so many mistakes are found in ordinary publications. The character po(8123) in Tung hae po is by such a mistake always written pĭh(8527).

31 He called himself Hëo hëen(3728, 3676) after having received a recompense from government for his robberies. See p.75.

32 Our author anticipates here a little; this will be clear by a subsequent paragraph, p.13.

33 Shan is a mountain in Chinese; Ling is a chain of mountains or sierra. The Chinese geographers say, the Mei ling mountain branches out like a tree; and they describe in particular two, the south-east and the south-west branches from Canton. They speak likewise of Woo Ling, or five sierras, in reference to five different passes by which these mountains are divided; but there are now more passes. See a compilation, already quoted, regarding Canton, made by order of the former governor Yuen, and printed at Canton last year, 1830, in eighty books, under the title Ling nan y ung shuh : i. e. *Memoirs regarding the South of the Sierra*, book 5. vol. ii, p.1.

34 The Chinese possess itineraries and directories for the whole empire, for every province, and for every large town or place; I shall therefore always extract the notices which are to be found in the *Itinerary of the Province Kwang tung*(Kwang tung tsuen too,) referring to the places mentioned in our text.
Hwy is Hwy chow foo, from Pekin 6365 le, and easterly from Canton 400 le; one town of the second, and ten towns of the third rank are appended to this district-metropolis. The whole district pays 14,321 leang, or tael. Here is the celebrated Lo fow mountain. Lo fow consists really of two united mountains, of which one is called Lo and the other Fow, said to be three thousand six hundred chang in height, or 36,000 feet(?). The circumference is about 500 le. Here are the sixteen caverns where the dragon dwells, spoken of in the books of the Tao sect. You meet on these mountains with bamboo from seventy to eighty feet in circumference. Kwang tung tsuen too, p.5v.
Chaou is Chaou chow foo, from Pekin 8,540 and easterly from Canton 1,740 le; eleven towns of the third rank belong to it. The whole district pays 65,593 leang, or tael. A tael is equal to 5.798 decimal, troy weight; and in the East-India Company's accounts the tael of silver is reckoned at six shillings and eightpence sterling. Foo is the

Chinese name for the first class of towns; Chow for the second, Hëen for the third. I sometimes have translated Chow by district-town, and Hëen by borough, or market-town.

35 Kaou is Kaou chow foo, from Pekin 7,767, north-west from Canton 930 le; the district, and five towns of the third class, paying together 62,566 leang, are dependent on the district-metropolis.

Lëen is Lëen chow foo, from Pekin 9,065, from Canton 1,515 le; the district and two towns, paying together 1,681 leang, are dependent on the district-metropolis.

Luy is Luy chow foo, from Pekin 8,210, westerly from Canton 1,380 le; the district and its towns, paying together 13,706 leang, are dependent on the district-metropolis.

Këung is Këung chow foo, the capital of the island Hae nan or Hainan, from Pekin 9,690, south-west from Canton 1,680 le; three district towns, and ten towns of the third class, paying together 89,447 leang, are dependent on this capital. There is a town also called Këung shan hëen, and both town and capital take their name from the mountain Këung.

Kin is Kin chow, dependent on Lëen chow foo, and far from it 140 le.

Tan is Tan chow, a town of Hainan, south-west from the capital 370 le; the area of the town is 31 le.

Yae is Yae chow, a town of Hainan, southerly from the capital of the island 1,114 le. About this town many pirates have their lurking-place. This circumstance may have caused the mistake of Captain Krusenstern, stating that in A.D. 1805, the pirates who infest the coast of China had obtained possession of the whole island of Hainan.

Wan is Wan chow, a town of Hainan, in a south-easterly direction from the capital of the island 470 le.

36 Kwang is Kwang tung săng, or the metropolis of the province Kwang tung(Canton). Ten departments(foo), nine districts(chow), and seventy-eight towns of the third class(hëen), are dependent on the provincial city, and pay together in land-tax 1,272,696 leang, excise 47,510 leang, and in other miscellaneous taxes 5,990 leang. The import duties from the sea-side with measurement of foreign vessels is said in the *Kwang tung tsuen too*, p.3v, to amount to 43,750 leang. All duties together of the province of Canton amount to 1,369,946 taels, about £450,000. The lists of population gave last October(1830) 23,000,000(?) for the whole province, and we now see that the Chinese pay less duties(every inhabitant about fourpence halfpenny) than the population of any country of Europe. I received the population lists from Ahong, an intelligent Chinese, well known to the English residents at Canton. Distance from Pekin about 6,835 le.

The subject concerning the population of China, and the amount of the land-rent, the poll-tax, and other miscellaneous taxes, is surrounded by so many difficulties, that the writer of this dares not to affirm any thing about these matters until he has perused the new edition of Tay tsing hwy tëen. For the present he will merely remark, that in book 141, p.38, of the said work, the population of China Proper for the year 1793 is reckoned at 307,467,200. If we add to this number the population of Chinese Tartary, it will certainly amount to the round number of 333,000,000, as reported by Lord Macartney.

Chow is chow king foo, from Pekin about 4,720, north-west from Canton 360 le. There is certainly some mistake in the Chinese Itinerary; how could Canton be only 6,835, and Chow king foo 7420 le? The imperial edition of the Tay tsing hwy tëen(book 122, p.6 v.) only gives 5,494 le as the distance from Canton to Pekin; there seems to be a different sort of le. The district and eleven towns of the third class, paying together 162,392 leang depend on the district metropolis.

With the aid of the Chinese Itineraries and the new edition of the Tay tsing hwy tëen(printed 1797, in 360 large volumes) it would be an easy task to compile a "Chinese Gazetteer".

37 I found no particulars concerning these two small islands(Chow signifies island) in the Canton Itinerary; and I looked in vain on the great map of the Chinese sea-coast in the *Hae kwŏ hëen këen* for their position.

38 The town Sin hwy is south-west from Canton 230 le; its area is 138 le(?) and the taxes amount to 28,607 leang. This place suffered much from the pirates. I find no proper name for the river on which Sin hwy lies in the Chinese maps, it is merely called Këang, river. Near this place is the island where the last emperor of the Sung cast himself into the sea(1280).

39 The word pe(8335) cannot be translated in any European language. It means a vice common in Asia.

40 The pirates probably made use of the term saou(8833) and not of tse(10575), because saou written with a different character(8834), is the general term for boats and ships. Paou must be considered as the lieutenant or first minister of Mistress Ching, she being herself of the family Shĭh.

41 It will be very interesting to compare the regulations of Paou with those of the Buccaneers. When these pirates had got a considerable booty, each person, holding up his hand, solemnly protested that he had secreted nothing of what he had taken. —Voyage, l. c. p.95.

42 The San po(8788, 8608) are national spirits, and, as it seems, not connected with Buddhism; there is a great variety in the number of these good old mothers, who by the different emperors have been declared saints, or spirits, for the Emperor of China is likewise the popo in his empire. Dr. Morrison has an interesting article on these old women in his Canton Vocabulary. Kang he mentions only two po(s. v.), who may be considered as spirits. This is a character of which the Buddhists are very fond;

perhaps the translator may be wrong, and that San po is merely the Sanscrit word Swayam-bhú.

43 Our author shews every where his partiality for Chang paou.

44 The author said just before that the dominion of the pirates in the Chinese sea lasted about ten years; but he only describes the transactions of the last three years, when their power and strength was at the highest point. He begins to give particulars from the 7th moon of the 13th year of Kёa king, which corresponds nearly to the beginning of September 1808.

45 There are three wretched forts at the Hoo mun, the mouth of the Canton river, which could scarcely hinder any European vessel from passing through.

46 One of the islands marked upon European maps is called The Ladrones : these Ladrones, so called from the pirates, have all particular names on Chinese maps.

47 In the first preface of the *Hae kwŏ hëen këen* it is particularly stated, that the map of the sea-coast of China became first known to its editor by the expeditions against the pirates.

48 There are, as is stated in my preface, some vulgar or provincial characters in this history; here(p.1.) occurs a character not to be found in Kanghe, composed out of the fifty-sixth radical and the group Leaou or Lew(7061, 7203). My whole library being locked up in the Custom-house, I am not able to consult a dictionary of the Canton dialect, therefore the meaning of these characters can only be guessed at by etymology. The etymology of the characters gives sometimes a better meaning than any dictionary, and sometimes it may entirely mislead us; there is no reliance on etymology. Usage is the only master of the Chinese, as of all other languages.

49 Hёang shan is a considerable place between Macao and Canton. I passed this town in the beginning of October 1830. Distance from Canton 150 le in an eastern direction.

50 It was, as we have before stated, the policy of Chang paou to befriend himself, when possible, with the lower sort of people.

51 Here the author himself says Te ming(9955, 7714) "name of a place." To find out the names of places and persons, and distinguish the titles of the different officers employed by government, is often a very difficult task. The last character in the name of this place, pae, is very seldom found; it is the fourth character of the division of eight strokes, rad. 177.—See Kanghe. O is, in the Canton dialect, commonly pronounced like A, in Italian.

52 These are large vessels with windows, from 200 to 500 tons; they are called by Europeans by the Chinese name, in the Canton dialect, junks; chuen is the Mandarin pronunciation. The foreign trade of Cochin-China and Tung king is almost exclusively with China, that to Siam, Singapur, and Malacca, being inconsiderable. The Cochin-Chinese government tried some years ago to open a regular trade with Calcutta; but this undertaking partly failed on account of the heavy duties on foreign sugar in the possessions of the East-India Company. Sugar is a great article of export in Cochin-China and Siam.

53 On the large map of the coast of China from Corea to Cochin-China, called *Yuen*(12542) *hae tsuen* too, this place is called Lao wan shan, "the old ten thousand mountains," and is exactly opposite to the Bocca Tigris in a direct southerly direction.

54 The sails of Chinese vessels are often called Mats, for they are really nothing else than matting.

55 Le : this itinerary measure, as we have remarked, is different in different parts of the empire; it is generally considered that 250 le make a degree of latitude.

56 This they did probably to look more ferocious. Plutarch observes of Sylla, that "the ferocity of his aspect was heightened by his complexion, which was a strong red, interspersed with spots of white."

57 Mun means an entrance or mouth; few of these places are to be found, even in the particular maps of the province Kwang tung in the *Tay tsing hwy teen*.

58 Paou, the first character of 8233, is in our own history always used in the signification of cannon. The word meant in former times an engine for throwing stones, and so it is used in the history of the Han dynasty. This gave rise to the opinion that the Chinese had guns and gunpowder long before its discovery in Europe. How could these extraordinary engines have escaped the discriminating genius of Marco Polo, had they existed in China?

59 The three provinces which have Këang(5500) in their name the same as the two Kwang, Kwang to the east(tung) and Kwang to the west(se), are usually united under one governor and one deputy governor.

60 Previously they robbed only in the open sea, outside the Canton river.

61 The river discharges itself by many channels into the sea.

62 Tung kwan hëen is easterly from Canton 150 le, its area amounts to 180 le, and pays 44,607 leang land-rent, or taxes. There are many small islands belonging to the district of Tung kwan.

63 Fan yu hëen, near Canton. The place where European ships anchor belongs to this Hëen; its area amounts to 140 le, and pays 48,356 leang. I looked in vain for some notices regarding the many small villages which are to be found in the sequel of the page. Some of them are merely mentioned in the Itinerary of the province Canton. The reader may compare the account of Richard Glasspoole in the Appendix.

64 These are names of different sorts of Chinese vessels or junks.

65 In the original Kin(6369). Kin cannot be the common cash(Tung pao) for then the sum would be too trifling—8 to 900 are to be got in Canton for a Spanish dollar. If Kin were used for dollar, or tael, which is very probable, the sum is enormous. Richard Glasspoole states that the pirates demanded indeed ten thousand dollars!—See the Appendix.

66 Hoo mun. The following notice on the Chinese tiger is taken from the geography of Mookden, and translated by Father Amiot. Eloge de la ville de Moukden par Kien long, p.249. "Au-delà de nos frontières(Mookden), il y a une espèce de tigre, dont la peau est un fort beau blanc, sur lequel il y a, par intervalles, des taches noires. Ces espèces de tigres sont plus méchants et plus féroces que les autres." Father Amoit adds, that these tigers are called Hoo by the Chinese, and Tasha by the Manchow.

67 The Chinese geographers and historians are very well acquainted with Siam; there is an interesting description of this empire in the Hae kwo hëen këen, p.21, and in the 57th book, p.13, of the memoirs concerning the south of the Mei ling mountains. That Siam acknowledges the supremacy of China, was known to the most early European travellers. Cluver says (in his Introductio in omnem Geographiam Wolfenbuttelæ, 1694, 4to., p.473), that "Rex Siamensis irruptione crebriori Tartarica pressus, Chano denique Chinensi sese beneficiarium aut vasallum submisit." Mendez Pinto, who was in that country in the year 1540, states that the king of Siam acknowledged the supremacy of China; Bernhardi Vareni Descriptio regni Japoniæ et Siam; Cantabrigiæ 1673~1678, p.128.

68 It is impossible to translate the names of vessels of different descriptions. The large are the Chang lung, or great dragon vessels which by the Chinese law are forbidden to be used by any private person; these are the Mandarin, or government vessels. The pirates nevertheless had such vessels, as likewise the daring smugglers, who bring the opium from Lintin, or Linting, to Canton. The amount of the opium trade in the port of Canton was, in the year 1829~1830, equal to 12,057,157 Sp.dollars.

69 One of the English sailors, who had been taken prisoner. "The pirates frequently obliged my men to go on shore and fight with the muskets, which did great execution;

the Chinese principally using bows and arrows. They have match-locks, but use them very unskilfully."—See Appendix.

70 A shih, or stone, contains four keun : a keun thirty kin or catty, the well known Chinese weight : a catty is equal to one pound and a third English.

71 Nan hae hëen. Its area amounts to 278 le, and it pays 63,731 leang. The European factories in Canton lie in this district, and the monastery opposite to the factories is usually from the name of the district called the Hae nan sze, the temple of Hae nan. The district of every place is called by the name of the the place, and we must therefore speak of the town and district Nan hae.

72 This simple note of the Chinese author better illustrates the religion of China than many learned dissertations. All the deities, those of Greece and Rome, of China and India, are derived from two sources; both the powers of nature and highly gifted human beings were deified. These powers of nature, and the virtues and vices of men being in every community nearly similar, the same gods and goddesses are found everywhere; only their external form and shap.is different. Every province, every town, and every village of China has its particular tutulary saint, or god, and on the day of his festival his effigy is carried in public. There is no essential difference in this respect between China and those countries where Roman Catholicism is yet in its highest vigour. The effigies of the Chinese gods and goddesses are all of the human shape; they have no monsters like India and Egypt, under which it was once the fashion to seek for extraordinary wisdom and astonishing science. Lucian has already taken the liberty of laughing at these deities, and at the writers, the prophets, and sophists, who try to find some sense in all this vulgar display of nonsense, by which the people are deluded. Lucian de Sacreficiis s. f. where he laughs at the Jupiter with a ram's head, at the good fellow Mercurius with the countenance of a dog, etc. [Greek : Krioprosôpon men ton Dia, chynoprosôpon de ton beltison Ermên hai ton Pana holon tragon], etc. See the pleasant story of Jupiter with the ram's head in Herodotus, II. 42.

73 The strong winds(Tay fung) in the Chinese sea begin about the middle of September, or just before the equinox.

74 It is not stated in the Chinese text, whose father rushed forward, whether it was the father of the lady, or of Wei tang chow.

75 I must again remark that there is a false character in our text : it should be Nëë, 7974 in the Tonical Dictionary of Dr. M.

76 I am compelled to give a free translation of this verse, and confess myself not quite certain of the signification of the poetical figures used by our author. Fūng signifies a hollow pyramid filled with combustibles; yěn signifies the smoke caused by combustion; tseāng signifies the spar or yard in a boat or ships to which the sail is attached, and ying is shadow. It seems that the author alludes to the spar or yard-arm, at which Mei ying was fastened by the pirate; but what he means by shadow I do not really know, perhap. ying is in the place of Mei ying.

77 The Chinese characters are printed like the other portion of the work. I have divided them according to the verses. Only the first eight lines have a regular metre of five feet, or words, and as the author himself says, his song is then at an end; but the language still remains poetical, and for that reason it was thought proper to divide also the remaining lines like verses. Every word must be considered as consisting of one syllable or sound, even if we write it with three or four vowels. Poetry is perhaps more esteemed in China, than in any other country in the world. The late governor-general of Kwang tung and Kwang se, his Excellency Yuen, published the poems of his daughter, who died when only nineteen years of age. Most of the emperors of China wrote verses, and I have, if I remember rightly, an imperial collection printed at the command of Këa king of many volumes, containing the poetry of the crowned heads of China. The reader may easily imagine that the Chinese have many works on poetry; I am also in possession of a Chinese Gradus ad Parnassum in ten large volumes, in which are to be found, divided under different heads, all the fine expression and poetical images of the classical poets. Mr. Davis has given some excellent specimens of Chinese poetry in his elegant dissertation on that subject.

78 Verbally "monkeys and birds," a sort of birds which according to Dr. Morrison are something similar to our crows.

79 In the memoirs concerning the south of the Mei ling mountains, three books (from 9~11 incl.) are filled up with a description of the seas, rivers, and lakes, of the province of Canton. Book ninth begins with a general description of the Chinese seas, and of the different entrances from the sea-side; then follows a particular description of the sea near Canton and Hainan, and of the different Tides at various places. The mariner would certainly be gratified by a translation of this part of the work. The translator has often remarked the extraordinary phenomenon of the fiery appearance of the sea, during his residence in China. In the before-mentioned work, b. ix. p.5 v, we read the following notice concerning this phenomenon :
"The fire in the sea : It happens sometimes that sea waves have such a luminous appearance, as if the whole sea were full of fire. If you cast any thing into the sea, it becomes luminous like a star; but you do not see this during moonlight. Wood having in itself no fire, receives a fiery appearance, after having been passed through the water."
In b. x. p.10 r. Whampo is said to be seventy le from the sea custom-house of Canton. In this extract foreigners are in general very unfavourably spoken of. Amongst other

things we are told, "that foreigners or barbarians drink so much strong liquor that they are not able to stand on their feet; they fall down intoxicated, and before having had a sound sleep, they cannot rise again." It is also remarked in the same article that many people assemble together at Whampo, to attend the trade with the foreigners; the reason probably why our author calls it "the Great." The reader will remember what has been said on Hëang shan in a former note; I will only here add the remark of Martini, "that in his time the principal and most wealthy merchants lived in that place."(Thévenot, Rélations de divers voyages, iii. 167.)

80 It is well known that a great part of the population of China live on the water, and they are generally called Tan(9832) people; —a word which in the Canton dialect is pronounced Tanka. They are quite a separate race, and harshly dealt with by the Chinese government. There exist particular works concerning the history, the customs and laws of these boat-people. They more than once opposed the despotic regulation of their masters, and government was always afraid they might join the pirates. The history of the southern barbarians in the often quoted Memoirs, &c. begins with a description of the Tan jin, or Tanka people, and it is there said that they are divided into three different classes. The description of their customs and manners is very interesting, and I hope soon to lay it before the English reader. It has been supposed that the name Tanka people is derived from the form of their boats, which is similar to an egg; but Shwŏ wăn, as quoted in Kang he, explains the word only by Nan fang e yay, Barbarians of the southern region. There exist different forms of this character, but I think we should not presume to make an etymology of a Chinese character without being authorized by the Shwŏ wăn, the oldest and most genuine source of Chinese lexicography.

81 In the Chinese text is King king(the character is composed out of radical fire and ear), on which is to be found an interesting critical observation in Kang he, s. v. b. viii. p.119r. In no other oriental language has there been so much done by the natives for the foreign student as by the Chinese.

82 The most common denomination for Portugal is now Se yang kwŏ, or more correctly Siao se yang kwŏ. "The small realm in the western ocean; Europ.is called Ta se yang."(See Preface.) I thought it here more proper to translate E by foreigner, than by barbarian. In a Chinese history of Macao, we find various particulars regarding the Portuguese. The description of the Portuguese clergy and the Roman Catholic religion is the most interesting part of this curious publication. It consists of two parts, or volumes.

83 It would be interesting to read the Portuguese version of these skirmishes. A history of these skirmishes was printed at Lisbon, but I could not procure this publication. The reader may compare the statements of Richard Glasspoole in the Appendix.

84 The Chinese are very much accustomed to consult the Păh, or sort. There exists various ways, according to the ideas of the Chinese, of asking the divinity whether any undertaking shall prove either fortunate or not. The translator has seen different modes of casting lots in the temples of the suburbs of Canton. The reader may find an interesting description of casting lots in the "Histoire du grand Royaume de la Chine;" à Rouen 1614~1618, p.30. There is much useful information to be found in this work; but it would be curious to learn in what Armenian works("escritures des Armeniens") it is stated, that "St. Thomas came through China in his voyage to the East-Indies"(l. c. p.25)!

85 Woo(11753) how; Woo is the time between eleven and one o'clock of the day. The Chinese divide the day into twelve she shin, or great hours; the European twenty-four hours of the day are called seaou she shin, little hours. We learn by a passage of Herodotus(Euterp.109), that the Greeks in his time also divided the day into twelve parts; Herodotus also adds that the Greeks received this division of time from the Babylonians. —See Visdelou in the Supplement to the "Bibliothèque Orientale," by Herbelot, under the word Fenek.

86 Me teng is a particular sort of junk.

87 These speeches seem to be rhetorical exercises of the Chinese historian; the antithesis is a figure very much used in Chinese rhetoric and poetry, and a great part of their poetry consists merely of such antitheses.

88 That is —they are of no effect at all. I, however, thought it proper to retain the strong figure of the original.

89 The author forgets in his rhetorical flourishes, that it is a pirate himself who speaks to pirates. The Chinese characters for "sea monster" are to be found in M 2057; "King e is used figuratively for a devouring conqueror of men," says Dr. Morrison.

90 The author has here the expression tung-leang(11399) pillar, in its proper and figurative sense. He probably chose this expression to make, according to Chinese sentiments, a fine rhetorical phrase. Leang in the beginning of the phrase corresponds to the sound and the form of the character to Leang at the end : Leang shan san kĕĕ ching yĭh, mung găn shay url king tsŏ tung-leang. There is also something like a quibble in the second phrase; Wa kang, Bricks and mountain ridge is transformed into Choo shĭh(1223) or a corner-stone, just as Leang-shan, mountain bridge is into tung-leang, or pillar.

91 O po tae alludes to well known events in Chinese history. On Tsaou tsaou see Dr. Morrison, 10549 in the tonical part of the Dictionary.

92 I confess that it was not an easy matter to translate these rhetorical exercises and poetical phrases, by which the author is evidently anxious to draw a veil over the weakness of the empire. The Chinese scholar will certainly pardon any mistake which might occur in this poetical or furious prose — to use the expression of Blair in his Lectures on Rhetoric.

93 Kwei shen is a Hëen or town of the third rank, and dependent on the district metropolis Hwy chow foo; it is near to Hwy. Its area amounts to thirty-seven le, and pays in taxes 26,058 leang. It is stated in the Itinerary of Canton(Kwang tung tsuen too, p.5. v.) that the situation of this great town makes it a place of danger; being close to the sea, Kwei shen is exposed to sudden attacks from pirates.

94 Yang keang is a town of the third rank, and dependent on its district metropolis Chow king foo; distant from Chow king foo in a southerly direction 340 le. Its area amounts to twenty-nine le, and it pays 12,499 leang in taxes.

Sin gan is a town of the third rank, and dependent upon Kwang chow foo; distance from Canton in a north-east direction 200 le. Its area amounts to fifty le, and pays in taxes 11,623 leang. There are three towns in the district of Canton, whose names begin with Sin, new; Sin hwy, The New Association; Sin ning, The New Repose; and Sin gan, The New Rest. Kwang tung tsuen too p.3 v. 4 v et r. 8 r, Ning(8026) is now always written without sin or heart, being the ming or proper name of the reigning emperor. By a mistake it is stated in the Indo-Chinese Gleaner(iii. 108), that Ning was the proper name of Këa king. The proper name of the reigning emperor is considered sacred, and must be spelled differently during his life-time.

95 A Patsung, a kind of inferior military officer, says Dr. Morrison, under the word pa,(8103.)

96 Laou ya, Laou ya kang, the mountain ridge of Laou ya, is fifteen le from the town of the third rank called Shīh ching. Shih ching hëen belongs to the district Kaou chow foo. Kwang tung tsuen too, 16v. 9r.

97 Crackers made of gunpowder, and the gong, are used at every Chinese festival.

98 The name of a temple which Europeans commonly call a Pagoda.

99 Keun in Chinese, Kwa according to the Canton pronunciation. It is true it is somewhat awkward to speak of Madam Ching and Mr. Paou, but it may be remarked that the Chinese use their familiar expressions foo or keun in the same manner as we use Mr. and Mrs.

100 In the text is only Chow(1355); but I think it must here be taken for the city or town of Canton.

101 About the towns which are mentioned in our text, the reader may compare the notes to the first book. It is quite impossible to ascertain by the text alone if there was only one military officer appointed for all these places or not. In the latter case it would be necessary to read Chuh url and Kang gĭh; but we see by p.95 that Chuh url kang gĭh is the name of one commander.

102 Tung king and Cochin-China now form one empire, under the name of Annam or Annan. The king of this country acknowledges the supremacy of the Chinese emperor, and sends every year a tribute to Pekin. The time of the reign of every king is known by an honorary title, like that of the emperors of China. The honorary title of the period of the reigning king, to whom the message was sent, was Kea lung(good fortune), the younger brother of King ching, called by his proper name Făh ying(according to the Chinese Mandarin pronunciation) : he is often mentioned in the beginning of the first book of our History of the Pirates. The king, commonly called Kea lung, died Feb. 1820, in the 19th year of his reign. His son, who still reigns, mounted the throne on the third day after his father's death, assuming the words Ming ming(Illustrious fortune), as the designation of his reign. See the "Indo-Chinese Gleaner," vol. i. p.360. It was falsely reported that Ming ming was murdered some days after his succession to the throne(Indo-Chinese Gleaner, l. c. p.416), and this report is stated as a fact in the generally very accurate work, Hamilton's East-India Gazetteer, vol. i. p.430. The reader may find some interesting particulars concerning the present state of Cochin-China, in the Canton Register 1829, No. 13. Chinese influence seems to be now predominating in that country.

103 Teaou(10044) in our text is written with a vulgar character.

104 Chih(Kang he under radical 112. B. vii. p.19 r.) seems to indicate that they have been put to death by cutting one member after another.

105 Hae kăng is a town of the third rank and dependent on the district metropolis Luy chow foo. Luy chow foo is westerly from Canton 1380 le. Hae kang is near to its district metropolis Kwang tung tsuen too, p.v. 9 v. See the Notes, p.9, of this work.

106 Hae fung is a town of the third rank, and dependent on the district metropolis Hwy chow foo. It is in a north-east direction from its district metropolis 300 le. Its area contains forty le, and pays 17,266 leang in taxes.
Suy ke is a town of the third rank, and dependent upon the district metropolis Luy chow foo; distance from Luy chow foo in a northerly direction 180 le.
Hŏ poo is a town of the third rank, and dependant on the district metropolis Lĕen chow foo. This town is near to the district metropolis, has an area of thirty le, and pays 7,458 leang in taxes. Kwang tung tsuen too, p.6 r. p.9 v.

FOOT NOTES_ APPENDIX —————————————————————

1   Junk is the Canton pronunciation of chuen, ship.

2   The pirates had many other intimate acquaintances on shore, like Doctor Chow of Macao.

3   The pirates were always afraid of this. We find the following statement concerning the Chinese pirates, taken from the records in the East-India House, and printed in Appendix C. to the Report relative to the trade with the East-Indies and China, in the sessions 1820 and 1821(reprinted 1829), p 387.

In the year 1808, 1809, and 1810, the Canton river was so infested with pirates, who were also in such force, that the Chinese government made an attemp to subdue them, but failed. The pirates totally destroyed the Chinese force; ravaged the river in every direction; threatened to attack the city of Canton, and destroyed many towns and villages on the banks of the river; and killed or carried off, to serve as Ladrones, several thousands of inhabitants.

"These events created an alarm extremely prejudicial to the commerce of Canton, and compelled the Company's supercargoes to fit out a small country ship to cruize for a short time against the pirates."

4   That the whole family must suffer for the crime of one individual, seems to be the most cruel and foolish law of the whole Chinese criminal code.

5   The Hoo mun, or Bocca Tigris.

6   We know by the "History of the Chinese Pirates," that these "wasps of the ocean," to speak with Yuen tsze yung lun, were originally divided into six squadrons.

7   In the barbarous Chinese-English spoken at Canton, all things are indiscriminately called chop. You hear of a chop-house, chop-boat, tea-chop, Chaou-chaou-chop. etc. To give a bill or agreement on making a bargain is in Chinese called chă tan; chă in the pronunciation of Canton is chop which is then applied to any writing whatever. See Dr. Morrison's English and Chinese Dictionary under the word chop.

8   The following is the Character of the Chinese of Canton, as given in ancient Chinese books : "People of Canton are silly, light, weak in body, and weak in mind, without any ability to fight on land." The Indo-Chinese Gleaner, No. 19.

9   Joss is a Chinese corruption of the Portuguese Dios, God. The Joss, or idol, of which Mr. Glasspoole speaks in the San po shin, which is spoken of in the work of Yuen tsze.

10 Yuen tsze reported the memorable deed of the beautiful Mei ying at the end of the first book of his history.

11 The Chang lung vessels.

12 Probably the wife of Ching yĭh, whose family name was Shĭh, or stone.

13 The Chinese in Canton only eat a particular sort of rat, which is very large and of a whitish colour.

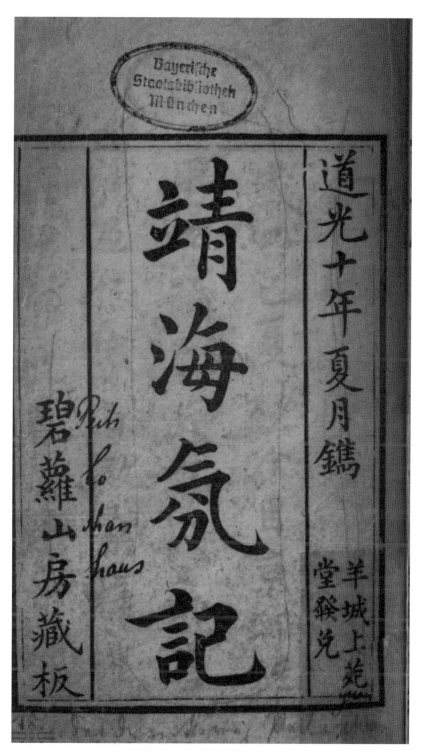

독일 바이에른 주립도서관 소장 『정해분기』, 1830.

중문본

敍

　歲己巳夏杪, 余自京邸旋里, 甫踰嶺, 即聞海氛甚熾. 及抵家, 目覩桑梓摧殘, 四鄰被害. 凡所以捍衛者, 無不周備, 累數月乃止. 竊歎潢池弄兵, 當局勤撫乖方, 何竟至是! 輒欲詳紀其巔末, 以俟他日軒輶之採. 奈饑驅四方, 有志未逮. 後館於橫浦, 袁子永綸手一篇示余, 且請為序. 余覽其書, 則《靖海氛記》也. 披閱之下, 如復見當日情形. 詞簡而該, 事詳而確. 余夙昔所欲所言者, 袁子早為我言之, 可謂先得我心者矣. 昔林匪之役, 蘭杉外史曾著《靖逆記》, 欽仰廟謨, 表揚忠烈, 當世競相傳誦. 茲袁子所紀, 事雖有大小之殊, 然皆信而有徵, 其不忘捍衛桑梓之情, 令人閱之, 尚不勝握腕長歎也. 遂書數言於簡端, 以復袁子. 時道光十年歲次庚寅夏五.

　碧江蘇應亨謹序.

序

予家瀕海, 嘉慶己巳洋匪騷擾, 凡邇吾鄉者, 靡不受累. 每為念及, 嗟悼者久之. 歲庚寅, 余客館省垣, 袁君永綸出所手編《靖海氛記》示余, 屬為序. 余以同學少年故, 不獲辭. 展而讀之, 恍如前日事. 余既嘉袁君之留心世務, 殫見洽聞, 復喜是編之成, 之足當信史也. 夫古之作史者, 類多揚厲鋪張, 浮文鮮實. 即或事皆實錄, 而於世道人心, 靡所裨益. 則雖連篇累牘, 夫亦焉能為有無！豈若是編之齒齒鑿鑿, 據事直書而已！令烈士之捐軀赴難, 貞婦之守節全身, 及當日之名公鉅卿所為奮不顧身以除民害者, 無幽不闡, 無德不昭. 百世之下, 聞者且為之興起也. 則是編之作, 其裨益於斯世也豈淺鮮哉！是為序

道光庚寅孟秋中澣. 何敬中心如氏謹識.

凡例

一. 是編專取耳聞目見, 眾所共悉者, 逐節記敘, 以備異日軒輶之採. 若得自道塗之口, 聞見未真者, 概不敢採入.

一. 是編表揚忠烈為多, 凡忠臣, 烈士, 節婦, 義夫, 務必詳記里居, 俾其人其事, 炳耀今古. 使後之修誌者, 到彼訪聞, 得以信而有徵, 確而可據.

一. 洋匪跳梁, 近海之村落, 被匪殘破者, 指不勝屈. 茲集所載, 自知缺略尚多, 但篇中記敘, 俱是目擊時艱, 直書所見. 至於遠方僻壤, 經匪蹂躪者, 尚俟採聞, 以備續補.

一. 古人記事, 不尚繁詞, 務求簡括. 茲編記敘, 雖似瑣碎, 然謹依月日, 次第編入, 事必求其確, 語必考其真. 誠不敢妄加粉飾, 稍涉張皇, 亦不敢強為串合, 以近於小說家之流.

一. 洋匪之擾, 迄今相距未久. 有其人其事, 身在行間者. 是編綴錄所聞, 豈敢妄為臆說. 但經十餘年來, 鯨鯢就戮, 浪息波平, 父老談其故事者, 猶復攘臂指陳, 咨嗟長歎. 取是編以證之, 而知其言之足以徵信後來, 而是編又足為後來之考據也.

一. 綸學蕉識剗, 未諳記敘大體, 尚願閱者恕予狂謬, 指其疵瑕, 以相規正, 或不至有戾於體裁, 則厚幸矣. 瀛仙謹識.

『靖海氛記』上卷

順德袁永綸瀛仙纂

粵東海寇, 由來久矣. 然皆隨起隨滅, 未至猖獗. 迨嘉慶年間, 糾合始衆, 漸難撲滅. 綜其故, 實由於安南. 初, 阮光平與光義, 光國兄弟三人起義. 乾隆五十六年, 奪安南. 其王黎維祺奔廣西. 當事聞於朝, 授以都司職. 嘉慶六年間, 其弟福影起暹羅龍賴兵返國, 與光平大戰. 殺光平. 其子景盛偕其臣麥有金逃出洋. 其時, 洋賊則有鄭七, 東海伯等, 麥有金附合之, 景盛以其國官號封鄭七為大司馬. 鄭七有洋艘二百號, 其徒皆雄勇善戰. 景盛勸鄭七興兵, 助己返國. 鄭七從之, 十二月, 率舟夜襲安南港, 據焉. 福影率兵與戰, 屢為所敗. 福影無計可施, 欲逃回龍賴, 未決. 鄭七頻年海面, 乍據安南港, 頗驕矜自得, 馭衆漸無紀律. 其衆遂恃勢凌弱居民, 分住民房, 據其妻女. 居民怒, 潛約福影, 期某日:「王令元帥以舟師從外擊其背, 自以陸師擊其前. 某等盡出居民相助, 庶可獲勝.」福影喜. 及是日, 大戰. 鄭七首尾不能相顧, 居民復從中殺入. 鄭七大敗, 幾盡殲焉. 鄭七為巨礮擊死. 其從弟鄭一偕景盛及其姪邦昌等奔回. 鄭一遂領其軍, 與其黨日在洋面肆劫, 由是海氛日熾.

是時, 幸有王標為帥, 提督水師. 屢敗強寇. 海內外賴以相安. 自王標沒後, 則有紅, 黃, 青, 藍, 黑, 白旗之夥, 蜂起海面. 曰:鄭一, 吳知青, 麥有金, 郭婆帶, 梁寶, 李尚青, 共六大夥. 其餘又有小夥以分附各旗焉. 吳知青^{混名東海伯}, 統黃旗, 李宗潮附之. 麥有金, 烏石人^{因號為烏石二}, 統藍旗, 其兄麥有貴, 弟有吉附之; 以海康附生黃鶴為之謀士. 郭婆帶^{後改名學顯}, 統黑旗, 馮用發, 張日高, 郭就喜附之. 梁寶^{混名總兵寶}, 統白旗. 李尚青^{混名蝦蟆養}, 統青旗. 鄭一則紅旗也. 各立旗號, 分統部落, 時又有閩賊蔡騫為之聲援, 而海寇愈盛而不可制矣. 惟張保後出, 最勁. 自張保出. 復有蕭稽蘭混名香山二, 梁皮保, 蕭步鰲等夥, 然皆統屬於張保, 而張保又屬於鄭一嫂. 紅旗遂獨雄於諸部矣.

嶺南瀕海之地, 約分三路. 惠, 潮在路之東; 廣, 肇在路之中; 高, 廉, 雷, 瓊, 欽, 儋, 崖, 萬在路之西. 大海環其外. 四方賈舶, 皆從大海聯絡而至, 故曰東南一大都會也. 自群寇陸梁, 海上道遂梗. 其打單劫掠也, 亦各分踞其地以相制撽. 東, 中兩路, 則鄭一嫂, 郭婆帶, 梁寶三寇踞焉; 西路則烏石二, 蝦蟆養, 東海伯三寇踞焉. 由是近海居民, 不安業者十餘年矣. 惟澗洲, [石匋]洲, 孤懸海外, 往來人跡罕到. 其地四圍高山拱峙, 中一大渚, 可容洋舶數百號. 遇颶風浪滾, 入於其中, 自無傾覆之患. 內有肥田, 美地, 鳥獸, 花果, 草木, 一仇池島也. 賊遂據之以為巢穴, 凡裝船造器, 皆聚于此.

張保, 新會江門漁人子. 其父業衆, 日取魚於海外. 十五歲, 隨父在舟中取魚, 遇鄭一遊船至江門劫掠, 保遂為所擄. 鄭一見之, 甚悅, 令給事左右. 保聰慧, 有口辨, 且年少色美, 鄭一嬖之, 未幾陞為頭目. 及嘉慶十二年十月十七, 鄭一為颶風所沉. 其妻石氏, 遂分一軍以委保, 而自統其全部, 世所稱鄭一嫂者是也. 保既得衆, 日事劫掠, 由是夥黨漸衆, 船隻日多, 乃自立令三條: 一, 私逃上岸者, 謂之反關, 捉回插耳, 刑示各船. 遍遊後, 立殺. 一, 凡搶奪貨物, 不得私留, 寸縷必盡出衆點閱; 以二分歸搶者, 以八分歸庫. 歸庫後謂之公項, 有私竊公項者, 立殺. 一, 到村落擄掠婦女, 下船後, 一概不許污辱. 詢籍注簿, 隔艙分住. 有犯強奸, 私合者, 立殺. 又慮粮食缺斷, 凡鄉民貪利者, 接濟酒米貨物, 必計其利而倍之. 有強取私毫者, 立殺. 以故火藥, 米粮, 皆資用不匱. 是能以賞罰權力制服群下者也. 然事鄭一嫂甚謹, 每事必稟命而後行. 凡打單及虜掠所得, 必命隨庫記簿, 歸於公籍, 不敢有所私焉. 惟劫殺搶奪, 戰陣進退, 各賊咸聽其指揮. 有犯其令者, 立斬, 故威行海面, 人但知為張保仔云^{賊號司筆墨者為「隨庫」, 檄輪財帛者謂之「打單」.}

惠州有廟曰三婆神者, 在海旁, 數著靈異, 賊舟過, 必虔祀, 稍不盡誠, 禍咎立至, 賊事之甚謹. 一日, 各頭領齊詣羅拜, 欲捧其像以歸, 俾朝夕求問, 皆持之不動, 張保一扶而起, 遂奉以歸舟, 如有風送到船者. 凡往來出沒, 搶劫打仗, 皆取決於神. 每有祈禱, 休咎悉驗.

十三年七月, 虎門鎮林國良率師出海勦捕. 張保諜知官軍至, 預伏戰艦於別港, 先以數舟迎之, 佯敗. 國良覘其舟少, 以弎十五艘追之. 及孖洲洋, 賊舟遝合, 繞國良三匝, 遂大戰. 自辰至未, 國良不能出, 致死奮戰. 保立陣前, 良發巨礮擊保, 烟焰所指, 直達保前, 其彈子及保身而洿. 人見之, 群意其必死. 須臾烟散, 而保端立如故, 衆驚以為神. 未幾, 賊逼國良舟. 保先鋒梁皮保先飛過船, 斬舵公, 挽舟使近, 賊衆擁躍而過. 國良率軍士短兵接戰, 裹創飲血, 苦戰竟日, 尸積艙面, 殺賊無算. 日將晡, 賊發礮擊碎我三舟, 軍士怯, 落水死者, 不計其數, 被賊搶去十五舟. 所衝突奔還者, 數舟耳. 保欲降國良, 良大怒, 髮直指衝冠, 切齒狂罵. 賊徒復好言勸之, 良堅不可, 以死自誓. 保本無殺國良意, 其手下遽以刃刺之, 國良死, 時年七十. 保怒曰:「我等露宿風餐, 飄泊海面, 正如浮萍斷梗, 浮沉莫定. 幸藉一戰之威, 暫免諸官之捕. 厚待鎮軍, 送之回港, 以通來往, 然後徐圖歸正, 我等方可無事也. 乃不奉我命而無故殺之, 意欲何為! 且彼既輕敗師徒, 失舟被獲, 殺之於我何加? 縱之或歸就戮. 今徒使我有殺協鎮之名, 後雖欲投降. 其可得乎!」遂亦殺刺國良者. 是役也, 當國良被困時, 有漁[舟拖]十餘隻, 欲請巨炮相助, 香山知縣彭恕疑其與賊合, 不許, 遂敗, 官軍多死焉. 吾友遊擊林道材, 把總胡爵堂, 黃英揚與其役. 林與胡死焉, 黃冒烟突圍奔回. 為余述之.

八月，參將林發提師出海，與賊遇．官軍見賊衆，望之皆有懼色，欲逃．賊尾之，及亞娘鞋^{地名}，回舟擊賊，賊稍卻，適風色不利．賊據上游，放礮，我軍力不支，遂失六舟，官兵死者數十人．

洋舶「鵬發」，商船之大而善戰者也，自安南東京載貨還．張保知不可以力取，乃先奪渡船二隻，藏賊其中．僞作客渡被賊追狀，呼「鵬發」求救．「發」衆恃累勝，且不知其詐，令客渡棹近己舟．賊乃攀緣而上，及登艙，皆為敵人矣．賊舟復大至．於是刀箭不及施，火炮不及發，殲水手數十人，奪其舟，以為賊首座船．自是所向無前．

十四年二月，提督孫全謀率米艇^{官號師船曰米艇}百餘號，出海剿捕．偵知賊聚於萬山，乃分船四面合圍而進．賊恃衆不避，擺列迎拒．我軍士薄之，大呼奮擊，殊死戰，又以火藥筒擲燒之．衆篷盡[火著]，賊大懼．懸帆將遁．官軍以火箭射，其風颿舟，遂梗不動．由是合舟進逼．復以灰棍四圍潑射，賊目眩，皆仆．我軍乘勢擁躍過舟，斬賊無筭，生擒二百餘人．有一賊婦扶舵不動．賊敗，猶持兩刀揮舞，傷兵士數人．一兵用鳥鎗從後擊之，跌仆艙下，擒之．

時紅旗方聚於廣州灣，孫全謀欲以驟勝之兵，乘勢掩其不備．鄭一嫂不動，先令張保率十餘舟迎拒，再令梁皮保率十餘舟抄出吾後．我軍方前後分兵鏖戰，忽香山二，蕭步鰲，率數十舟從左右夾攻，我舟遂為賊沂截，分散成數處，陣勢遂亂，人各自為戰，呼聲動天，無不一當百．良久，鄭一嫂復以生力之衆，大隊衝入，官軍遂不支，失去十四舟．

四月，官軍護送商船出海販運．至藤牌角[在焦門外]，與總兵寶遇，商人皆懼．官軍曰：「非紅旗也，此可以勝．」遂戰，炮石交攻，互有殺傷．日暮乃罷．翌日，復戰，官艦與賊舟，不離咫尺，隔舟而語，各自誇其雄勇．擊鼓而戰，鳴金而退，刀擊之聲聞數里．商船環列而觀，見賊每戰，以炮藥沃酒，各飲一碗而後進, 未幾, 面紅眼赤, 愈戰愈奮, 觀者皆吐舌. 連打仗三晝夜. 各以力疲而去.

五月初八日, 賊突入甘竹灘, 焚劫鋪戶. 初十日, 轉過九江沙口. 凡海傍一帶. 俱被焚燬. 復轉劫傑洲, 登岸, 虜去婦女五十三人. 十一日, 出海, 道經新會長沙, 亦焚劫鋪戶數百, 虜去男婦百餘人.

六月, 許廷桂之提師出洋也, 駐師梳夾門, 欲東往, 適數日大雨連綿, 未遑解碇. 初八夜, 張保以小舟乘雨探其虛實, 繞寨而過. 桂以雨故, 不慮賊至, 弛於候望. 初九晨, 保以二百艘猝至, 直衝桂舟. 時雨初霽, 桂風篷未掛, 錨碇未拔, 猝遇寇, 不能脫, 望見賊舟如蟻集, 檣旗蔽目, 將士皆失色, 勉強而戰. 桂大呼曰:「爾等皆有父母妻子, 宜奮勇擊賊, 不可不死中求生! 我荷朝廷厚恩, 脫有不測, 惟以一死報國耳!」軍士皆感激, 無不奮力死鬥, 以一當百. 酣戰良久. 桂發巨礮, 擊其一頭領總兵寶鰲, 賊稍卻. 無何, 而賊之戰艦愈添, 我師之兵力漸竭. 及日中, 保逼廷桂舟, 短兵接戰, 殺賊頗衆. 俄而賊先鋒梁皮保先躍過船, 官軍披靡. 廷桂見勢不敵, 遂自刎. 官兵落水死者無數, 失二十五舟.

時前巡撫百齡復自三江轉任兩廣總督, 皆曰:「百青天來矣.」無如賊勢猖甚, 父老日擁轅門叩愬. 制軍憂懼, 日夜籌畫, 懸牌令軍民獻策. 時有以封港之說進者. 曰:「自王標沒後, 官軍少有得利者. 邇年來, 林國良戰沒於孖洲, 孫全謀失利於涣口, 二林走竄於娘鞋, 今廷桂復喪敗於梳夾. 銳氣頓喪, 兵有畏心. 以我屢敗之師, 而當賊方張之勢, 乃欲藉以剿滅之, 誠未見其有當也. 為今之計, 惟是斷賊粮食, 杜絕接濟, 禁船出海, 鹽轉陸運, 俾無所掠, 令其自斃. 如此, 或可以遑.」制軍用其策. 數月, 賊不得掠, 粮食遂斷, 果大困. 於是謀入內河.

賊之入寇內河也，分三路而入．鄭一嫂掠新會等處，張保往東莞等處，郭婆帶掠番禺，順德等處．予鄉橫岸，屬順德，故於番，順之被賊也頗詳．

七月初一日，郭婆帶率舟百餘號直入，燒紫泥關．初二日，分船四掠．到碧江，韋浦，林岳，石壁等鄉．長龍直過大王滘，到水師營，繞而回．大舟環列雞公石**在紫泥關下**，檄紫泥鄉輸萬金．鄰右三善庄，紫泥之連路小鄉也，值派二千．其庄人有欲輸賊者，有不欲輸賊者．其欲輸者曰：「賊鋒甚銳，宜暫輸以免一時之厄，後乃徐圖善後之計，庶免村民受禍．且吾鄉濱處大海，週圍水繞，設有不測，無路可逃．何所恃以無恐？」其不欲輸者曰：「賊欲無厭，能輸於今時，不能輸於異日．倘再有索取，將何所抽派以應命乎？何不將二千金以鼓勵士氣？重賞之下，必有勇夫．或者一戰而勝，方不至輕覷吾鄉，庶免後來之患．」議論紛紛，竟日未定．適有一庄人自外回，云：「賊烏合，易與耳．不可輸．」力爭之，於是立賞格，募鄉勇，備器械．自十六歲以上，六十歲以下，齊出執兵防御．然太平日久，鄉民從未遭兵．遽見此，終夜徬徨，達旦不寐．翌日，皆執戈伺衛海傍．賊見之，諜知鄉人不肯輸金．大怒．是夜，以巨礮轟擊村前，礮為松所障，擊不入．初四早，賊首郭婆帶令盡斬松排而後朝食．午刻，賊率眾上．鄉人與戰良久，賊將退，婆帶再令分兩路而入．村後山上，皆為賊兵．鄉人怯，陣亂．賊乘勢追殺，斬八十餘級，懸其首於海傍榕樹上．當其未戰也，鄉勇懼婦女喧擾，先盡驅於祠中，反而鎖之．及敗，賊開門，擁之下船去．最後一賊目，挾兩少婦而行．一鄉勇尾之，及隱處，從後刺之，刃出於腹而斃，攜兩少婦潛逃．是役也，賊眾亦多死傷，而鄉之戶口，僅二千餘人．其被禍之慘，有難以縷述者矣．

初三日，打馬洲，鄉人聞風盡逃，所遺衣物穀畜，盡行搬取．初六日，至平洲及三山．初八日，退至沙灣．初九日，打沙灣不入．初十日，乘潮復上．焚疊石墩. 十一日, 抵吾鄉, 以檄文暗投於村前. 十二日, 劫黃涌. 十三日, 入扶閭. 十四日, 退至南牌. 十五日, 出虎門. 二十六日, 劫暹羅國貢船, 不克. 二十九日, 打東莞杜滘, 殺幾及千人.

賊人多詐. 或作鄉紳偽領官砲; 或以官船偽巡村落, 使人不備, 則猝然肆奪; 或偽為買賣風鑑以探聽虛實. 頃, 鄉人亦稍覺之, 由是提防嚴切. 間有往來不識之人, 咸指為盜賊, 群聚而屠之. 官兵登陸買糴, 亦疑其為賊而殺之. 擾亂紛紛, 不堪言矣.

七月十六日, 劫東莞勞村. 鄉人逆知其來, 先以巨礮枕拒要路, 斬樹木覆之, 人盡藏隱處, 執戈以俟. 另以十餘人挑賊戰. 賊見其人少, 登陸追之. 將近, 偽為發礮之狀, 賊懼, 不敢前. 乃藥線焰而炮不响. 賊再前, 再發, 如是者三. 賊意其偽, 故作此態以退敵, 麾衆擊皷盡上. 鄉之十餘人奔入隱處. 賊遍近, 發礮, 擊其百餘人斃. 賊勢慌, 村人奔出追殺, 擒斬幾盡, 奪其座船一, 長龍二.

八月十八日, 鄭一嫂率五百餘艘. 自東莞, 新會轉擾順德, 香山等處, 駐衆潭洲. 二十日, 令張保率舟三百號直入, 劫沙亭, 擄男女四百餘人. 到吾鄉, 掠境外, 為柵所阻, 不能入. 二十一日, 到林頭. 二十二日, 道經玕滘, 打不入. 旋到牛邊月, 拔柵, 舟泊陳村. 鄉人預知賊至, 齊出堵禦. 賊乃發炮傷鄉人, 鄉人卻, 賊遂登岸. 鄉人據險發礮, 賊皆伏地. 砲架高, 不能傷賊. 守礮之人欲再發, 則已為賊所斬矣. 賊遂率五百人遽進, 鄉亦以三千人拒戰. 賊以旗致師, 鄉人用鳥鎗擊斃之. 一賊復執旗再進, 又斃之. 賊如墙而列. 歐科奮前突陣, 有一番賊挺鎗迎戰, 格鬪數合. 科運矛刺之, 貫心. 旁一賊怒, 揮刀來砍. 科拔矛不及, 賊斷其手, 仆, 賊刺殺之. 於是兩陣相拒, 互有殺傷. 鄉人退入舊墟, 賊追, 及麥岸, 為濠所阻, 不得進, 遂焚馬基頭廬舍二十餘間.

二十三日, 賊大隊復至. 鄉人拒戰, 將敗, 適鄰堡赤花率鄉勇千餘人助戰, 賊乃退去. 計斃賊數十人, 鄉勇死者八人.

二十三日, 鄭一嫂復令郭婆帶率舟八十號而上, 駐于雞公石. 二十四日, 張保與婆帶分道焚掠. 保進劫北海, 到佛滘, 獲穀數萬石, 焚屋舍三十餘間. 廿五日, 入西滘, 郭婆帶往焚三雄奇, 劫黃涌. 到簡岸, 打不入. 轉擊茶涌.

二十六日, 張保率舟直上南海瀾石海口. 先有米艇五隻, 原為瀾石防護. 官兵見賊蟻附而至, 盡逃. 保驟奪之, 遂進擊村前. 監生霍紹元率鄉勇拒戰. 賊大隊上, 鄉勇見賊勢, 懼, 且皆未經戰陣, 怯而逃. 紹元獨自率數人前鬥, 揮刀殺賊, 衆寡不敵, 死之. 賊遂焚鋪戶民房四百餘間, 殺村裏十餘人. 及賊退, 鄉人重霍紹元之義, 為之立廟. 巡撫韓對親致祭焉. (紹元充瀾石堡正, 慷慨任俠, 善拳棍. 於賊未來時, 常對人曰:「日者言吾今年命運最旺, 今過半載, 未見有驗. 何也?」及賊至, 激勵鄉人殺賊, 佩劍運矛為鄉勇, 先殺數人, 力竭, 竟死於賊. 鄉人感其義, 立廟以尸祝焉. 方知其流年運旺之應, 在死後受人香烟者歟? 迄今經二十餘年, 烟火愈盛. 感而附記於此.)

二十七日, 遊擊林孫率師船四十號, 巡河邀截. 至金崗 ^{在沙灣海}, 日已西匿, 遂駐師紫泥. 張保即傳令各舟退返沙亭. 是夜, 賊舟陸續而集. 孫望見賊舟蟻聚, 懼不能敵. 竄入東海, 疾趨碧江. 二十八晨, 賊下紫泥, 欲躡我師, 不及. 拋駐沙亭. 時秋風初起, 予登中山望之, 見檣旗環列海面, 戰氣森森, 景象慘肅.

二十九日, 復劫玕滘. 以小舟入裏河, 鄉人發礮, 傷賊二人. 賊怒, 以大舟環繞村前, 率衆上. 路徑逼窄, 鄉人守險, 不能入. 乃分數路而進. 先是, 鄉人築柵東便海口防禦. 至是, 賊復拔柵入裏滘, 舉旗登陸, 率衆而前, 鄉人拒擊, 鏖戰於林頭渡口. 拳師周維登, 奮前傷賊十餘人. 賊將遁, 張保復親督戰.

良久, 鄉人不支, 賊圍維登, 其女亦勇力善戰, 知父困在圍中, 揮刀冲入, 殺賊數人. 賊更蜂擁環繞, 圍數重, 衝突不出. 登被重傷, 不能戰, 賊攢刺之. 女旋亦被傷, 同死於其下. 賊遂進. 鄉人斷橋, 陳兵隔岸. 賊泅水渡濠, 及岸, 輒被刺傷, 不能過. 賊乃以鳥鎗擊鄉人, 鄉人卻. 賊奮渡水, 登陸相殺, 鄉人大敗. 計鄉人被賊殺傷者壹百餘, 賊死傷亦不少. 於是分頭四掠, 所獲衣物財帛, 不計其數. 虜男女一千一百四十人, 焚房屋數十間, 數日火烟不斷, 一村不聞雞犬聲. 其餘男女, 或潛逃別鄉躲避, 或伏在野田草露之間. 有百餘婦女, 潛伏禾稻中. 兒饑苦啼, 賊聞聲跡之, 盡驅而去. 楊繼寧之女梅英, 有殊色. 賊首欲納之, 英大罵, 賊怒. 懸於帆檣上, 脅之. 英罵愈烈, 賊放下, 鑿去其二齒, 血盈口頰. 復懸上, 欲射之. 英陽許焉, 及放下, 英以齒血濺賊衣, 即投河而死. 所捉之男女, 後數月, 鄉人以銀壹萬五千兩贖回. 越明年, 賊平. 余道經半邊月, 因感梅英之貞烈, 而慨諸人之被獲也. 吟詩一首以弔焉. 曰:

　　戰氣今銷歇, 追思重溯洄.

　　當時誰犯敵, 有女獨能摧.

　　濺血攖狂孽, 捐軀隕水隈.

　　水魂波上下, 英烈尚徘徊.

吟畢, 流連四望, 見水碧山青, 不復烽烟檣影矣. 咨嗟者久之.

上卷終

『靖海氛記』下卷

順德袁永綸瀛仙纂

九月十三日，提督孫全謀率戰艦八十號，往沙灣邀截．賊知之．十四夜，以旗招集各船齊赴沙灣，號令之聲聞數十里．既至，兵鋒銳甚，通宵打仗，自初更較炮至天明巳時方歇，竟日猶炮聲不絕．鄉民登青蘿嶂上而觀，望見舳艫翻覆，江面波濤滾作，矢礮齊飛，喊殺之聲連天．遂使山谷震動，猿鶴皆驚，觀者皆股栗，足幾不能立．未幾，各舟紛紛亂竄，兩軍皆以力疲退矣．我師竟失去四舟．守備梁滔不能脫，恐為賊所獲．曰：「吾不可以污賊刀．」遂燒藥櫃自焚死，官兵亦多死焉．

二十五日，賊往香山大黃浦．浦分內外村，外村濱處大海，民蛋雜處，與小欖鄉近．武舉何定鰲知賊將至，請於香山縣，自招罾船數十號，配以鄉勇，添設巨礮，環列村前，以為鄉里防護．及賊至，定鰲慷慨流涕，誓師江面，即率罾船與戰．力戰一晝夜，矢礮皆盡．賊舟復蟻集，四處援絕．何定鰲身負重傷，謂其屬曰：「吾為村閭扞衛，志在破賊．故與諸君奮不顧身，甘心赴敵．今不能覆沒群醜，致與諸君同陷圍中．力竭身死，夫復何憾！但恐狂孽之徒滋蔓更延，禍流靡極．將來我等父母妻子，必不能逃其擄掠．我與諸君，上不能以滅賊報國家，下不能以回家衛桑梓，惟此耿耿耳．」已而回顧，徒屬皆盡，猶復揮刀拒戰，殺賊數人，力盡死焉．賊獲罾船數十號，遂劫大黃浦．鄉人仍復築柵相拒，打不入．張保令郭婆帶，梁皮保從前後兩路夾攻．鄉人大敗，死傷數百人．遂傳檄內村打單．鄉人懼，知不可以戰而勝，乃使人委曲調停，賊乃去．

鄭一嫂之令賊入內河也，自以大艦數隻，拋在洋面，據守港口，防官軍掩襲. 時有夷舶三隻返西洋國, 遇之, 一艘擊其一艘, 獲焉, 殲夷人數十. 二船逃回, 適香山知縣彭恕率所募[上四下瓜]船壹百號西往, 與逃回夷舶相遇, 遂招合與擊賊. 又自雇請夷船六隻, 覘一艘舟少, 往圍之. 是時, 一艘僅數舟隨護, 其餘戰艦, 盡令張保統入內河. 乃偃旗息鼓, 寂然不動, 即著長龍入. 令張保出港打仗. 十月初三日, 內河之船盡退. 保到, 與戰, 大敗夷船, [上四下瓜]船盡逃. 夷人憤甚, 稟請香山縣, 願以夷船出戰. 彭恕允其請. 初十日, 彭恕遂点閱西洋夷舶六隻, 配以夷兵, 供其粮食, 出洋剿捕.

是時, 張保方聚於赤瀝角之大嶼山. 夷船往跡之, 適提督孫全謀亦率舟師百餘號至, 遂會同擊賊. 十三日對陣, 連打仗兩晝夜, 勝負未分. 十五日, 守備某, 以大舟先犯賊鋒. 放礮, 藥重, 礮裂傷人, 延燒藥櫃, 舟壞, 數十人死焉. 諸軍引卻. 十六日, 復戰, 官軍不能抵敵, 失去一舟.

孫全謀憤破賊之未有勝算也, 乃謂其屬曰:「賊勢之鴟張, 由於我兵之不集. 賊徒衆, 我兵寡; 我舟小, 賊舟大; 彼以合隊而聚, 我以分統而散. 衆寡殊形, 強弱異勢. 以故近日交鋒, 師徒不捷. 為今之計, 非以全力攻之, 必不能有以取勝. 茲趁其聚於大嶼山中, 地環而曲, 水聚而繞. 彼恃累勝, 必不遽逸. 我集全省之兵力以圍之, 復以火船攻之. 彼何能與我相較乎!」十七日, 令諸將所統之船盡集, 節飭將士, 即令齊赴赤瀝角, 遮賊於大嶼山中, 杜絕接濟以斷其粮道, 為久困之計. 又令遊擊劉良材備辦火攻船. 其船用火藥, 茅草, 煙焰實於中, 而以藥線透入艙內. 俟火一到, 焰即猛烈, 安排已具, 香山知縣彭恕, 又稟請調陸兵布列山岸, 罔使奔逸, 水陸夾攻, 欲一皷而擒. 及二十日, 北風大作, 官軍即將火船二十隻, 爇[火著]藥引, 順風放入東涌. 將及賊營, 為掩山風所止, 不能達, 反延燒兵船二隻. 賊亦先訶知之, 預以鋹叉包長蒿末, 及火船將近, 乃以鐵叉遙拒火船, 使不得近. 官軍憤計不行, 乃乘勢奮力齊攻, 計斃賊三百餘人. 保懼, 問筊於三婆神, 卜戰, 不吉; 卜速逸, 則吉; 卜明日決圍可否, 三筊皆吉. 及二十二日, 晨, 南風微起, 檣旗轉動. 賊喜, 預備奔逸. 午後, 南風大作, 浪捲濤奔. 近暝, 賊揚帆鼓噪, 順風破圍 而出. 數百舟勢如山倒. 官軍不意其遽逸, 不能抵當. 夷船放礮, 賊以數十爛 船遮之, 不能傷賊. 賊遂棄爛船而逃, 直出仰船州外洋.

賊破圍後, 孫全謀仍復勉飭將弁, 同在海面追剿. 十一月初五日, 偵知賊 在南澳, 即率米艇前往打仗. 賊將船一字擺列, 及官軍到, 張保乃揮船從旁 斜拖灣抱, 將以圍我官軍也. 官軍恐為其所困, 亦令船八十號, 抄出其後以 綴之, 使不得合. 於是兩軍大戰, 互相用火攻擊. 自申至亥, 我軍殊死戰, 燒 燬賊船三隻. 賊乃遁, 我軍不復追, 以其遠去也. 方事休息, 賊忽反船來攻, 睡夢中驚而起, 勉與之戰. 良久, 我軍防備不及, 賊擲火過船, 燒燬我船二隻, 又搶去船三隻.

張保之困於赤瀝角也, 婆帶時在瀾洲, 保懼不能出, 遣人求援. 曰:「予與 君同擾海外, 唇齒相依, 唇亡則齒寒. 我敗, 君豈能獨全乎? 幸速統兵來救. 君從外分擊以撓其勢, 我從內突出而陷其堅. 內外夾攻, 官軍雖衆, 蔑不勝 矣, 君其圖之.」婆帶以己年地出保上, 而每事反為其所制, 素不相下, 然畏鄭 一嫂, 未敢發. 至是, 方幸其敗, 而已得以稱雄海上而肆然無所忌也, 遂不往 救. 保衆大怒, 及突圍而出, 誓必與之相較. 至[石匋]洲, 遇之, 曰:「爾何不 我救?」

婆帶曰:「勢必量力而後為, 事必相時而後動. 以我之衆, 豈足為官軍敵 手? 吾聞之: 權在人者, 我不得而操; 權在我者, 人亦不得而制. 今日之事, 救與不救. 事屬於我. 爾何得相強!」

保怒, 曰:「何遽相反如是?」

帶曰：「我未嘗反！」

保曰：「一嫂者，我等之所推奉也．今同在圍中，不來相救，非反而何！吾誓必殺此不義之人，免至患生肘腋！」

言畢，兩幫群下皆怒，即放礮相殺．張保歷經兩戰，火藥已竭．而帶全力久蓄，保衆不敵，大敗．帶奪其船十六隻，斬獲三百餘人，自此遂相仇殺．

然婆帶終慮勢力不敵，為保所并也，與其黨商議．張日高曰：「以兩幫相較，我之兵力，不足當彼十分之一．彼威令素行，徒衆皆雄勇傑驁．每戰，踴躍爭先；而我半屬脅從，臨陣每多畏縮．彼有梁皮保者，勇冠海上，隔數丈能超躍過船；我衆無一為其敵手．彼敬祀三婆神，默為庇護，靈驗非常；而我祭祀雖虔，祈禱寂無影響．以我之所短，敵彼之所長，譬如驅群狼而逐猛虎也．其可乎？今百制軍現懸牌各處，令我等歸降．何不即修降文，遣人投遞？或者大人恩威並用，不忍盡戮鯨鯢，許我等歸正改邪，亦未可定．」

馮用發曰：「倘官不信，奈何？」

高曰：「我新敗張保，官軍亦所稔知，我以所獲之俘囚解獻，難道不足以取信乎？」

郭就喜曰：「除非各官不準投降則已，若有牌懸諭歸降，是用剿撫兼施之法．他見我等自相魚肉，我獨先殺賊以降，定必就撫於我，以剿於彼．成敗決於幾先，免為人先下手可也．」

婆帶從之．就令隨庫作呈投遞，其詞曰：

竊惟英雄之創業，原出處之不同；官吏之居心，有仁忍之各異．故梁山三劫城邑，蒙恩赦而竟作棟樑；瓦崗屢抗天兵，荷不誅而終為柱石．他若孔明七縱孟獲，關公三放曹操；馬援之窮寇莫追，岳飛之降人不殺．是以四海豪傑，效命歸心；天下英雄，遠來近悅．事非一轍，願實相同．今蟻等生逢盛世，本乃良民，或因結交不慎而陷入崔苻，或因俯仰無資而充投逆侶，或因貿易而被擄江湖，或因負罪而潛身澤國．其始不過三五年成群，其後遂至盈千累萬．加以年歲荒歉，民不聊生．於是日積月累，愈出愈奇．非劫奪無以延生，不抗師無以保命．此得罪朝廷，摧殘商賈，勢所必然也．然而別井離鄉，誰無家室之[慕]；隨風逐浪，每深萍梗之憂．倘遇官兵巡截，則炮火矢石，魄喪魂飛；若逢河伯行威，則風雨波濤，心驚膽落．東奔西走，時防戰艦之追；露宿風飧，受盡窮洋之苦．斯時也，欲脫身歸故里而鄉黨不容，欲結伴投誠而官威莫測，不得不逗遛海島，觀望徘徊．嗟嗟！罪固當誅，梗化難逃國典；情殊可憫，超生所賴仁人．欣際大人重臨東粵，節制南邦．處己如水，愛民若赤．恭承屢出示諭，勸令歸降．憐下民獲罪之由，道在寬嚴互用；體上天好生之德，義惟剿撫兼施．鳥思靜於飛塵，魚豈安於沸水．用是斜合全幫，聯名呈叩．伏憫[虫]蟻之餘生，拯斯民於水火；赦從前冒犯之愆，許今日自新之路．將見賣刀買牛，共作躬耕於隴畝；焚香頂祝，咸謳化日於岍巇．敢有二心，即祈誅戮．」

制軍見呈，謂其僚曰：「欲挫賊之鋒則利用剿，欲渙賊之勢則利用撫．以賊攻賊，岳武穆之所以敗楊太也．非攜貳之無以散其黨而渙其勢．」遂許焉．約艤舟在歸善縣之平海，獻俘以降．制軍往受之，婆帶將船隻人衆器械，開列呈獻．制軍大喜，令副將洪鰲點閱，收其衆八千人，船一百二十八號，銅鐵礮共五百条，兵械五千有六百．其群下散處於陽江、新安者，帶亦招之使降，時十四年十二月也．自此黑旗遂靖，婆帶改名學顯．制軍以其敗張保功．奏授把總職．

十二月，張保別部復入內河，往打雞洲．時近歲暮，賊乃環列老鴉崗度歲．是夜爆竹競放，鑼皷之聲達[目署]．元旦，旌旗遍樹，赤色輝映耀日，飲酒歡呼. 聲聞數里. 初二日, 放礟擊村前. 初三日, 率數十人登陸. 鄉人迎拒, 賊不能進. 先是, 堡正馬慶雲等, 知賊必至. 預集鄉勇屯練, 具辦器械. 故賊至, 得以有備. 初四日, 賊大隊上, 鄉勇與戰, 不利, 傷二人, 將敗. 適百制軍令盧呈瑞帶肇慶兵往順德城防護, 道經雞洲, 遇之, 驟令軍士仰擊. 賊抵死拒戰, 軍士以鳥鎗疊進, 賊大敗返船. 由是一日數戰, 皆被鄉人擊退. 盧都閫復週視形勢, 令於海旁用新泥築短墻以避礟. 賊放礟, 其彈子皆攝入新泥中, 不能傷人. 鄉人愈有固志. 賊之復來也, 銳意攻破雞洲, 即便往打大良. 至是, 無計可施, 始有退志矣.

鄭一嫂見郭婆帶之降而得官也, 艷之. 亦稍自歛, 思以就降. 常曰:「我衆十倍於郭. 我若降, 朝廷相待豈止如郭者?」然懼己負罪大, 拒官多, 懷疑未決. 乃揚言於人曰:「紅旗亦願降.」冀官之聞而招之也. 紫泥司章予之知之, 乃命周飛熊往為間以致之. 周飛熊者, 業醫澳門, 頗識賊情, 素有膽識. 予之欲致賊降, 募人作間, 莫有應命. 有薦其能者, 遂命之往.

熊見保, 曰:「保哥, 知我來意何如?」

保曰:「汝避罪而投我乎?」

曰:「非也.」

「然則欲探聽我虛實乎?」

曰:「亦非也. 君自謂與婆帶如何?」

保曰:「婆帶焉敢比我!」

曰:「既知婆帶不及君, 今婆帶之降也, 罪宥得官. 君以十萬之衆, 翕然歸降, 則大人豈僅以把總相待耶. 各官之喜君降, 更甚於喜婆帶之降, 不待智者而後知也. 君誠能舉衆歸命, 我為先容而左右之, 則君之福祿可保, 而衆之性命亦可全也.」

張保猶豫未決. 飛熊曰:「識時務者為俊傑, 昧先幾者非明哲. 君與婆帶既相怨, 則婆帶必將協同官軍, 奮彼之怒, 乘君之虛, 以與君決一死戰. 君其能保必勝乎? 曩者, 一婆帶尚能勝君, 況加之以官軍乎? 官軍既勝, 婆帶盡以君情輸之. 則瀾洲, [石匈]洲, 君不得而據也. 惠, 潮之商舶, 廣, 肇之水村, 洋面之[上四下瓜][舟拖], 近海之田圍, 其打單之所入, 君不得而有也. 打單既無, 粮食遂缺, 君衆何所依以為命乎? 智者防患於未然, 愚者每悔於事後, 若事後而悔, 則悔之已無及也. 君其早圖之.」

保乃與一嫂商酌, 一嫂曰:「周先生之言亦極有理, 保其從之可也.」

保謂飛熊曰:「此事君能肩任否?」

曰:「軍中豈戲言! 若有不當, 我不能以見一嫂, 亦不能以見大人, 君其釋疑. 請率舟艤虎門外沙角以聽命.」

保許焉. 飛熊復命予之, 予之即報制軍. 制軍憂賊之尚熾也, 每欲完東路之賊, 然後專辦西路, 遂大喜, 即檄紫泥司章予之往探虛實. 一嫂見予之至, 令張保設饗相待, 保具愬衷曲. 予之因留宿賊船, 極言大人恩德, 宜及時歸降, 勿至後悔. 保喜. 翌日, 與予久遍閱座船, 命各頭領參謁. 予之辭回, 具言鄭石氏誠心歸命, 且張保慷慨豁達, 斷無虛假.

制軍再令予之偕彭恕往, 商訂投降事宜. 張保以留船數十, 殺賊自贖為請. 予之復命. 制軍曰:「如此, 雖降猶未降耳. 彼尚懷疑, 懼我誘降以執之也, 吾當親往面諭之.」使周飛熊先達意, 乃獨駕一舟, 偕彭恕, 章予之數人, 直臨賊所. 時賊舳艫數十里, 聞總督至, 將各船擺列齊整, 旌旗遍樹, 鳴礮以迎. 烟迷漫若雲霧, 左右皆失色, 而制軍殊夷然自如也. 無何, 而張保與一嫂姪鄭邦昌, 梁皮保, 蕭步鰲等駕長龍衝烟霧而出, 掉奔制軍所. 制軍命之見, 保等匍匐登舟. 具陳從前冒犯之愆, 涕泣乞命. 制軍以大義反覆開導, 保等皆感激叩頭, 誓以死報. 制軍曰:「汝等既誠心歸降, 自當釋兵散衆. 今與汝等約:限以三日, 開列船隻器械, 盡數交割. 何如?」保等唯唯, 遂退. 適西洋番舶揚帆入虎門口, 艨艟大艦, 排空而至. 賊大驚懼, 疑官軍陰合夷船以襲已也, 拔錨而遁. 彭恕, 章予之等, 不知其故, 見賊遽去, 亦懼賊中變, 意其賺制軍到此以相劫也, 皆倉皇失措, 席捲盡奔. 頃刻間, 近地居人亦奔. 制軍不得已, 亦回省.

已而賊詢知夷船載貨入港, 並無官軍掩襲, 衆心始安. 然念制軍業已回省, 降事不就. 保乃與衆商議曰:「大人遽去, 必疑我等反覆. 似此再若降, 則大人不信; 若不降, 則欺官實甚, 將如之何?」

鄭一嫂曰:「大人以至誠待我, 我亦不可不以至誠待大人. 我等浮沉海面, 終無了局. 請以我先到省為質, 訴明遠颺之故, 使彼釋疑, 然後約以某日在某處舉衆歸降. 大人以我質故, 或肯再來受降亦未定.」

衆曰:「官威難測, 不可遽往.」

一嫂曰:「大人以一品之尊, 尚遽然獨自到此. 我以一介婦人, 何不可到制臺官署? 倘有不測, 我自當之, 無關爾等.」

梁皮保曰:「雖然, 一嫂要去, 往返須有定期. 若到期杳無音信, 便當統率全隊, 直到州前, 為吾主請命, 方不至付之孤注也. 衆意如何?」

皆曰:「惟保哥命是聽, 消息稍有差池, 必不使一嫂獨死也.」

商酌已定, 適章予之, 周飛熊見撫降不就, 二人懼獲譴, 乃使袁紹高到張保處詢問端的. 始知為防夷船掩襲故, 懼而逃, 非有他意. 予之偕飛熊復往勸之, 曰:「失此機會, 後雖欲降, 不可得矣. 大人量大如海, 必不以錯誤致譴. 一嫂若往, 我可保其無他.」

一嫂曰:「君言是也.」乃與數婦人偕予之到省, 為張保訴, 且曰:「恐大人見疑, 故妾先挈其妻孥來質.」

制軍曰:「汝等既非反覆, 因誤而颺, 我寧不汝量? 我亦惟體皇上祝網之仁, 以不死貸汝, 許張保歸命也.」遂質其妻小, 即與鄭石氏到香山之芙蓉沙受降. 以豬酒分勞各船, 每人賞給銀牌一面, 令願留者, 分隸各弁, 出海捕盜; 不願留者, 散歸隴畝. 從此紅旗亦靖.

張保既降, 制軍曰:「東, 中兩路已平, 吾可以辦西路賊矣.」爰與巡撫韓尌運籌出師, 命督粮道溫承志, 雷廉瓊兵備道朱爾賡額率兵分守要害, 遏賊奔逸; 又慮其西逸安南, 檄國王設兵江坪截之; 令張保為前鋒. 四月辛丑, 各弁兵船盡啟. 庚戌, 遇黃旗別部於七星洋. 我師奮勇, 所向披靡, 擒盜首李宗潮等三百九十人. 又遇青旗夥于放雞洋. 賊舟數十號, 我軍放礮攻擊, 賊驚懼駭逸, 官軍乘勢追殺, 擒斬幾盡.

五月丁巳, 百制軍親到高州督戰, 我軍愈奮力追截, 遇烏石二於儋州, 大戰. 烏石二見勢不敵. 欲遁. 鎮軍黃飛鵬指揮各船環攻之, 自辰至午, 焚十餘艘, 斃賊無算. 烏石二知不可脫, 迴帆相拒. 張保于礮烟中望見, 急奮力躍登其舟, 大呼:「我張保來!」手刃賊數人, 賊大挫, 保叱烏石二曰:「吾數勸汝降, 汝何不我聽? 今復何言!」烏石二錯愕失刃, 梁皮保遂前縛之, 餘衆悉就擒. 時其兄有貴, 見烏石二被擒, 倉皇欲奔. 提督童暨孫全謀揮兵追擊, 亦就擒. 副將洪鰲, 都司胡佐朝, 擒其弟麥有吉等. 餘衆悉降. 未幾, 東海伯見勢孤, 亦自詣降. 蝦蟆養潛逸呂宋. 癸酉, 百制軍至雷州, 各師獻俘于雙溪港口.

是役也, 獲賊男婦五百人, 受降三千四百六十人, 船八十六號. 銅鐵礮共二百九十一条, 兵械一千三百七十二. 制軍乃集僚佐將弁於海康北門外, 磔盜首烏石二等八人, 斬黃鶴等一百一十九人. 以東海伯自詣降, 未處決, 海康之人大譁, 謂其罪亦無可逭也, 乃復執以就戮. 其妻抱而哭之曰:「因汝不從吾言, 以至於此. 若早從吾言, 豈有今日! 且為賊而拒官被獲, 就戮于市, 固所甘心. 今與婆帶, 張保同一詣降. 彼若等皆蒙恩宥, 而汝獨正法, 何其命之不如人也!」遂大哭. 制軍感其言, 乃囚以待罪. 西路之賊, 青, 黃, 藍旗夥皆平. 而餘匪在海康, 海豐, 遂溪, 合浦者, 亦漸次撲滅. 凡潿洲, [石匉]洲各島嶼為賊所據者, 制軍悉命朱爾賡額, 溫承志等率兵往埽蕩之, 由是海氛遂靖. 功成, 天子冊功, 晉兩廣總督百齡太子少保, 賜雙眼花翎, 給輕車都尉世襲. 諸將論功行賞有差, 張保陞授守備, 東海伯等悉恩赦遣歸. 自此, 往來舟楫, 共慶安瀾, 四海永清, 民安物阜矣.

下卷終

해제[1]

김경아

1. 역자 칼 프리드리히 노이만Karl Friedrich Neumann의 생애

칼 프리드리히 노이만1793~1870은 바이에른 국가도서관 중문 장서의 보관원이자, 1833년부터 1852년까지 독일 뮌헨대학의 지역 지리학, 민족학, 중국어 및 아르메니아어 연구 교수를 역임했다. 1830년 노이만은 동인도회사의 상선을 타고 중국 서적을 구매하기 위한 목적으로 중국 여행길에 올랐는데, 당시 중국은 서양에 문호를 개방하지 않았다. 우여곡절 끝에 노이만은 중국에서 약 6천여 권의 서적을 구입해 유럽으로 가져갔는데, 그중 현재 중국에서 유실되었거나 희귀서적으로 분류되는 문헌이 다수 포함되어 있다. 이 여행은 노이만을 동시대 독일 학자, 탐험가들과 동일한 반열에 올려놓았고, 그에게 독일 최초의 중국어학과 교수가 되는 기회를 제공했다.

---

[1] 해제의 내용은 편역자(김경아)가 발표한 2편의 논문을 바탕으로 재구성했다. 논문의 출처는 다음과 같다. 「19세기 남중국해 해적과 관군의 전투 기록 — 袁永綸의 『靖海氛記』를 중심으로」, 『중국학』 제74집, 2021; 「『靖海氛記』 영역본의 특징과 학술적 가치」, 『중국인문과학』 제85집, 2023.

*History of the Pirates who Infested the China sea from 1807 to 1810*은 광둥에서 출간된 서적 『정해분기』를 영역한 것이다. 『정해분기』는 19세기 초 남중국해를 장악했던 해적연합을 소탕한 과정을 기록했다. 노이만은 이 책을 1830년 광저우에서 구입했고, 바로 번역에 착수해 이듬해 영국 런던에서 영문본으로 출간했다.

1) 칼 프리드리히 노이만의 성장 과정

칼 프리드리히 노이만은 1793년 12월 28일 밤베르크Bamberg 서남부에 위치한 라이히만스도르프Reichmannsdorf에서 출생한 것으로 추정한다. 출생 시 이름은 아이작·라자러스Isaak·Lazarus였다. 당시 밤베르크를 관할했던 천주교 주교가 프랑크 유대인의 출생과 사망 등기를 관리하지 않았고, 그의 정확한 출생 기록을 보관하고 있던 유대 법률 관련 기록은 그가 천주교로 개종하면서 모두 훼손된 탓에 그의 출생 관련 정보는 남아 있지 않다. 노이만의 모친은 1800년 전후 사망했고, 부친은 곧 재혼해 새 가정을 꾸렸다. 그로 인해 노이만은 만 13세가 되었을 때 스스로 독립해야 하는 처지에 놓이게 되었다.

먼저 노이만은 랍비의 인도 아래 유대교 법전을 익혔고, 친척집에 머무르면서 농사일과 함께 학교에서 학생을 가르쳤다. 시간이 지나자 외삼촌이 있는 프랑크푸르트로 가서 상인 양성 과정에 참가하기도 했다. 하지만 나폴레옹이 독일을 점령하면서 유대인의 지위를 다른 교파와 동등하게 보장하던 법률이 취소되고 유대인에 대한 사회적 압박이 심해지자 천주교로 개종한다. 세례를 받으며 이름을 '노이만Neumann'으로 개명하는데 독일어로 '새로운 자'라는 의미이다. 아마도 새로운 생활을 하겠다는 의지를 반영한 것으로 보인다.

2) 중국 여행의 목적

19세기 초, 유럽에서 한학연구가는 소수에 불과했다. 노이만은 중국 여행 전 이미 뛰어난 언어 능력을 바탕으로 아시아과학연구기구에서 중요한 직책을 차지하고 있었다. 노이만의 중국 여행은 개인적 일정이 아니라, 황실도서관과 바이에른주의 후원으로 중문 서적과 기타 과학연구 물품 구매 사업의 일환으로 재정적 지원을 받아 이루어졌다.

중국 여행길에 오르기 전, 1830년 3월 28일부터 4월 17일까지 노이만은 영국의 대형도서관을 방문해 광저우에서 구매할 중문 도서의 목록을 작성했다. 그가 방문한 도서관은 영국 개신교 선교사이자 한학자인 로버트 모리슨Robert Morrison, 1782~1834이 중국에서 구매해 런던회에 기증한 중문 서적과 수고본을 대량 소장하고 있었다. 로버트 모리슨은 조지 토머스 스타운튼George Thomas Staunton, 1781~1859과 함께 중국어에 능통했던 극소수의 영국인이었고, 1809년부터 동인도회사 소속 광저우 주재 통역사로 일한 바 있다.[2] 실제로 노이만이 중국에서 곤경에 처했을 때 모리슨의 도움을 받기도 했다.

19세기 초, 중국은 대외 문호를 개방하지 않았기 때문에 개인 자격으로 중국을 방문하기는 불가능했다. 따라서 노이만은 영국 런던에서 동인도회사East India Company와 접촉해 소속 선원으로 신분을 위장할 수밖에 없었다. 동인도회사는 1835년까지 인도의 차 무역을 독점하고 있었기

---

2   『대영백화전서』 1960년 런던 출판본 중 '모리슨'에 보인다. 모리슨은 1814년 한어 어법에 관한 서적을 편찬했고, 1821년에는 한영사전을 출판했다.

때문에, 동인도회사의 항로는 유럽과 중국을 왕래하는 최상의 항로였다. 노이만은 1831년 동인도회사의 동의 아래, 200파운드를 지불하고 중국으로 향하는 상선에 몸을 실었다. 그를 실은 범선 '데이비드 스콧Sir David Scott'호는 아프리카 희망봉을 거쳐 15,000해리에 달하는 항해길에 올랐다. 인도에서 여름의 남서 계절풍을 타고 말라카해협을 지나는 동안 배는 유럽과 아시아 해적의 습격을 받기도 했고, 광풍과 폭우, 열악한 날씨, 풍랑과 암석 등 여러 위험에 노출되기도 했다. 노이만은 왕복 5개월에 달하는 긴 항해길에서 중국어, 산스크리트어, 페르시아어, 아르메니아어 등을 공부했고, 틈틈이 저술과 번역작업에 매진했다.

3) 광저우 입성과 장서 구입

19세기 중국은 외국으로 향한 문을 굳건히 걸어 닫은 채 외국인의 방문을 철저히 규제했다. 대외 개항 전 광저우를 방문한 외국인은 주로 외교관이거나, 선교를 목적으로 한 종교인, 혹은 동인도회사 소속이거나 항각 무역港脚貿易에 종사하는 상인이 대부분이었다. 당시 인문학자가 중국 땅을 밟는 경우는 상당히 드물었다.

1830년 9월 8일, 노이만은 마카오에 도착한다. 그는 동인도회사 소속 선원으로 위장해 마카오에 상륙하는 데는 성공했지만, 광저우항에 입성하지는 못했다. 그가 작성한 목록의 도서를 구입하기 위해서는 반드시 광저우로 가야 했다. 하지만 당시 청 조정은 외국인의 광저우 출입을 철저히 통제하고 있었다. 외국 선박은 반드시 먼저 마카오에 기항해 조정에 광저우 방문을 요청해야 했다. 그러나 외국인의 광저우 방문 요청은 영국 동인도회사 같은 거대 기업이나 광저우십삼행廣州十三行이 보증

하는 경우가 아니면 쉽게 승인되지 않았다. 설령 조정의 승인을 받았다 하더라도 무역철이 지나면 외국인들은 다시 마카오로 돌아가야 했다. 이러한 절차는 1842년 아편전쟁의 결과로 '남경조약南京條約'이 체결될 때까지 유지되었다.

난관에 봉착한 노이만은 동인도회사 소속 광저우 주재 통역사로 일하던 로버트 모리슨을 찾아가 도움을 청한다. 광저우 입항 수속이 처리될 동안 노이만은 천주교 예수회 선교사의 도움으로 마카오의 수도원에 머물렀고, 선교사의 제자를 중국어 스승으로 소개받기도 한다. 이 중국어 선생은 노이만에게 표준 중국어와 마카오 방언, 중국 가곡과 음악 등을 가르쳐주었다. 당시 청 조정은 법률적으로 관방이 지정한 상행을 제외한 중국인이 외국인과 대화하거나 외국인이 중국인에게 중국어를 배우는 것을 금하고 있었다. 그런 점에서 볼 때, 노이만의 중국행은 선교사들이 구축해 놓은 인적 네트워크의 도움을 상당히 많이 받았다고 볼 수 있다.

10월경, 마침내 광저우 입성 허가가 떨어지고, 노이만은 밑바닥이 얕은 내하용 선박을 타고 주강珠江을 거슬러 올라가 광저우에 상륙한다. 광저우에서는 영국 상인 덴트La(u)ncelot Dent의 집에 머물렀는데, 덴트는 노이만이 서적을 구매할 수 있도록 도움을 주었고 그가 구매한 서적을 자신의 집에 보관할 수 있도록 해주었다. 외국인에게 폐쇄적인 중국에서 대량의 서적을 드러나지 않게 구매하는 것은 결코 쉬운 일이 아니었을 것이다. 노이만은 도가와 불교 등 종교관련 문헌은 도관과 사원의 유통처에서 구매했고, 그곳에서 알게 된 중국인을 통해 다량의 서적을 사들였다. 그가 구매한 중문 서적의 가치는 1,850스페인 은화1916년 환율로 따지면 8,800마르크(Mark), 독일의 옛 화폐 단위였다. 청 조정의 규정에 따르면 중국 도서의 반출은 금지되어 있었다. 노이만은 중국 서적을 '종이' 항목으로 신고했고, 380달러의 관세를 지불하고 반출에 성공한다.

4) 유럽으로의 귀환과 『정해분기』의 번역

1831년 2월 초, 노이만은 데이비드 스콧호에 중문 서적을 가득 채운 12개의 상자를 싣고 런던으로 귀환했다. 운반비를 절약하기 위해 일부 상자는 자신의 객실에 두기도 했다. 이 시기 상인, 선교사, 외교관이 아닌 학자가 중국 땅을 밟은 것은 상당히 이례적인 일이었다. 노이만은 청 조정이 외국인에게 적용한 여러 가지 폐쇄적인 조치와 언어 및 문화 장벽에도 불구하고 다량의 중문 서적과 물품을 구매하는 임무를 성공적으로 완수했고, 5월 24일 다시 유럽으로 되돌아왔다.

노이만은 런던으로 향하는 동안 번역 작업에 매진했다. 『정해분기』가 도광 10년[1830] 광저우에서 출간되었는데, 소응형의 서문이 음력 5월, 하경중의 서문이 7월 중순에 작성되었다. 노이만은 이 책이 11월에 출간되었다고 썼다. 즉, 노이만은 광저우에서 막 출간된 신간을 접한 셈이다. 그는 이 책을 접하자마자 번역을 시작했다. 그리고 1831년 런던 Oriental Translations Fund의 지원을 받아 영역본을 출간한다. 광저우에서 『정해분기』가 출간된 시기와 런던에서 영역본이 출간된 시차는 채 1년이 되지 않는다. 이는 당시 중국의 해적에 대한 유럽인들의 관심이 상당히 높았고, 이 책이 상당한 시의성時宜性을 갖춘 책이었음을 알려 준다.

노이만은 중국에서 구매한 문헌의 일부는 베를린도서관에 판매하고, 일부는 바이에른도서관에 이양한다. 그 공로로 '중문 장서 관리원'의 직책을 받았고 1833년 3월 5일 뮌헨대학의 지역 지리학, 민족학, 중국어 및 아르메니아어학과 교수로 임명된다. 노이만은 19세기 초 중국 땅을 밟은 최초의 독일 출신 오리엔탈리스트라 할 수 있다.

2. 원영륜袁永綸과 『정해분기靖海氛記』

1) 저자 원영륜의 생애

원영륜의 생몰연대나 그의 가족관계, 직업, 또 다른 저술서의 유무 등 현재까지 작가 연구는 모두 공백으로 남아 있다. 선행연구자 중 예링펑 葉靈鳳은 원영륜의 직업이 양광총독兩廣總督 백령百齡의 '막우幕友', '막료幕僚' 라고 했으나, 그 주장에 대한 근거자료를 제시하지는 않았다.[3] 샤오궈젠 蕭國健은 원영륜과 비슷한 시기에 생존했던 형안橫岸출신의 원씨 가문 족보에서 비슷한 인물 3인을 찾아냈으나, 이들이 실제로 원영륜과 어떤 관계인지 밝히지 못했다.[4] 그 외 저자의 정보를 알 수 없는 「영남아과학발전간사嶺南兒科學發展簡史」라는 글에서 광둥에서 출간된 의학서적 중 '순더 원영륜'이 쓴 『두과지미痘科指迷』가 언급된 것을 발견할 수 있다. 하지만 『두과지미』를 쓴 사람이 과연 『정해분기』의 작자와 동일 인물인지에 대해서는 향후 고증이 필요하다.

현재 작가에 대해 알 수 있는 정보는 대부분 『정해분기』에 실려 있는

---

3 葉靈鳳, 「張保仔的傳說和眞相」, 載『葉靈鳳文集』, 第三卷, 『香港掌故』, p.535·583.
4 蕭國健이 찾아낸 인물은 袁華岡(도광 12년(1832) 거인), 袁永蘇(도광 17년(1837) 거인), 袁誕勳(도광 19년(1839) 거인)이다. 蕭國健·蔔永堅, 「(淸)袁永綸『靖海氛記』箋註專號」, 『田野與文獻－華南硏究資料中心通訊』第46期, 2007, p.7.

단편적인 것뿐이다. 예를 들어 책의 범례凡例에 '영선근지瀛仙謹識'이라는 서명이 있는데, 이를 통해 작자의 자字가 '영선'임을 알 수 있다.[5] 또 책에서 해적들에게 피해를 입은 순더順德와 판위番禺지역을 서술할 때, 자신의 고향이 순더현에 속한 헝안橫岸이라고 밝히기도 했다.[6] 하지만, 『정해분기』는 자서전이 아니고, 작가 또한 서술 과정에서 자신에 관한 정보를 그다지 노출하지 않았기에 그의 글을 통해 알아낼 수 있는 정보는 지극히 제한적일 수밖에 없다.

위에서 보다시피, 현재까지 작가에 대해 밝혀낸 연구 성과는 매우 미미하다. 하지만 이러한 사실은 역으로 우리에게 한 가지 사실을 명확히 알려준다. 적어도 작가 원영륜이 당시 지배계층에 속한 관리나 지역사회에서 영향력을 가졌던 향신은 아니었다는 것이다. 그러나 『정해분기』가 인용하고 있는 자료는 결코 무명의 지식인이 혼자 힘으로 집필할 수 있는 내용이 아니다. 작가는 편년체의 서술방식을 차용해 베트남의 정세, 광둥의 지리적 특성, 해적단의 습성, 관군과 해적의 공격방식, 지역의 피해 상황, 해적단을 상대로 한 조정의 해상전략을 상세히 기록하고 있을 뿐 아니라 광둥 연해 해적연합의 흥망성쇠를 종적 흐름으로 재구성하는 능력도 보여주고 있다. 그렇다면, 작가는 어떻게 『정해분기』를 쓸 수 있었을까?

광서 연간에 간행된 『광주부지廣州府志』권 91 '예문략藝文略'을 보면, 이물음에 대한 실마리를 찾을 수 있다. 이 책은 사류史類로 분류되는데, 그

---

5 '凡例'는 책의 본문에 들어가기에 앞서 작가가 내용과 관련해 독자들에게 미리 일러둘 내용을 썼다. 총 5가지 내용인데, 모두 一로 구분해 적어놓았다. '謹識'는 이름 뒤에 쓰는 것으로, '○○○謹識'는 '○○○ 삼가 씀'으로 풀이할 수 있다.

6 "予鄕橫岸屬順德, 故於番, 順之被賊也頗詳." 袁永綸, 『靖海氛記』上卷, 道光17年刻本, p.15a.

내용에 "『정해분기』2권, 순더의 원영륜이 채방책采訪冊에 근거해 썼다"는 기록이 있다.[7] 여기서 우리는 '채방책'에 주목할 필요가 있다. '채방책'은 '정방책征訪冊', '채방자료采訪資料', '채방고采訪稿', '채방록采訪錄'이라고도 한다. 이는 관방에서 지방지地方志[8] 편찬 규정에 맞추어 현지 조사와 자료수집을 통해 엮어낸 자료성 문헌으로, 정식으로 지방지를 편수하기에 앞서 하부 지방지 편찬기구가 상위 기구에게 송달하는 지방지의 초고 개념이라 할 수 있다.[9] 즉, '채방책'은 해당 지역에 관한 정보가 망라된 문건이었고, 따라서 이것은 평범한 문인이 접할 수 있는 것이 아니었다. 이러한 사실로 미루어 볼 때, 우리는 작가 원영륜이 관리나 향신이아니고, 과거의 공명을 이루지도 못했지만 적어도 관방의 기록물에 접근 가능한 지위를 가진 자였다고 추론할 수 있다.

그렇다면,『정해분기』에는 작가에 관해 알 수 있는 내용이 전혀 없을까?『정해분기』의 내용을 자세히 살펴보면, 비록 단편적으로 흩어져 있긴 하지만 작가에 대한 정보들을 좀 더 발견할 수 있다. 먼저『정해분기』의 서문을 쓴 소응형蘇應亨과 하경중何敬中의 글을 살펴보자.

소응형은 비장璧江 출신으로, 그가 속한 가문은 역대로 거인과 진사를 대거 배출한 지역 명문이었다. 소씨 또한 가경 13년1808 은과恩科에 급제해 거인이 되는데,『광동통지廣東通志』권 81 '선거표選擧表'에 '소응형蘇應亨

---

7 "靖海氛記二卷, 國朝順德袁永綸撰, 據采訪冊." 李光廷, 史澄纂, 蘇佩訓, 戴肇辰修,『廣州府志·藝文略』, 光緒五年(1881)刻本, 卷91, p.2b.
8 地方志는 줄여서 方志라고도 한다. 한 지역의 지리, 역사, 인물, 산업, 자연생태 등에 관한 정보를 기록한 것으로, 해당 지역의 백과사전이라고 볼 수 있다. 청 조정은 각 省,縣에 지방지 편찬 부서를 따로 설치했고, 주기적으로 지방지를 편찬하도록 명령했다. 대체로 60년을 주기로 지방지가 찬수되었다.
9 채방책에 관해서는 王慧,「現存誌料, 采訪冊, 調査記等文獻槪述」,『學術探索』第7期, 2014, pp.107~108. 참조.

순더현順德縣'광저우부, 廣州府이라는 기록이 있다.[10] 하지만 이후 향시 이상의 성적을 거두지는 못했고, 생평에 대해 알려진 바도 적다.[11] 그리고 서문을 보아도 작가와의 구체적 관계가 언급되어 있지 않다.

하경중에 관한 자료는 더 적다. 그에 관한 유일한 흔적은 도광道光 3년 1823 광저우부 도교묘의 석각에 남아 있는 「무제비無題碑」이다.[12] 다만, 서문에서 자신의 고향이 기사己巳년1809 해적들의 노략질로 피해를 입은 곳 중 하나였다고 자술한 것으로 보아, 하경중은 광저우부에 속한 지역 출신이고, 원영륜과 어려서 함께 수학한 동문이라는 것을 알 수 있다.

위의 두 사람이 쓴 서문의 내용을 살펴보면, 공통적으로 서문을 청탁받게 된 상황에 대해 다음과 같이 회고하고 있다.

소응형 敍	"後館於橫浦, 袁子永綸手一篇示余, 且請爲序. 余覽其書, 則『靖海氛記』也." (훗날 헝푸에서 관서 생활을 하고 있는데, 원영륜이 나에게 글 한 편을 보여주고 서문을 부탁했다. 내가 그 책을 읽어보니, 바로 『정해분기』였다.)
하경중 序	"歲庚寅, 余客館省垣, 袁君永綸出所手編『靖海氛記』示余, 屬爲序." (경인년(1830), 내가 관서에서 거주하고 있는데, 원영륜이 직접 엮은 『정해분기』를 나에게 보여주며, 서문을 부탁했다.)

위의 서문에서 진하게 표시한 부분에 주목해 보자. 원래 관館이나 객관客館은 손님을 접대하거나 손님이 거주하는 장소를 말한다. 하지만 여기서는 둘 다 동사로 쓰였고, 뒤에 오는 지역명 헝푸橫浦와 장소명 성원省

---

10 阮元, 陳昌齊等纂修, 『廣東通志』卷81, 道光二年(1822) 刻本, p.33b.

11 미국 학자 魏白蒂은 阮元의 학술적 성과를 연구하면서, 그가 학술적 지원을 아끼지 않았던 막우와 지식인의 명단을 정리하는 작업을 진행한 바 있다. 그 중 완원과 교류했던 지식인 중 소응형의 이름이 확인된다. 다만, 이름 외 다른 정보는 찾을 수 없다. (美)魏白蒂(Betty Peh-T'i Wei), 「《四庫全書》纂修外一章－阮(1764~1849)如何提挈與促進嘉道時代的學術研究」, 『兩岸四庫學－第一屆中國文獻學學術研討會論文集』, 台灣學生書局, 1998, p.39.

12 하경중이 武帝古廟(沙灣)에 쓴 「無題碑」가 남아 있다. 黎志添·李靜, 『廣州府道教廟宇碑刻集釋上集』(40-5), 中華書局(香港), 2013, p.691.

垣이 보어로 해석된다. 그런데 이 문장을 해석할 때, 화자가 어떤 상황에서 이야기하느냐에 따라 해석이 달라질 수 있다. 일반적으로는 '헝푸에 묵었다'거나, '성원행정기관 소재지에 기거했다'로 해석할 수 있으나, 만일 화자가 막우였다면 이 문장은 '헝푸에서 막우로 있었다'와 '성원의 관서에서 일하고 있었다'로 해석할 수도 있다. 청대는 여러 가지 정치·사회적 요소가 맞물리면서 막우라는 직업의 수요가 폭발적으로 증가했다. 막우는 지방 행정에 필요한 법률, 경제, 호구, 치수, 지방지 편찬 등 제방면의 업무에 도움을 받기 위해 고용된 전문가 집단이라 할 수 있으며, 대부분 그들을 채용한 관리가 마련한 숙소 혹은 관서에서 집단생활을 했다.[13] 막우는 형식상으로는 관리가 행정적 도움을 받기 위해 초청한 것이므로, 예를 갖추어 막빈幕賓, 서빈西賓으로 부르기도 했다. 하지만 실질적으로 막우는 봉건 왕조의 지배관리 시스템 안에 편입된 이들이 아니었기 때문에 임기가 보장되지 않았고, 그들을 고용한 관리의 주관적 판단에 따라 고용 여부가 결정되므로 근무지의 이동 또한 상당히 잦았다. 따라서 막우들은 자신들의 현재 상황을 설명할 때 모某지역의 관서에 있다거나, 막우로 있다는 등의 직접적인 표현을 쓰기도 했지만, 위의 서문처럼 관館이나 객관客館, 혹은 객客을 동사로 쓰고, 그 뒤에 지역명이나 관서를 표기해 자신이 현재 일하고 있는 근무지를 나타내기도 했다.[14]

---

13 청대 막우에 대해서는 김경아, 『청대 막우와 소설』, 세종출판사, 2015, pp.13~14. 참조.

14 이러한 표현은 청대 막우가 저술한 책에서 상당히 자주 발견된다. 예를 들어, 허봉은(許奉恩)은 과거에 급제하지 못한 채 평생을 막우로 떠돌았는데, 여러 지역의 관리에게 고용되어, 각 지역의 관서를 떠돌아다니면서 직접 보거나 관서에서 함께 생활하던 동료에게 들은 이야기를 기록해 필기소설 『이승(里乘)』을 썼다. 그의 글을 보면, 이야기의 출처를 밝힐 때, "予館於署中, 親為予言之", 혹은 "予客濮州, 冬夜~各述先德"처럼 館이나 客의 뒤에 지명이나 장소를 써서 자신이 근무하던 관서를 나타내었다. 樂鈞 역시 오랫동안 막우로 근무하면서 쓴 글들을 모아 『이식록(耳食錄)』을 출판한다. 도광 원년에 이 필기소설을 중각하면서 쓴 자서를 보면 자신이 유부초

물론 위의 두 사람이 막우가 아닐 수도 있다. 설령 그들이 막우라고 해도, 그것이 작가 원영륜도 막우였다는 결론의 논거가 될 수는 없다. 다만, 앞서 말했다시피, 『정해분기』는 관방의 자료인 '채방책'을 저본으로 삼고, 전투에 참여했던 관리의 생생한 진술도 참고했다. 기록의 사실성으로 보면, 역사서에 버금가는 고증을 보여주고 있는 것이다. 그렇다면, 작가 원영륜이 막우 신분이었을 것이라는 합리적 추론을 해볼 수 있다.

2) 『정해분기』의 내용

광둥의 해상에 출몰하던 해적은 아주 오래전부터 존재했지만, 소규모 집단으로 혈연과 지연을 통해 이합집산을 거듭하였기에, 청 조정의 입장에서 그다지 큰 문젯거리는 아니었다. 하지만, 1791년 이후 해적들은 갑자기 통제하기 힘들 정도의 강력한 세력으로 성장하기 시작한다. 원영륜은 해적들이 급성장하게 된 배경으로 베트남에서 발생한 떠이선西山반란에 주목했다.[15] 떠이선반란군은 지리적으로 인접한 광둥의 해적들에게 공조를 요청하고, 해적들은 그들로부터 관직을 받고 자신들이 보유하고 있던 배와 무기를 동원해 반란 활동에 뛰어들게 된다. 베트남 반란의 참여는 그동안 사회의 하층민으로 약탈행위를 하던 해적들을 왕조 창업에 공헌하는 인물로 변모시켰고, 이들이 하는 약탈행위에 합법성을

(劉芙初), 육기손(陸祁孫), 김수산(金手山) 등과 증시랑(曾侍郞)의 서회관서(西淮官署)에서 막우로 있었다고 회상하는 부분이 있는데, 이때도 '객(客)'을 동사로 사용하고 있다. 위의 예시는 許奉恩, 『里乘』, 齊魯書社, 1988, p.30, p.55와 樂鈞, 「重刻耳食錄序」, 『耳食錄』, 齊魯書社, 2004, p.3.

15 베트남은 16세기 이후 명목상으로는 레(黎) 왕조의 통치 아래 있었으나, 실질적으로는 북쪽 하노이의 찐(鄭)씨 가문과 남쪽 후에의 응우옌(阮)씨 가문의 세력으로 분리되어 있었다. 떠이선 반란은 2세기 동안 분열된 나라에 지각변동을 일으켰고, 수상 세계의 정치 질서에 변화를 야기했다.

부여하게 되었다. 육지의 권력구조에서 배제된 채 하층민의 삶을 살아야 했던 해적들은 자신들의 장기인 해적활동을 통해 부, 관직, 권력, 명예를 얻을 수 있게 된 것이다. 베트남에서의 전투는 해적들을 죽음으로 내몰기도 했지만, 그들의 조직력을 강하게 만드는 계기로 작용했다.

중국 광둥지역으로 돌아온 해적들은 자신들의 조직을 만드는 등 본격적인 해상활동을 하기 시작했고, 깃발의 색깔로 소속을 표시했다. 크고 작은 해적단이 있었으나, 가장 규모가 큰 해적단은 6개가 있었고, 그들은 서로 이권을 두고 다투기보다 연맹을 맺는 것이 유리하다는 것을 깨달았다. 과거의 해적들은 한 척의 해적선이 독립된 조직으로 움직였기에 이들을 하나의 명령체계로 귀속시키기 쉽지 않았다. 하지만 떠이선 반란에 참여했던 전투 경험은 그들에게 조직력을 심어주었고, 또 해적단의 우두머리들이 이 반란에 함께 참여했던 동지였다는 유대감은 전례 없는 해적 연맹의 성립을 가능하게 만들었다.[16] 각 해적단의 우두머리와 상징 깃발의 색깔은 다음과 같다.

	깃발	두목	활동 지역[17]
1	홍	鄭一	가운데(廣, 肇), 동쪽(惠, 潮)
2	황	吳知靑(혼명 東海伯)	서쪽(高, 廉, 雷, 瓊, 欽, 儋, 崖, 萬)
3	남	麥有金(별칭 烏石二)	서쪽
4	흑	郭婆帶(훗날 郭學顯으로 개명)	가운데, 동쪽
5	백	梁寶(혼명 總兵寶)	가운데, 동쪽
6	청	李尙靑(혼명 蝦蟆養)	서쪽

위의 6개 해적단은 기의 색깔로 소속을 나타냈다. 해적단의 우두머리

16 해적 연맹 두목 간 인적 네트워크 관계에 대해서는 다이앤의 글 참조. 다이앤 머레이, 이영옥 역, 『그들의 바다—남부 중국의 해적, 1790~1810』, 심산, 2003, pp.108~111.

대부분 떠이선 반란에 함께 참여했거나, 혈연, 지연, 친분 등으로 엮여 있었다. 그들은 이러한 유대 관계 위에 공동 서약서를 작성해 연맹을 맺었고, 소속 해적선마다 필사한 서약서를 배부해 해당 내용을 준수하도록 지시했다.[18]

6개 해적단은 광둥의 해안을 세 개의 지역으로 나누었는데, 위의 표에서 보듯이 동쪽과 가운데는 홍기방, 흑기방, 백기방이, 서쪽은 남기방, 청기방, 황기방의 활동 지역으로 나누어, 서로 간 이권 분쟁의 소지를 막았다. 재밌는 점은 6개 해적단의 지휘 체계이다. 이들은 평상시에는 각기 독립된 조직으로 횡적 연대 관계에 있었으나, 비상시에는 5개 해적단이 홍기방의 명령에 따르는 수직적 지휘 체계를 형성하였다. 이러한 지휘 체계는 횡으로는 각 해적단이 실력에 따라 독자적인 힘을 키워나갈 수 있는 안정적인 조건을 제공했고, 종으로는 명령체계를 일원화해 해적단이 대적하기 힘든 강력한 적을 만났을 때 효과적으로 대응할 수 있는 유연성을 발휘할 수 있었다. 이러한 연대를 기반으로 해적들은 청 조정의 힘이 미치지 못하는 외딴 섬 곳곳에 자신들의 요새를 마련했고, 그곳에서 대규모 선박을 제조하거나, 각종 무기를 만드는 등 점차 힘을 키워나갔다.[19]

---

17 동쪽은 惠, 潮(후이저우부, 차오저우부)가 있고, 가운데는 廣, 肇(광저우부, 자오칭부)가 있으며, 서쪽은 高, 廉, 雷, 瓊, 欽, 儋, 崖, 萬(가오저우부, 롄저우부, 레이저우부, 충저우부, 찬저우, 탄저우, 아이저우, 완저우)가 있다.

18 가경 10년에 작성된 광둥 해적단 간 서약서에는 정류당(鄭流唐)이 추가된 7개 해적단 두목의 이름이 등장한다. 이들의 이름으로 각 해적 연맹간 지켜야 할 규약이 적시되어 있고, 모든 해적선에 이 서약서를 보내, 서약 내용을 숙지하고 준수해야 한다고 되어 있다. 葉誌如, 「乾嘉十年廣東海上武裝公立約單」, 『歷史檔案』 第4期, 1989, p.19.

19 해적들은 레이저우(雷州) 반도를 중심으로 서쪽엔 웨이저우(潿洲), 동쪽엔 나우저우(硇洲)에 본거지를 두었고, 주강 삼각주 근처 다위산(大嶼山)에도 지휘부를 두었다.

3) 홍기방의 부상과 해상권력의 장악

해적들은 유럽과 중국을 오가는 상선을 약탈하거나, 연해 어촌을 돌며 1년에 두 번씩 상납금을 걷기도 했다. 만일 이를 거부하는 마을이 있으면, 본보기로 마을에 불을 지르고, 여인들을 납치해 몸값을 받아내곤 했다. 6개 해적단은 활동 거점이 정해져 있어 서로의 영역을 침범하지 않는 선에서 자신들의 세력을 확장해 나갔는데, 그중 가장 강력한 세력으로 부상한 것이 바로 홍기방이다. 떠이선 반란에 참여했을 때, 정칠鄭七은 200여 척의 배를 거느리고 있었다. 그의 사망 후, 사촌 동생인 정일鄭一이 지휘권을 넘겨받았고, 정일 사후에는 그의 아내인 정일수鄭一嫂[20]가 그 뒤를 이었다. 정일수는 비록 여자의 몸이었으나, 죽은 남편 집안의 세력과 정일에게 충성하던 부하들을 자신의 지지 세력으로 확보함으로써 기반을 공고히 했다. 홍기방의 급성장은 정씨 가문의 지지와 정일수의 남다른 지략도 한몫했지만, 바로 장보자張保仔[21]라는 뛰어난 지도자가 있었기 때문에 가능했다.

장보자는 원래 신후이新會 장먼江門 출신으로 평범한 어부의 아들이었으나, 그가 15세 되던 해, 아버지를 따라 고기잡이를 나섰다가 정일의 해적단에게 납치되어 그의 노예가 되었다. 장보자는 수려한 용모에 총명하고 말재간이 있었다고 한다. 정일이 장보자를 매우 총애했고,[22] 얼

---

20 정일수는 원래 '정일의 아내'라는 뜻이었으나, 점차 시간이 지나면서 고유명사처럼 쓰이게 된다.
21 원래 이름은 장보이다. '자(仔)'는 이름 뒤에 붙어 녀석, 놈이라는 의미로 쓰였다.
22 장보자는 정일의 양자이자, 동성애 관계로 추정된다. 원문에서는 정일이 장보자를 '嬖' 했다고 한다. '嬖'는 총애한다는 의미로 해석되는데, 윗사람이 아랫사람을 예뻐한다는 의미로 해석될 수도 있고, 동성애로 해석될 수도 있다. 다만, 노이먼이 영역본에서 이 단어에 주석을 달기를, "유럽의 언어로는 번역할 수 없다. 아시아에서 행해졌던 악법을 의미한다(The word pe(8335) cannot be translated in any European language. It means a vice common in Asia)"라고 한 점으로 미루어 보면, 후자의 의미에 더 가깝다고 볼 수 있겠다. Karl Friedrich

마 지나지 않아 그를 두목頭目으로 파격 승진시킨다. 장보자는 자체 규율 3조를 제정해 조직 체계를 정비한다. 그리고 베트남과 일본을 오가던 대형 무장 선박 '펑파鵬發'를 마치 '트로이의 목마'를 연상케 하는 지략으로 탈취해 홍기방의 수좌선首座船으로 삼는다. '펑파'의 거센 화력을 내세운 홍기방은 더 이상 거리낄 것이 없었다. 게다가 해적들 사이에서는 바다를 수호하는 삼파신三婆神이 장보자를 보호한다는 소문까지 돌았다. 장보자는 해적단의 우두머리 중 가장 나이가 어렸음에도 불구하고, 타고난 능력과 카리스마로 홍기방을 강력한 해상 세력으로 키워 냈다.

4) 관군과 해적의 전투

어촌과 중남해를 오가는 상선의 피해 규모가 갈수록 커지자, 청 조정도 해적들을 제압하기 위해 수군을 파견해 적극적인 공격에 나섰다. 청의 수군과 해적 간의 전투는 가경 13년부터 본격화되는데, 시간대별로 정리하면 다음과 같다.

일시	내용	관군 피해 규모
가경 13년 7월	좌익진총병(左翼鎭總兵) 임국량(林國良)이 홍기방 장보자와 자주양(孖洲洋)에서 벌어진 전투 중 사망.	배 3척 파손, 15척 나포.
가경 13년 8월	참장(參將) 임발(林發)이 해상에서 해적과 조우. 아낭혜(亞娘鞋)에서 전투.	배 6척 나포, 수십 명 사망.
가경 14년 2월	제독(提督) 손전모(孫全謀)가 해적들이 완산(萬山)에 집결한다는 첩보를 입수하고, 100여 척을 이끌고 출전.	배 14척 나포.
	손전모가 광저우만(廣州灣)에 있던 홍기방 공격.	

Neumann, *History of the Pirates who Infested the China Sea from 1807 to 1810*, London : Oriental Translation Fund, p.12.

일시	내용	관군 피해 규모
	정일수가 해적선 이끌고 전투 참여.	
가경 14년 6월	좌익진총병(左翼鎭總兵) 허정계(許廷桂)가 외협(桅夾)에서 양피보, 장보자와 전투 중 사망.	배 25척 나포, 다수 익사.

위에서 보다시피, 가경 13년과 14년에 걸쳐 청의 수군은 여러 차례 해상에서 크고 작은 전투를 벌였으나, 대부분 참패한다. 물론 해적들의 피해도 적지 않았지만, 수군의 피해가 훨씬 더 컸다. 육지에서의 싸움과 바다에서의 싸움은 근본적으로 다르다. 청 초기 시랑施琅이 이끄는 수군이 타이완의 정성공을 무너뜨리긴 했으나, 그렇다고 청의 수군이 해전에 능했다고 말할 수는 없다. 왜냐하면, 엄밀히 말하면 시랑도 정성공과 그의 부친 정지룡의 휘하에서 활약했던 해적이었기 때문이다. 해적들은 바다의 지형과 협곡, 소용돌이가 거센 곳이 어딘지 잘 알았고, 계절에 따른 바람의 방향, 세기의 변화 등을 경험으로 터득했다. 그들은 해전에서 수세에 몰리면 인근 도서島嶼로 숨어 버렸다. 바다는 그들에게 전장이면서, 삶의 터전이기도 했으므로, 그들을 상대로 승리를 쟁취하기란 결코 쉽지 않았다.

이윽고 청 조정은 해상전을 통해 해적들을 제압하기 어렵다는 사실을 깨달았다. 양광총독에 부임한 백령은 해적들과 바다에서 직접 맞부딪히는 것이 아니라, 그들이 생필품을 전달받던 보급로를 차단하는 것으로 대응 전략을 수정하기로 한다. 해적들은 농사를 짓거나 기타 생업에 종사하지 않았기 때문에 생활에 필요한 쌀, 소금, 옷감, 술, 화약 등의 물품은 약탈한 물건과 교환하던지, 아니면 돈을 주고 구매해야 했다. 이점을 간파한 백령은 어선의 항해를 금지하고, 소금은 육로로 운반하도록 하며, 어민과 해적들 간의 모든 거래를 금지해, 해적들을 철저히 바다에 고립시키기로 한다.[23] 그러자, 양식의 보급로가 끊긴 해적들은 주강珠江 삼각지를 따라 내하를 거슬러 올라가 마을을 습격하게 된다. 홍기방과 흑기방은 3갈래로 흩어져 약탈을 감행했는데, 특히 신후이新會, 둥완東莞, 판위番禺, 순더順德 등의 피해가 극심했다. 약탈하려는 해적과 마을을 지키려는 향민, 관군 간의 치열한 전투가 벌어졌다. 비록 마을들의 피해가 적은 것은 아니었지만, 향용과 관군들은 서서히 해적들을 방어해 내기 시작한다.

5) 해적 연맹의 와해와 투항

19세기 초, 중국 남부 해적들의 전투력은 조정의 수군보다 더 강했다. 홍기방은 대함선大艦을 거느렸고, 유럽의 군함조차 두려움 없이 공격하거나 나포하고, 선원들을 살해하기도 했다. 해적단은 전례 없이 강한 세력을 과시하고 있었으나, 이와 동시에 서서히 분열의 조짐도 드러내고 있었다.

해적단들이 그동안 연맹 관계를 유지할 수 있었던 것은 정일을 중심으로 각 방의 우두머리들이 떠이선 반란에 함께 참여했거나, 사적 친분 관계를 맺고 있었기 때문이었다. 하지만, 정일의 사망 후, 관계가 달라졌다. 정일의 아내 정일수가 홍기방의 최종 지휘권을 가지긴 했지만, 많은

---

23 1809년 백령이 시행한 해상 정책은 크게 '禁船出洋'과 '鹽歸陸運'으로 요약할 수 있는데, 해적들을 바다에서 고립시키는 데 상당한 효과를 발휘했다. 이에 대해서는 陳賢波, 「百齡與嘉慶十四年(1809)廣東籌辦海盜方略」, 『華南師範大學學報』 第4期, 2017, pp.161~171. 참조.

부분에 있어 장보자가 핵심적인 역할을 담당했고, 시간이 지날수록 그의 지위도 높아졌다. 따라서, 관군과 해상전을 벌이거나, 해적단이 연대해서 향촌을 습격할 때, 연맹의 우두머리들은 자신보다 연배가 어린 장보자의 명령을 따라야 했다. 이에 서서히 불만을 가진 자들이 생겨났는데, 특히 홍기방과 활동 지역이 겹치는 흑기방 곽파대의 불만이 가장 컸다. 그러다 가경 14년 10월 13일, 제독 손전모가 유럽 열강의 함선과 협력해 츠리자우赤瀝角의 다위산大嶼山에 집결해 있던 장보자를 포위하고 맹공격한다. 위급했던 장보자가 웨이저우潿洲에 있는 곽파대에게 지원 요청을 했으나, 곽파대가 응하지 않는다. 구사일생으로 포위망을 뚫고 도망친 장보자가 곽파대를 만나 이를 추궁하고, 감정이 격해진 두 사람은 마침내 서로에게 대포를 들이대고 싸움을 벌인다. 이미 수군에게 패한 터라 전력을 상실한 장보자는 곽파대에게 배 16척과 부하 300여 명을 빼앗겼고, 이 일을 계기로 두 해적단은 원수지간이 된다. 하지만 홍기방의 위세가 두려웠던 곽파대는 어쩔 수 없이 관에 투항하는 길을 택한다.

청 조정은 해상공격과 보급로 차단이라는 강경책으로 해적들을 거세게 압박했지만, 투항하는 해적들에게 여죄를 묻지 않는 포용책을 적용했다. 즉, 당근과 채찍이라는 양방향 정책을 펼친 것이다. 곽파대는 투항 후 조정으로부터 파총把總직을 제수받는다. 그리고 이 소식은 삽시간에 해적 사회에 퍼진다.

조정과 유럽 함대의 연합 공격과 보급로 차단으로 위기를 느끼던 홍기방에게 곽파대 사례는 새로운 돌파구가 되었다. 정일수와 장보자도 투항을 결심한 것이다. 정일수는 홍기방의 투항 의지를 조정에 흘리고, 직접 해적 부녀자들을 이끌고 샹산香山의 푸룽시芙蓉沙로 가서 양광총독과 협상을 벌인다. 홍기방은 조정과 투항 조건을 성공적으로 조율한다. 배와 무기는 헌납하고, 부하들은 그들이 원하는 대로 고향으로 보내거나 관군으로 전환되었다. 그리고 장보자는 조정의 관원이 되어, 수군을 이끌고 해적 토벌에 나서고, 단시간에 남은 해적단들을 섬멸한다.

3. 『정해분기』와 노이만 영역본의 구성체제 비교

『정해분기』는 18세기 말부터 19세기 초까지 광둥지역의 해적들이 소규모 집단에서 연맹 체결을 통해 남중국해를 지배하는 강력한 세력으로 부상하게 된 과정과 훗날 청 조정에 투항하기까지의 일련의 과정을 상세히 기록한 글이다. 노이만이 번역한 영역본은 구성면에서 중문『정해분기』와 다소 차이가 있다. 아래의 표를 비교해 보면 다음과 같다.

	중문본	영역본
제목	靖海氛記	*History of the Pirates who Infested the China Sea from 1807 to 1810*
서문	-	TRANSLATOR'S PREFACE
	蘇應亨 敍	YING HING SOO's PREFACE
	何敬中 序	KING CHUNG HO's PREFACE
	凡例(袁永綸)	-
본문	靖海氛記 上卷	THE HISTORY OF THE CHINESE PIRATES : BOOK FIRST
	靖海氛記 下卷	BOOK SECOND
부록	-	A brief Narrative of my captivity and treatment amongst the Ladrones, by Richard Glasspoole
		A few Remarks on the Origin, Progress, Manners, and Custons of the Ladrones

1) 구성

(1) 제목

① 중문본 『靖海氛記』

뜻을 풀이하면 '바다의 재앙海氛을 진압靖한 기록記'이다. 여기서 말하는 '바다의 재앙'은 해적을 지칭한다. 즉, 중문 제목은 청 조정의 입장에서 남중국해에서 약탈활동을 벌이는 해적을 진압한 기록이다.

② 영역본 *History of the Pirates who Infested the China Sea from 1807 to 1810*

1807년부터 1810년까지 중국해에서 약탈행위를 일삼던 해적의 역사이다. 즉 제목을 보면 포커스가 해적의 진압과정에 있는 것이 아니라, 해적의 흥망성쇠, 즉 해적의 역사에 있다.

제목에서 보다시피 중문본은 서술의 중심이 해적을 진압하는 청 수군에 있다면, 영역본은 포커스가 해적에 있음을 알 수 있다.

(2) 서문

노이만은 작가 원영륜이 쓴 범례를 번역하지 않았다. 하경중의 서문 번역 말미에 범례Fan le를 번역할 필요가 없어 삭제했다고 밝혔다. 그 대신 노이만의 서문이 실려 있다. 노이만은 서문에서 유럽의 독자들을 위해 43페이지에 달하는 지면을 할애해 중국에 대해 자세히 소개했다. 청 왕조의 성립부터 지배계층인 만주족과 피지배계층인 한족 간의 갈등, 광둥지역 해적들의 활약, 청 정부와 유럽 국가 간의 무역 갈등 등 현재 중국의 정치, 경제적 상황을 소개했다. 또한 방대한 문헌에 기초해 중국에 대한 서양의 기록과 서양에 대한 중국의 기록을 인용하면서 양자의 인식차에 대한 주관적 평가도 서술하고 있다.

(3) 본문

중문본과 동일하게 BOOK FIRST와 BOOK SECOND로 나뉘어 있다. 전체적으로 서둘러 번역한 탓인지 오역이 많은 편이다. 중국의 연호를 서양력으로 환산했을 때 오차가 있고, 鳥와 烏, 民과 氏 등 비슷한 모양의 한자를 혼동하거나, 주어와 목적어를 바꾸어 번역하는 등 오류가 적지 않다. 하지만, 대체로 중문본의 내용을 충실히 옮기려 노력했다.

(4) 부록APPENDIX

영역본은 부록에 해적에 관한 글 2편이 추가되었다. 노이만은 정기간행물을 뒤져 남중국해 해적에 관한 기록을 더 찾고자 했으나, 찾기 힘들었다고 토로했다. 이로 미루어보건대, 당시 유럽에서 남중국해 해적에 대한 호기심과 관심이 높은 데 비해, 관련 자료가 매우 희귀했음을 알 수 있다.

첫 번째 글은 원래 1814년 *Wilkinson's Sketches of Chinese customs and man-ners*에 실렸던 것을 재수록했다. Richard Glasspole이 1809년 9월 중국 해적에게 납치된 후, 11주하고 3일 만에 풀려나기까지 해적들과 함께 생활했던 경험을 기록했다. 『정해분기』의 기록1807~1810과 글래스풀의 기록1809은 시기적으로 겹치는 부분이 있다. 글래스풀은 자신이 직접 관찰한 해적들의 생활과 관습, 종교, 약탈, 전투 등에 대해 상당히 자세히 기술했다. 서양인의 시각에서 남중국해 해적에 대해 기술해 사료적 가치가 높을 뿐만 아니라, 『정해분기』의 비교군으로도 활용 가치가 높다.

두 번째 부록은 해적의 관습과 제도 등에 대해 짧게 언급한 글을 찾아 덧붙인 것이다.

4. 『정해분기』 영역본의 학술적 가치

노이만의 영역본은 서양에 중국의 해적을 알리는 데 결정적인 역할을 했다. 1934년 Philip Gosse는 *The History of Piracy*를 출간했는데, 튀니지에 출몰한 바르바리 해적barbary corsairs을 시작으로 대서양 북쪽, 서쪽, 동쪽에서 약탈을 일삼았던 해적의 역사를 다뤘다. 그중 Book ⅣThe Pirates of the East와 부록에 중국의 해적에 관한 서술이 실려 있다. 중국 해적을 기록한 챕터의 서두에 고세는 다음과 같이 썼다.

19세기 초가 되어서야 중국 해적의 활동에 대한 자세한 내용이 알려지기 시작했다. 1831년 찰스 노이만[24]은 1807년에서 1810년 기간의 해적 활동을 다룬 위엔쯔융룬의 동시대 중국 작품을 번역했다. 1830년 캔톤에서 출판된 원본은 주로 한 해적과 한 여성의 업적을 다루고 있다.

It is not until the beginning of the nineteenth century that we get any very minute account of the activities of the Chinese pirates. In 1831 Charles Neumann translated a contemporary Chineses work written by Yuentsze-yung-lun, which covers the period between

---

[24] Charles Neumann은 영어식 표기이다.

1807 and 1810. The original, published at Canton in 1830, is chiefly devoted to the exploits of one pirate, and that a woman.[25]

필립 고세는 19세기 초가 되어서야 중국의 해적 활동이 서양에 알려지기 시작했다고 했다. 사실 중국 해적에 관한 글은 서양의 정기 간행물에 실리거나 단행본으로 출판된 적도 있다. 1812년 Dalrymple은 *Further Statement of the Ladrones on the Coast of Cina*[26]에서 광둥의 해적과 글래스풀이 해적들에게 납치되어 겪은 이야기와 그가 납치된 상황에서 동인도회사와 주고받았던 편지, 그리고 영국으로 귀환한 후의 일 등을 실었다. 그리고 2년 뒤, 글래스풀이 직접 쓴 자서전이 *George Wilkinson's Sketches of Chinese customs and manners*에 실려 널리 알려지기도 했다. 하지만, 위의 이야기들은 객관적인 자료에 근거하기보다는 풍문이나 개인의 경험을 쓴 자서전이나 에세이의 성격이 강했다.

그에 반해,『정해분기』는 중국 광둥 해적 연합의 규모, 활동 범위, 조직 체계, 조직 규약, 규약 위반 시 처리 방식, 약탈 수법, 육상과 해상에서의 전투 방식, 신앙과 제의 활동 등 다양한 사실 정보를 담고 있다. 그뿐만 아니라 홍기방 두목 정일의 사후에 과부의 몸으로 남편의 유산을 물려받아 홍기방의 두목이 된 정일수의 이야기나 해적에게 납치된 인질에서 점차 능력을 발휘해 홍기방 지휘관이 되었다가, 조정에 투항 후 관직을 제수받는 등 신분의 변화를 거듭한 장보의 서사는 사람들을 매료하기

---

25 Philip Gosse, *The History of Piracy*, Tudor publishing company,1934, p.271.

26 Dalrymple, *Further Statement of the Ladrones on the Coast of China, London*, Lane, Darling, and Co.Lea, 1812, pp.1~45.

에 충분했다. 필립 고세가 *The History of Piracy*의 서두에 노이만의 영역본을 언급한 것은 이 책이 서양의 중국해적사 연구에 미친 영향이 매우 크기 때문이다. 특히 홍기방 두목 정일수는 달림플이나 글래스풀의 글에서 'chief's wife'로 소개되었는데, 노이만의 영역본을 통해 'the wife of Ching yïh'로 이름이 알려졌고, 그 뒤부터 서양에서는 그녀를 'the widow Ching', 혹은 'madame Ching'으로 지칭하기 시작했다. 필립 고세 역시 중국 해적에 대해 서술하면서, 여두목 정일수에 대해 상당한 지면을 할애하고 있어, 노이만과 관심사를 공유하고 있음을 알 수 있다.

중국 해적에 관한 이야기는 서양의 문학에 색다른 영감을 제공하기도 했다. 아르헨티나 소설가 Jorge Luis Borges는 1935년 *Historia universal de la infamia*[27]를 출간했는데, 세계사에 등장하는 악당들의 이야기를 단편 소설집으로 엮었다. 그중 제4권이 바로 '여해적 과부 칭La viuda Ching, pirata'으로 홍기방의 여두목 정일수를 모티프로 삼고 있다. 재밌는 점은 과부 칭이 범죄자 해적이 아니라, 청 황제의 정권에 당당히 맞서는 레지스탕스로 등장한다는 점이다. 보르헤스의 작품에 등장하는 여해적 이야기는 고세의 작품에서 가져왔고, 고세는 노이만의 영역본을 대거 인용한 것이니, 결국 위의 작품들의 시발점은 『정해분기』 영역본인 셈이다. 또한 현대 미국의 사회학자 Dian H. Murray는 학계에서 18~19세기 남중국해 해적연구의 개척자로 평가받는데, 그녀는 중국의 관방 자료와 서양의 광범위한 자료를 수집해 10여 년의 연구 끝에 *Pirates of the South Chi-na coast, 1790~1810*[28]을 출간했다. 머레이는 자신의 연구에 귀중한 정보

---

27 한국에서 '불한당들의 세계사'란 제목으로 번역해 출판되었다. 보르헤스, 황병하 역, 『불한당들의 세계사』, 민음사, 1994.

를 제공한 문헌 중 하나로 노이만의 영역본을 언급했다. 이처럼 노이만의 영역본은 영국에서 출간된 후 중국해적사 연구분야뿐만 아니라 문학 창작에도 풍부한 소재를 제공하며 영향을 끼쳤다.

---

28 Dian H. Murray, *Pirantes of the South China coast, 1790~1810*, Stanford : Standford University Press, 1987. 이 책은 중국과 한국에도 각각 번역되어 출판되었다. 다이앤 머레이, 이영옥 역, 『그들의 바다―남부 중국의 해적, 1790~1810』, 심산, 2003.